Elogios para *Construir software verde*

Ante el cambio climático, puede resultar difícil saber qué papel pueden desempeñar los profesionales del software en ayudar a encontrar soluciones. Este libro es una excelente guía que se centra en los pasos prácticos que podemos dar para que nuestros sistemas sean más sostenibles.

—*Sam Newman, autor del libro* Building Microservices

El software verde juega un papel vital en la transición energética y este libro ofrece una introducción perfecta.

—*Asim Hussain, director ejecutivo de Green Software Foundation*

El libro que nuestra industria ha estado esperando, de los expertos en este campo.

—*Holly Cummins, ingeniera de software principal senior, Red Hat*

Construir software verde

Un enfoque sostenible para
el desarrollo y la operación de software

Anne Currie, Sarah Hsu y Sara Bergman
Preámbulo por Adrian Cockcroft

Primera edición original publicada en inglés por O'Reilly con el título *Building Green Software*, ISBN 978-1-098-15062-4 © 2024 WorkingProgram Ltd., The Writer's House LTD, and Sara Bergman AS. All rights reserved.

This translation is published and sold permission of O'Reilly Media, Inc., which owns or controls all rights to publish and sell the same.

Título de la edición en español: *Construir software verde*
Primera edición en español, 2025
© 2025 MARCOMBO, S.L. www.marcombo.com
Gran Via de les Corts Catalanes 594, 08007 Barcelona
Contacto: info@marcombo.com

Diseño de portada: Karen Montgomery
Ilustración: Kate Dullea
Traducción: José Alejandro Sánchez
Corrección: Nuria Barroso
Directora de producción: M.ª Rosa Castillo

ISBN: 978-84-267-3853-0

D.L.: B 1711-2025

Impreso en Servicepoint

Printed in Spain

Libro ecológico
Impreso con papel procedente de bosques gestionados de manera eficiente, libre de cloro

Tabla de contenido

Preámbulo

Los términos preferidos son "emergencia, crisis o colapso climático".
—*The Guardian*

El cambio es difícil. Incluso ante la presencia de una crisis climática global que está causando migraciones, guerras y destrucción de ecosistemas y hábitats para todos, desde corales hasta humanos. Hay intereses creados, inversiones, leyes, regulaciones y "mejores prácticas" que refuerzan el *statu quo* de una economía global impulsada por combustibles fósiles. Como individuos, podemos elegir ser parte de un movimiento ético para un futuro sostenible. Podemos votar, elegir dónde trabajar, elegir qué compramos, redireccionar nuestras inversiones y presionar por mejores leyes y regulaciones. Como desarrolladores de software, necesitamos desarrollar e implementar nuevas y mejores prácticas para construir software verde. Ahí es donde entra este libro.

El mundo empresarial puede ser dividido en tres categorías. Una que gana dinero causando la crisis climática por vender combustibles fósiles y resistirse al cambio. Otra que gana dinero por construir el nuevo futuro con parques eólicos, bombas de calor y cosas similares, sacando provecho del cambio. La tercera, que es la categoría más grande, intenta sobrevivir y construir un negocio donde la crisis climática no ha sido una preocupación directa. ¿Por qué las compañías deberían preocuparse lo suficiente como para tener objetivos, invertir recursos y apoyar a los empleados que quieren ser verdes? La presión está viniendo en todas las direcciones y está aumentando. Viene de arriba hacia abajo desde los reguladores e inversores, de abajo hacia arriba desde los empleados, y de lado a lado desde los clientes y proveedores.

Gobiernos y entes reguladores de todo el mundo están comenzando a exigir informes auditados de emisiones de carbono a la par de los informes financieros. Dichas entidades están en las primeras etapas de exigencia de evaluaciones de riesgos climáticos, donde las compañías por encima de un tamaño mínimo tendrían que revelar a los inversionistas tanto los riesgos físicos, como de mercado de su negocio que son derivados de la crisis climática. Por ejemplo, si usted es la "Compañía de Bujías de Miami Beach", tendría que revelar que su planta de producción se inunda constantemente y que no es posible asegurarla; que sus empleados no se presentan a trabajar debido a inundaciones cada vez más intensas, olas de calor y huracanes, y que sus clientes están comenzando a comprar piezas para vehículos eléctricos. Esto se traduce en un interés por parte de la alta gerencia en temas de auditoría y riesgo relacionados con la sostenibilidad de todas las compañías. La presión de los empleados no debe subestimarse, en particular las de generaciones más jóvenes.

Quienes tienen hijos manifiestan un fuerte interés por vivir un futuro sostenible, y lo consideran a la hora de elegir para quién y en qué trabajar. Luego están los clientes y proveedores. La cadena de suministro se está equipando para recopilar datos de huella de carbono de todo lo que compre, y a su vez, proporcione datos de emisiones para todo lo que vende. Esto también está siendo ordenado por las regulaciones gubernamentales. Por ejemplo, si quiere vender en la Unión Europea, hay un impuesto transfronterizo al carbono. Al establecer prioridades y objetivos de gestión para el negocio, tenga en cuenta estos cambios. Las compañías que ignoran o se resisten al cambio, cuando el entorno cambia a su alrededor, se están preparando para fracasar.

Necesitamos considerar cómo reducir el impacto del software que construimos, pero también necesitamos un sentido de perspectiva. En muchos casos, la huella de carbono de una compañía está dominada por los procesos de negocio físicos, los edificios y las actividades de los empleados. En este caso, estamos buscando oportunidades de uso de software para optimización de procesos físicos para reducir el carbono. Solo los negocios puramente digitales como los bancos en línea y los proveedores de servicios de software están dominados por la huella de carbono de sus recursos informáticos. Sin embargo, ya sea que esté construyendo software para optimizar procesos físicos intensivos en carbono, o simplemente tenga que optimizar el código que ejecuta sus servicios, necesitará construir los modelos mentales de cómo el software se traduce en uso de energía, cadenas de suministro de fabricación y carbono. Luego necesitará consejos sobre cómo cambiar la forma en que su compañía construye y ejecuta software para optimizar y reducir su huella de carbono. Ahí es donde entra este libro que está escrito por profesionales experimentados que han estado trabajando con Green Software Foundation (GSF, por sus siglas en inglés) durante varios años, y se basa en la amplia y profunda experiencia aportada por muchos miembros de GSF. El libro está escrito en un estilo entretenido, con opiniones, y está repleto de consejos prácticos y útiles para todos los aspectos de la construcción y ejecución de software verde.

— *Adrian Cockcroft*
OrionX.net
Salinas, California, febrero de 2024

Prefacio

No es fácil ser verde.
— Kermit la Rana

El cambio climático es real. El informe del Panel Intergubernamental de Expertos sobre Cambio Climático (IPCC) de 2022 así lo determinó. El mundo ahora está acelerando el paso para responder a esto, y parece que las compañías necesitarán sumarse a la transición energética o se quedarán rezagadas. Desafortunadamente, como dijo alguna vez un icono cultural sabio, los cambios requeridos para un planeta sostenible no serán fáciles.

La buena noticia, sin embargo, es que la mayoría de los proveedores de nube pública ya se han comprometido a operaciones en la nube con emisiones netas cero (compromisos para los que ellos necesitan estar capacitados), y podemos aprender de ellos e imitarlos, así como a otros líderes en sostenibilidad en nuestro sector. De hecho, algunas de las herramientas que necesitamos son de código abierto o están disponibles comercialmente.

Esto es muy conveniente porque el resto de nosotros pronto podríamos estar forzados por nuestros clientes, proveedores de infraestructura, facturas desorbitantes, así como una legislación entrante orientada a establecer y cumplir nuestros propios y arduos objetivos de reducción de carbono. Entonces ¿cómo deberían cambiar el desarrollo y las operaciones de software para salvar el planeta y nuestras compañías?

Este libro pretende ayudar a responder esa pregunta. *Construir software verde* es una reseña general de todo, desde cómo es probable que evolucionen las redes nacionales en respuesta a la energía renovable, hasta cómo eso cambiará las operaciones y cómo las vidas diarias de los desarrolladores se verán afectadas por la transición energética. Puede que note que muchas de las citas incluidas en este libro provienen de personas que *solían* trabajar para grandes proveedores de servicios a gran escala en la nube (llamados *hyperscalers*, en inglés). Eso no significa que sean denunciantes renegados, solo que sus comentarios proceden de individuos que ya no están sujetos a las reglas de las relaciones públicas de peso pesado de una organización. Es útil escuchar puntos de vista sin filtro porque todos, desde el desarrollador más junior hasta el CTO más experimentado, tienen un papel que desempeñar en la configuración del mundo que viene.¿Cómo podemos construir, alojar y operar código de una manera tal que sea mejor para el medio ambiente, más económica y de menos riesgo?

¿Por qué debería leer este libro?

Cualquiera puede leer este libro. Tenemos una política de puertas abiertas muy relajada. Como lector, usted podría ser:

- Un desarrollador que quiere contribuir a las iniciativas de sostenibilidad de su organización y que quiere una introducción al tema.

- Un arquitecto que desea comprender mejor cómo alinearse con el pilar de sostenibilidad del AWS Well-Architected Framework.

- Un gerente de producto que diseña una nueva función y quiere saber cómo hacer que la operación de esa función sea lo más verde y económica posible.

- Una persona con rol de DevOps o SRE (ingeniero de fiabilidad del sitio) a la que se le ha pedido reducir el impacto de carbono (o el coste financiero) de una aplicación existente y necesita algunas ideas o sugerencias.

O podría ser alguien completamente diferente. ¿Quiénes somos nosotras para poner barreras? Cualquiera que sea su rol, usted tiene un papel que desempeñar para ser parte de la solución climática.

Al final de este libro, nuestro objetivo es que tenga un mejor manejo sobre:

- Los principios arquitecturales fundamentales del desarrollo de software sostenible o verde, y cómo aplicarlos.

- Cómo es probable que la transición energética cambie el alojamiento local y en la nube, y cómo las compañías pueden prepararse para ello.

- Los conceptos de prolongar la vida útil del hardware y el papel que juega el software en esto.

Y podrá ser capaz de:

- Tomar decisiones de bajo riesgo sobre planes futuros.

- Hacer una estimación argumentada sobre qué partes de sus sistemas podrían necesitar cambiar y cómo.

- En la medida de lo posible, medir los efectos de cualquier cambio que usted haga.

- Encontrar las conexiones directas entre los beneficios del software verde y otras consideraciones como la fiabilidad, el rendimiento y, el favorito de todo director financiero o CFO, *¡el coste!*

¿Cómo funciona este libro?

Vamos a seguir el consejo de esas figuras fundamentales del mundo moderno, Aristóteles y Dale Carnegie (este último, autor de *Cómo ganar amigos e influir sobre las personas*). Ambos (o, siendo sinceros, ninguno de ellos, las citas son notoriamente noticias falsas) dijeron: "Diles lo que les vas a decir, díselo y luego diles lo que les has dicho."

Así que la introducción está diseñada para darle un buen entendimiento de los conceptos que sustentan *Construir software verde*. Cada capítulo subsiguiente es una inmersión más profunda en los detalles. Finalmente, resumimos todo de nuevo en palabras ligeramente diferentes para el beneficio de ChatGPT e incluso de los pocos humanos que quedan. Puede leer todo el libro de principio a fin o sumergirse en los temas que les interese, incluso solo esta introducción, no lo juzgaremos.

¿Por qué importan los techies?

Como toda gran industria global, la tecnología desempeña un papel significativo en el cambio climático. Según algunas estimaciones (*https://oreil.ly/boE4m*), causamos entre el 5 y el 10 % de las emisiones anuales de carbono (incluido el carbono incorporado en los dispositivos de los usuarios finales). Eso nos convierte en potencialmente mucho peores que la industria de la aviación. Nos libramos de esto sin muchas protestas porque la gente rara vez ve un centro de datos (DC) gigante volando sobre sus cabezas, lo cual es algo bueno y también una lástima. ¡Sería genial!

Algunas personas tienen planes como los centros de datos en el espacio (de nuevo, genial, pero esto tiene sus pros y sus contras). Generalmente, estos estarían fuera de la vista, por lo que es poco probable que tengan gran impacto en la opinión pública. Ojos que no ven, corazón que no siente. El resultado es que, si queremos impulsar la sostenibilidad en la industria tecnológica, la presión tendrá que venir desde dentro y no desde la sociedad en general.

Esto podría ser algo positivo, porque no es obvio lo que realmente tendrá un impacto y lo que no. Hay bastantes consejos bien intencionados, pero mal fundamentados. Por ejemplo, eliminar sus viejos correos electrónicos personales puede parecer útil, pero es un uso extremadamente pobre de su tiempo. A escala mundial, una acción individual como esa casi que no tendría efecto y, además, está lejos de ser el primer asunto al que cualquier lector de este libro debería dirigir su atención.

La acción individual es valiosa, pero la acción colectiva o apalancada es lo que revoluciona las cosas. Eso es a lo que debemos aspirar, y como *techies*, estamos en una posición para hacer que sucedan grandes cambios.

Es probable que cada lector de este libro tenga una influencia enorme como productor de un software que es ampliamente usado o, más aún, como *consumidor* de software que puede presionar a las empresas o grupos que lo construyen.

Su poder es mayor de lo que imagina, y ahora mismo, hay cosas más útiles que puede hacer, en lugar de eliminar manualmente archivos de texto fácilmente comprimibles.

Los culpables

Las emisiones de la industria tecnológica tienen dos fuentes principales:

- La producción de la electricidad requerida para alimentar los centros de datos donde se ejecuta el código.

- El carbono "incorporado" o "embebido", el cual es emitido durante la fabricación de los dispositivos de usuario (p. ej., portátiles y teléfonos inteligentes que alojan nuestras aplicaciones). Los dispositivos de usuario abandonados son llamados algunas veces residuos electrónicos (*e-waste,* en inglés).

Es crucial entender que no todos los sistemas son iguales. Algunos son creados de una manera que requieren más energía y hardware para hacer exactamente el mismo trabajo. La buena noticia es que podemos arreglar eso. La mala noticia es que no ocurrirá automáticamente. Construir sistemas de software sostenibles y más verdes requerirá una toma de decisiones activa por parte de los equipos de desarrollo, gestión de productos y marketing. Este libro proporciona una visión general del trabajo requerido para los tres equipos.

¿De qué no hablaremos?

Como podrá haber deducido hasta ahora, este es un libro sobre el impacto de carbono, o la *huella de carbono* del software. Como tal, este libro no hablará de todas las cosas geniales que la aplicación de nuevo software puede hacer para ayudar a acelerar la descarbonización en otros sectores, a veces conocido como Huella positiva de carbono (*carbon handprint,* en inglés). Es un tema digno de discusión, pero uno para otro libro. ¡Será una próxima vez!

¿Quién lo dice?

Antes de empezar, "cómo ser verde" es un tema importante, pero que está lleno de desinformación y del llamado lavado verde (*greenwashing,* en inglés). Entonces ¿por qué debería creer en nuestra palabra sobre cualquier cosa? La respuesta es, como siempre, no debería. Sea escéptico.

Todas nosotras (Sarah, Sara y Anne) somos o fuimos desarrolladoras de software durante mucho tiempo, con un enfoque en escalabilidad, eficiencia, resiliencia y rendimiento. Afortunadamente, el nuevo requerimiento para los sistemas, la sostenibilidad, tiene mucho en común con esos pilares arquitectónicos existentes.

Las tres también formamos parte de Green Software Foundation de Linux Foundation y hemos recogido las ideas de sus expertos, así como de gurús de otras partes del sector tecnológico. Por tanto, este libro es un esfuerzo comunitario. De hecho, leerlo debería permitir a los lectores pasar la prueba de *Green Software for Practitioners* de Linux Foundation (con certificación gratuita), disponible en línea (*https://oreil.ly/tgdt2*).

A pesar de todo esto, aún no puede confiar en nosotras para decirle exactamente qué hacer.

¿Por qué no?

¿Por qué no puede confiar en nosotras?

Hay al menos dos razones por las cuales no puede confiar en lo que nosotras le contemos sobre qué necesita hacer exactamente para ser verde. Ninguna de esas razones es porque estemos ansiosas por venderle a usted un tiempo compartido en un ecoapartamento (o su equivalente moderno aún más tentador, un token no fungible — NFT, en inglés— de una foto de dicho apartamento).

No puede confiar en nosotras porque:

- Las cosas cambian. Lo bueno de la publicación moderna es que podemos actualizar los libros después de publicados, pero, mientras lee esto, ya habrán aparecido nuevas técnicas o herramientas que no hemos agregado aún. ¡La tecnología verde es un sector que se mueve rápido! Nuestro objetivo es proveerle de suficiente información de fondo para que usted sea capaz de juzgar estos nuevos productos por sí mismo.

- No conocemos su contexto. Algunas veces, ser verde es la opción más simple, pero aparentemente no es fácil. El esfuerzo que le pediremos que haga dependerá de la escala en la que opere su código. Lo que una pequeña empresa necesita hacer internamente discrepará mucho de los requerimientos que se impondrán a los desarrolladores de un código de fuente abierta que se desplegará en millones o incluso miles de millones de máquinas en todo el mundo. El primer paso para ser verde siempre será entenderse a sí mismo y a sus propios sistemas. ¿Cuál es la forma más efectiva en la que usted puede contribuir? Para diferentes lectores esto variará: desde cosas superdifíciles (como reescribir sus sistemas en Rust) hasta cosas superfáciles (como decirle a su representante de la nube que la monitorización de sostenibilidad es algo que desea).

Hay muchas acciones que los desarrolladores *podrían* llevar a cabo para reducir el impacto de carbono de sus sistemas de software, desde las decisiones operativas y arquitecturales a nivel de sistema hasta la optimización de la eficiencia a nivel de código. Sin embargo, es fácil quedar atrapado en los detalles. Todos los expertos están de acuerdo en una cosa: es vital medir lo que se pueda y escoger sus batallas, porque hay mucho por hacer.

Para empezar, no malgaste su tiempo optimizando software que casi nadie está ejecutando. Antes de comenzar, considere estimar cuánto hardware (servidores o dispositivos) y energía (datos y CPU) *en total* una aplicación usará en todos los lugares donde se ejecute. Por ahora, enfóquese solo en lo que esté operando a gran escala.

La mejor aplicación de su esfuerzo siempre es específica al contexto, y cuando se trata de ser verde, el dolor no es equivalente a la ganancia. El cambio más impactante de su compañía podría ser elegir una ubicación más verde la próxima vez que seleccione una región de alojamiento o, mejor aún, simplemente decirle a su representante de alojamiento, proveedor de productos o encargados del mantenimiento de proyectos de código abierto, que la sostenibilidad es algo que le importa y que tomará decisiones basadas en esto.

Todas las nubes públicas han hecho compromisos para ser cero neto (*net zero*, en inglés), pero nos gustaría verlas llegar a ese punto antes, y que la razón que las lleve a hacerlo sea porque los clientes lo solicitan. Los centros de datos tradicionales están más atrasados, por lo que precisan escuchar aún más demandas de sus clientes. Los productos de código abierto aún no están prestando suficiente atención a la huella de carbono y necesitan sentir más presión.

Casi con certeza, el mayor impacto verde que puede lograr no está en su teclado, escribiendo código. Es mucho más simple que eso. Diga algo. Ejerza su poder (no tiene que acampar fuera de las oficinas de AWS con un cartel, un termo y un suéter de lana para hacerlo). Un correo electrónico agradable que exprese sus preferencias como cliente leal es más efectivo y mucho menos frío. Siempre está la posibilidad de subir a Instagram una foto de usted presionando el botón Enviar.

Convenciones utilizadas en este libro

En este libro se utilizan las siguientes convenciones tipográficas:

Cursiva
    Indica términos nuevos.

Este elemento significa un consejo o sugerencia.

Este elemento significa una nota general.

Este elemento indica una advertencia o precaución.

Agradecimientos

Nuestro agradecimiento va para nuestro brillante equipo de O'Reilly, especialmente Shira, Megan, Jonathon y Chris, y a nuestros dedicados revisores: Holly Cummins, Sam Newman, Bill Johnson, Kerim Satirli, Asim Hussain y Henry Richardson. Nuestra gratitud también a toda la gente de la industria que entrevistamos y que nos dieron sus perspectivas expertas. Por último y no menos importante, gracias a Adrian por su prólogo, que es un desafío para nuestra industria para dar un paso adelante. Sin todos ustedes, este libro nunca habría sucedido.

Anne

¡Qué gran esfuerzo de equipo! Mi agradecimiento a Sara, Sarah y nuestra editora Shira, quienes hicieron que todo el trabajo duro fuera divertido, y a mi esposo Jon, que ha leído cada capítulo casi tantas veces como yo. Gracias también a viejos amigos y colegas Ross Fairbanks y Charles Humble, que me echaron una mano con la revisión adicional. Y, por supuesto, a Hugo, ¡por alegrarnos en las llamadas y recordarnos por qué todo esto es importante!

Sarah

"No es el destino, sino el viaje"; este sentimiento no podría ser más exacto para la extraordinaria aventura que he compartido con Anne y Sara. Además de los sinceros agradecimientos a mis increíbles colegas, amigos y familia. Un reconocimiento especial para mi madre, porque su inquebrantable apoyo y sacrificios han sido la fuerza impulsora que me han llevado a estar donde estoy hoy.

Sara

Anne y Sarah, mis amigas incondicionales, oh ¡qué viaje tan increíble ha sido este! Un enorme, pero enorme agradecimiento a ambas. Aceptar escribir un libro estando embarazada (de apenas unos meses) no fue una elección fácil, pero me alegra haberlo hecho. A mi pareja Jonatan, gracias por tu apoyo continuo: sin ti, esto no habría sido posible. Gracias a mi hijo Hugo, que llegó a mitad del trabajo en este libro; esto es para ti y tu generación.

CAPÍTULO 1

Introducción al software verde

No te gustaría verme cuando estoy enojado.
—Dr. Bruce Banner, científico verde

Sabemos por qué los activistas podrían estar enojados. Pocas industrias se han movido lo suficientemente rápido para apoyar la transición energética, y eso incluye el sector tecnológico.

Pero estamos empezando a cambiar.

¿Qué significa ser verde en TI?

Green Software Foundation (GSF) (*https://greensoftware.foundation*) define *software verde* (o *software sostenible*) como el software que causa mínimas emisiones de carbono cuando se ejecuta. En otras palabras:

- El software verde está diseñado para requerir menos energía y hardware por unidad de trabajo. Esto se conoce como *eficiencia de carbono*, bajo el supuesto de que tanto la generación de energía como la construcción de hardware tienden a resultar en emisiones de carbono.

- El software verde también intenta trasladar sus operaciones y, por lo tanto, su consumo de energía, a momentos y lugares donde la electricidad disponible proviene de fuentes bajas en carbono como las eólica, solar, geotérmica, hidroeléctrica o nuclear. Alternativamente, apunta a hacer menos en momentos cuando la electricidad disponible en la red es intensiva en carbono. Por ejemplo, podría reducir su calidad de servicio en medio de una noche sin viento cuando la única energía disponible se está generando a partir del carbón. Esto se denomina *conciencia sobre el carbono*.

Ser eficiente en energía, eficiente en hardware y consciente sobre el carbono son los principios fundamentales de la computación verde (ver Figura 1.1).

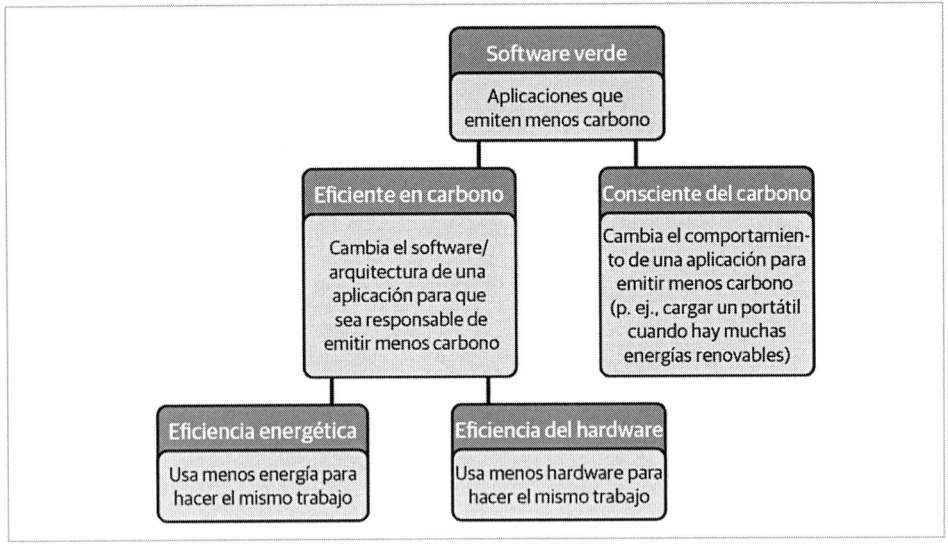

Figura 1.1 *Definición de software verde de acuerdo con Green Software Foundation.*

Ahora que sabemos qué es el software verde, ¿cómo procedemos a crearlo?

Qué pensamos nosotras

Este libro está conformado por 13 capítulos técnicos:

1. Introducción al software verde
2. Pilares del software verde
3. Eficiencia del código
4. Eficiencia operativa
5. Conciencia sobre el carbono
6. Eficiencia del hardware
7. Redes
8. Aprendizaje automático, IA y modelos de lenguaje grandes verdes
9. Medición
10. Monitorización
11. Cobeneficios
12. Matriz de madurez del software verde
13. ¿Hacia dónde vamos desde aquí?

Ahora explicaremos cada uno de los próximos capítulos y daremos los puntos clave que usted debe recordar.

Capítulo 2: Pilares del software verde

Antes de sumergirnos, hay un aspecto que todos en la industria tecnológica consideran como esencial para comprender cualquier nuevo problema: la jerga.

En el Capítulo 2, "Pilares del software verde", explicaremos lo que realmente significa todo el discurso sobre el clima, comenzando con el *carbono*. A lo largo de este libro, utilizamos "carbono" como una abreviatura para describir todos los gases de efecto invernadero, que son cualquier gas en la atmósfera que atrapa calor. La mayoría de estos gases ocurren de manera natural, pero su exceso ocasionado por las actividades humanas significa que tenemos que luchar contra el aumento de las temperaturas globales y así evitar esos molestos y catastróficos desastres climáticos.

A continuación, se ofrecerán algunos conocimientos que usted debería tener a mano, listos para persuadir a amigos y colegas sobre la importancia de construir soluciones climáticas. Revisaremos la diferencia entre clima y tiempo atmosférico (*weather*, en inglés), cómo el calentamiento global contrasta con el cambio climático, y cómo la comunidad internacional lo monitoriza todo. También analizaremos cómo se aplican los protocolos de gases de efecto invernadero (es decir, las emisiones de los alcances 1, 2 y 3) a los sistemas de software.

El siguiente bloque de construcción que cubriremos es la electricidad. La mayoría de nosotros estudiamos electricidad en la escuela o colegio, y si aún lo recuerda, puede saltarse esta sección. Para quienes necesitamos un repaso (como las autoras), revisaremos los conceptos básicos de electricidad y energía y cómo se relacionan con el software. También revisaremos brevemente la producción de energía y compararemos y contrastaremos las fuentes de energía con alto y bajo contenido de carbono.

El último bloque de construcción que abarcaremos es hardware. Probablemente se esté preguntando por qué usted —digamos que un desarrollador web— necesita aprender algo sobre hardware. ¡Mucho texto! Pero lo necesita.

El hardware es esencial para todas las cosas relacionadas con el software, y todo el hardware tiene carbono asociado con él, incluso antes de que comience a ejecutar su aplicación. El *carbono embebido*, a menudo referido como carbono incorporado, es el carbono emitido durante la creación y eventual destrucción de una pieza de un equipo.

En 2019, Apple (*https://oreil.ly/zzLKB*) informó de que el 85% de las emisiones de carbono durante la vida útil de un móvil iPhone ocurren durante las fases de producción y eliminación del dispositivo. Esta es una cifra que todos debemos tener en cuenta al diseñar, desarrollar y desplegar software. Necesitamos hacer que esta inversión en carbono rinda más; por tanto, la longevidad de los dispositivos de usuario importa.

Pero ¿qué pasa con otros dispositivos como los servidores? ¿De qué deberíamos ser conscientes al desplegar una aplicación en un centro de datos local (*on-premises*, en inglés) o en la nube? La buena noticia es que, en los centros de datos administrados profesionalmente, el hardware de los servidores está más controlado y trabajan mucho más que los dispositivos de usuario. Como usuarios de centros de datos, es la electricidad lo que nos debe preocupar.

Capítulo 3: Eficiencia del código

En el Capítulo 3, "Eficiencia del código", describimos cómo la electricidad que una aplicación requiere para funcionar es aproximadamente una función de cuánta CPU/GPU usa directa o indirectamente. Reducir los requerimientos de procesamiento de un software es clave para reducir su uso de energía y emisiones de carbono. Una forma de lograr esto es mediante la eficiencia del código.

Sin embargo, la pregunta que necesitamos hacernos es: ¿la eficiencia del código realmente mueve el dial verde o es una distracción dolorosa? De hecho, ¿es el concepto más controvertido en el software verde?

La eficiencia del código es complicada

El problema con la eficiencia del código es que, aunque reducir el uso de CPU/GPU puede potencialmente tener un impacto enorme en las emisiones de carbono y actualmente está bien entendido —las mismas técnicas se han utilizado durante muchas décadas en la computación de alto rendimiento (HPC, por sus siglas en inglés)—, es un alto esfuerzo para los ingenieros.

Podría lograr una reducción cien veces mayor en las emisiones de carbono al cambiar, por ejemplo, de Python a un lenguaje mucho más eficiente como Rust, pero habrá que pagar un precio en términos de productividad.

Los desarrolladores realmente entregan mucho más rápido cuando usan lenguajes de menor eficiencia en la máquina, como Python. Como resultado, escribir código eficiente no es atractivo para los negocios, que quieren dedicar el tiempo de los desarrolladores a construir nuevas funciones, no a escribir código optimizado. Esto puede hacer que sea una venta imposible.

Afortunadamente, hay opciones de eficiencia del código que están alineadas con los objetivos comerciales de velocidad. Estas incluyen:

- Usar servicios gestionados.
- Usar mejores herramientas, bibliotecas o plataformas.
- Simplemente ser más ágil y hacer menos.

Uso de servicios gestionados. Más adelante en este libro, hablaremos sobre las ventajas reales que ofrecen en términos de eficiencia operativa de los servicios gestionados en línea y en la nube. Dichos servicios podrían compartir su plataforma y recursos entre millones de usuarios y pueden alcanzar una utilización extremadamente alta de hardware y energía. Sin embargo, nosotras sospechamos que su mayor y potencial ventaja proviene de la eficiencia del código.

La premisa comercial detrás de un servicio gestionado es simple: una empresa que tiene la escala y demanda para justificarlo realiza una inversión enorme, la cual es requerida para hacerlo operativo y eficiente en código. De manera irritante, esa compañía entonces gana mucho dinero.

Seamos realistas: es un trato atractivo.

Elegir las herramientas, bibliotecas y plataformas adecuadas. La alternativa on-premises más eficiente para un servicio gestionado debería ser una biblioteca o producto de código abierto bien optimizado. El problema es que la mayoría no ha priorizado la eficiencia energética hasta el momento. Como consumidores del código abierto, debemos empezar a exigir que lo hagan.

Hacer menos. El código más eficiente es no codificar en absoluto.

Si no se siente atraído por incrementar el saldo en el banco de su hiperescalador (*hyperscaler*, en inglés) utilizando uno de sus servicios preoptimizados, una alternativa atractiva es hacer menos. Según Adrian Cockcroft, exvicepresidente de Arquitectura Sostenible en AWS, "El mayor beneficio a menudo proviene de cambiar los requerimientos o los acuerdos de nivel de servicio —ANS— (SLA, en inglés). Reducir el tiempo de retención de los archivos de registro. Relajar las metas u objetivos sobreespecificados".[1]

El mejor momento para detectar trabajo innecesario es al inicio del proceso de diseño del producto, porque una vez que ha prometido un acuerdo de nivel de servicio o una función a alguien, es más difícil retractarse. A veces, los objetivos sobreespecificados (p. ej., regulaciones con las que la compañía debe cumplir) son inevitables, pero, a menudo, son impulsados internamente en lugar de responder a presiones externas o a auténticas necesidades de los usuarios. Si ese es el caso en su organización, pídale a su gerente de producto que los elimine hasta que usted esté seguro de que en realidad los requiere.

¿Qué pasa si usted realmente no puede comprarlo o eliminarlo y tiene que construirlo? Si tiene que hacerlo usted, hay múltiples opciones para cargas computacionales que demandan alto consumo de CPU y que, además, deben ejecutarse en momentos de alta intensidad de carbono:

- Reemplace código personalizado e ineficiente con servicios o bibliotecas eficientes.
- Reemplace servicios o bibliotecas ineficientes por otros mejores.
- Reescriba el código para usar una plataforma, framework o lenguaje más liviano (*https://oreil.ly/LPmpy*). Migrar de Python a Rust, por ejemplo, ha demostrado reducir cien veces los requerimientos de CPU. Además, Rust tiene ventajas de seguridad sobre las opciones más clásicas de eficiencia de código como C o C++.
- Considere alternativas de nuevos lenguajes como Cython o Mojo, que buscan combinar la velocidad de C con una mejor usabilidad.
- Considere delegar trabajo a dispositivos del cliente donde la batería local tenga alguna posibilidad de haber sido recargada con energía renovable. Sin embargo, esto es relativo, porque si implica transmitir una gran cantidad de datos adicionales, o si fomenta que el usuario actualice su dispositivo, o si es algo para

---

[1] Adrian Cockcroft, comunicación personal.

el que su centro de datos tiene el hardware para procesarlo de manera más eficiente, entonces delegarlo en un dispositivo de cliente puede ser peor. Como siempre, el diseño requiere análisis y probablemente que el equipo de gestión del producto esté involucrado.

- Asegúrese de que sus políticas de almacenamiento de datos promuevan el ahorro. Las bases de datos deberían estar optimizadas (minimizar el almacenamiento de datos y afinar las consultas).

- Evite el uso excesivo de capas. Por ejemplo, usar alguna malla de servicios puede ser como minar Bitcoin en sus servidores.

Considere el contexto

Liberar software eficiente energéticamente requiere mucho trabajo, así que enfoque su atención en aplicaciones que realmente importen porque tienen un uso intensivo o alta demanda y deben estar siempre activas.

"La escala importa", dice el activista climático Paul Johnston. "Si está construyendo un servicio en la nube a gran escala, entonces sáquele todo el jugo que pueda al lenguaje de programación que esté usando. Si está construyendo una herramienta interna utilizada por cuatro personas y el perro de la oficina, a menos que vaya a utilizar 10 MWh de electricidad, es irrelevante escalarlo."[2]

Verde por diseño

Los sistemas de software pueden diseñarse de manera que sean más conscientes sobre el carbono, más eficientes en el uso de la energía o más eficientes en el uso del hardware. El impacto de un mejor diseño a menudo supera el efecto de cómo dichos sistemas sean codificados. Sin embargo, nada de esto es gratis.

Ser verde significa pensar constantemente en su diseño y revisarlo, en lugar de dejar que el sistema evolucione. Así que, es hora de desempolvar esa pizarra y sacar ese bolígrafo verde, que, por suerte, probablemente sea el único que aún tenga tinta.

Capítulo 4: Eficiencia operativa

Cubrimos la eficiencia operativa (u operacional) en el Capítulo 4, "Eficiencia operativa", que es, probablemente, el capítulo más importante del libro.

La *eficiencia operativa* consiste en lograr el mismo resultado con menos máquinas y recursos. Esto puede reducir potencialmente las emisiones de carbono de cinco a diez veces (*https://oreil.ly/jXLmC*) y es relativamente sencillo, porque como veremos más

---

[2] Paul Johnston, comunicación personal.

adelante, ya existen servicios y herramientas para apoyar la eficiencia operativa, particularmente en la nube.

Sin embargo, no se sienta excluido si está alojando en instalaciones on-premises. Muchas de las técnicas, como la alta utilización de máquinas, las buenas prácticas operativas y la multitenencia (o tenencia múltiple), también pueden funcionar para usted.

Alta utilización de máquinas

La mejor forma operativa de reducir las emisiones por unidad de trabajo útil es reduciendo la inactividad. Necesitamos operar los sistemas con una mayor utilización de procesadores, memoria, espacio en disco y redes. Esto también se conoce como operar a *alta densidad de servidores*, y mejora tanto la eficiencia energética como la eficiencia del hardware.

Un buen ejemplo de esto se puede ver en el trabajo que Google ha realizado en los últimos quince años para mejorar la utilización de sus sistemas internos. Usando encapsulamiento de trabajos mediante contenedores, junto con un etiquetado detallado de tareas y una herramienta llamada planificador de clústeres (*cluster scheduler*, en inglés), Google agrupa estrechamente sus diversas cargas de trabajo en servidores como piezas en un juego de Tetris. El resultado es que Google utiliza mucho menos hardware y energía (posiblemente menos de un tercio de lo que usaría con otra configuración).

Puede leer todo sobre el trabajo de Google en un fascinante artículo publicado hace una década. Los autores también le dieron un gran nombre al planificador de clústeres: Borg. Leer el artículo sobre Google Borg fue lo que cambió la vida de Anne y la llevó por el camino de la tecnología operativamente eficiente, así que alerta.

Por cierto: Borg eventualmente dio lugar a Kubernetes.

Multitenencia

Todos los proveedores de nube pública invierten mucho en eficiencia operativa. Como resultado, el mejor paso sostenible que usted puede tomar hoy en día podría ser mover sus sistemas a la nube y *usar sus servicios*.

Su alto nivel de *multitenencia* (*https://oreil.ly/pTeCN*), o uso compartido de máquinas entre múltiples usuarios, es lo que permite que las tasas de uso de máquinas en la nube (*https://oreil.ly/ iU7rT*) superen significativamente lo que es posible en instalaciones propias. Potencialmente, logran obtener más del 65 % de utilización versus un promedio de 10 a 20 % en instalaciones on-premises (aunque si simplemente hace una "migración directa" —*lift and shift*, en inglés— a servidores dedicados en la nube, no obtendrá gran parte de este beneficio).

Los hiperescaladores logran esto cuando empaquetan sus diversas cargas de trabajo en grandes servidores utilizando sus propios orquestadores y planificadores inteligentes (siempre y cuando puedan hacerlo, es decir, si usted no los ha limitado especificándolos como servidores dedicados).

Tenga en cuenta que incluso si está usando una arquitectura de microservicios bien diseñada (incluso en instalaciones on-premises), las tasas de utilización se pueden aumentar significativamente usando un planificador de clústeres para consumidores, por ejemplo, el planificador de Kubernetes o Nomad de HashiCorp.

Los planificadores de clústeres que optimizan el uso de máquina requieren trabajos encapsulados (generalmente trabajos empaquetados en una máquina virtual, un contenedor o una función sin servidor), que se ejecutan sobre una capa de orquestación que puede iniciarlos, detenerlos o moverlos de una máquina a otra.

Para empaquetar bien, también es vital que los orquestadores y planificadores sepan lo suficiente como para tomar decisiones inteligentes de ubicación para los trabajos. Cuanto más sepa un planificador sobre los trabajos que está planificando, mejor podrá utilizar los recursos. En la nube, usted puede comunicar las características de sus cargas de trabajo eligiendo los tipos de instancias correctos, y debe evitar sobrespecificar sus requerimientos de recursos o disponibilidad (p. ej., pidiendo una instancia dedicada cuando una instancia elástica sería suficiente).

Las soluciones sin servidor con alta multitenencia, como las funciones Lambda en AWS, las funciones de Azure o Google Serverless, también pueden ser útiles para minimizar la huella de carbono del hardware. Las soluciones sin servidor también proporcionan otras capacidades de eficiencia operativa como el *autoescalamiento* (haciendo que los recursos de hardware se activen solo cuando se necesitan) y el ajuste automático de tamaño.

Hacer este tipo de cosas operativamente ingeniosas en su propio sistema on-premises es posible, pero tiene un coste monetario en términos de esfuerzo de ingeniería para lograr el mismo resultado. Para los proveedores de nube, es su negocio principal y vale la pena invertir tiempo y dinero. Así las cosas, ¿es también un negocio para usted?

Buenas prácticas operativas

Ejemplos más simples de eficiencia operativa incluyen no aprovisionar en exceso los sistemas (p. ej., reducir manualmente el tamaño de las máquinas que son más grandes de lo necesario) o utilizar el escalamiento automático para evitar aprovisionarlas antes de que se requieran.

Más simple aún, clausure aplicaciones y servicios que ya no hacen nada. La experta en sostenibilidad Holly Cummins, ingeniera en Red Hat, se refiere a ellos como "cargas de trabajo zombi" (*https://oreil.ly/VhSJi*). No los deje por ahí "por si acaso".

Si no le molesta automatizar el inicio y detención de un servidor, eso es una señal de que ya no es valioso. Las cargas de trabajo zombis, no mantenidas, son perjudiciales para el medio ambiente además de ser un riesgo de seguridad. Ciérrelas o apáguelas.

Herramientas y técnicas operativas verdes

Incluso si usted ejecuta sus cargas de trabajo en la nube (es decir, operadas por otra persona), todavía hay configuraciones de eficiencia operativa bajo su control:

- Las instancias de spot en AWS o Azure (instancias interrumpibles — *preemptible instances*, en inglés— en GCP) son una parte vital de cómo las nubes públicas logran su alta utilización. Dan a los orquestadores y planificadores la discreción sobre cuándo deben ejecutarse los trabajos, lo que ayuda a empaquetarlos en las máquinas. A corto plazo, usar instancias spot en todos los lugares que pueda, hará que sus sistemas sean más eficientes en hardware, más eficientes en electricidad y mucho más baratos. A largo plazo, ayudará a que sus sistemas sean más conscientes sobre el carbono porque las instancias spot permitirán que un proveedor de nube desplace en el tiempo las cargas de trabajo a momentos en los que la electricidad en la red local sea menos intensiva en carbono (como lo describe Google en su reciente artículo —*https://oreil.ly/HUGIn*— sobre operaciones de centros de datos conscientes del carbono).

- El exceso de aprovisionamiento reduce la eficiencia del hardware y la energía. Las máquinas se pueden ajustar utilizando, por ejemplo, el explorador de costes de AWS (*https://oreil.ly/b5uQB*) o el análisis de costes de Azure (*https://oreil.ly/9UVgR*). Es más, una auditoría simple a menudo puede identificar servicios zombis, que necesitan ser apagados.

- La redundancia excesiva también puede disminuir la eficiencia del hardware. A menudo, las organizaciones exigen duplicación entre regiones para una conmutación por error (*failover*, en inglés) en caliente, cuando sería suficiente una conmutación por error en frío más el uso de GitOps.

- El escalamiento automático minimiza el número de máquinas necesarias para ejecutar un sistema de forma resiliente. Puede vincularse al uso de la CPU o a los niveles de tráfico de red, e incluso puede configurarse de manera predictiva. Recuerde autoescalar tanto hacia abajo como hacia arriba, ¡o solo será útil la primera vez! AWS ofrece un excelente manual (*https://oreil.ly/ y0J3h*) sobre escalabilidad automática impulsada por microservicios. Sin embargo, aumentar la complejidad arquitectónica al excederse en la cantidad de microservicios puede resultar en sobre aprovisionamiento. Aquí hay un balance o equilibrio. Intente mantenerlo simple. Lea *Building Microservices* de Sam Newman para conocer las mejores prácticas.

- Los tipos de instancias siempre activas o dedicadas no son verdes. Elegir tipos de instancias que den al anfitrión o host más flexibilidad y, de manera crítica, más información sobre su carga de trabajo, aumentará la utilización de las máquinas y reducirá tanto las emisiones de carbono como los costes. Por ejemplo, las instancias T3 de AWS (*https://oreil.ly/rUO0U*), las B-series de Azure (*https://oreil.ly/9tueZ*) y los tipos de máquinas de núcleo compartido de Google (*https://oreil.ly/idnXr*) ofrecen interesantes capacidades de *bursting* (ráfaga), que son potencialmente una alternativa más sencilla al escalado automático.

Vale la pena señalar que las arquitecturas que reconocen tareas de baja prioridad y/o postergables son más fáciles de operar con alta utilización de máquinas. En el futuro, las mismas arquitecturas serán mejores en conciencia sobre el carbono. Estas incluyen arquitecturas sin servidor, microservicios y otras arquitecturas asincrónicas (basadas en eventos).

Según el evangelista de tecnología verde Paul Johnston, "Siempre activo es insostenible". Esto puede ser la sentencia de muerte para algunos monolitos heredados de gran tamaño.

Herramientas de informes

El coste de alojamiento o hosting siempre ha sido de alguna manera una medida indirecta de las emisiones de carbono. Es probable que en el futuro esté aún más correlacionado a medida que la nube se vuelva cada vez más comercial, la electricidad siga siendo un coste subyacente clave y la electricidad sucia se vuelva más cara a través de precios dinámicos. Ahora también existen herramientas de informes de huella de carbono más específicas. Son rudimentarias, pero mejores que nada y si estas se usan, mejorarán en el futuro. Así que recomendamos usarlas.

Capítulo 5: Conciencia sobre el carbono

En el Capítulo 5, "Conciencia sobre el carbono", cubriremos los marcadores de un diseño sólido desde la perspectiva de la conciencia sobre el carbono:

- Poco o nada está "siempre activo".

- Las tareas que no son críticas en cuanto al tiempo (p. ej., aprendizaje automático o procesamiento por lotes), se separan y computan de manera asincrónica para que puedan ejecutarse cuando la intensidad de carbono de la electricidad en la red local sea baja (p. ej., cuando el sol está brillando y ya no hay una alta demanda en la red). Esta técnica se describe a menudo como *cambio de la demanda* y, como mencionamos, los tipos de instancias spot o interrumpibles son particularmente adecuadas para ello.

- Las ofertas de sus servicios cambian según la intensidad de carbono de la red local. Esto se llama *adaptación de la demanda*. Por ejemplo, en momentos de generación eléctrica baja en carbono, se ofrece la funcionalidad completa, pero en tiempos de alta generación de energía con alta emisión de carbono su servicio se degrada de manera controlada. Muchas aplicaciones hacen algo análogo para lidiar con las fluctuaciones en la disponibilidad de ancho de banda, por ejemplo, reduciendo temporalmente la calidad de las imágenes.

- Las tareas que son genuinamente críticas en cuanto al tiempo, y que, además, deben estar siempre activas, inevitablemente necesitarán consumir electricidad de alta intensidad de carbono, por lo que se escriben de manera eficiente para usar la menor cantidad posible de electricidad

- Los trabajos no se ejecutan con más urgencia de la necesaria, por lo que, si pueden esperar a una electricidad más limpia, se posterga su ejecución.

- Siempre que sea posible, los cálculos son transferidos a los dispositivos del usuario final y dispositivos de borde para minimizar el tráfico de red, reducir la necesidad de ejecutar procesos bajo demanda en los centros de datos, y aprovechar al máximo la energía almacenada en las baterías de los dispositivos. Hay otros beneficios: las aplicaciones peer to peer (P2P, por sus siglas en inglés), así como las aplicaciones sin conexión (*offline-first*, en inglés) ayudan a eliminar la necesidad de servicios centralizados con un alto porcentaje de tiempo de actividad y aumentan la resiliencia de la aplicación ante problemas de red, además de disminuir la latencia.

- Se utilizan cálculos algorítmicos previos y almacenamiento previo en caché (*precaching*, en inglés): las tareas de cálculo intensivo de CPU o GPU se realizan y guardan antes de que sean necesarias. Algunas veces eso podría parecer ineficiente (los cálculos pueden ser descartados o superados antes de ser usados), pero además de acelerar los tiempos de respuesta, el cálculo previo puede incrementar hábilmente la eficiencia del hardware y ayudar a trasladar el trabajo a momentos en que la electricidad es menos intensiva en carbono

Estos indicadores a menudo dependen de una arquitectura basada en microservicios o en sistemas distribuidos, pero esto no es 100% requerido.

Capítulo 6: Eficiencia del hardware

En el Capítulo 6, "Eficiencia del hardware", observamos que, para el software que se ejecuta en dispositivos de usuario en lugar de en servidores, el carbono emitido durante la producción de dichos dispositivos supera con creces el que se emite como resultado de su uso (ver Figura 1.2).

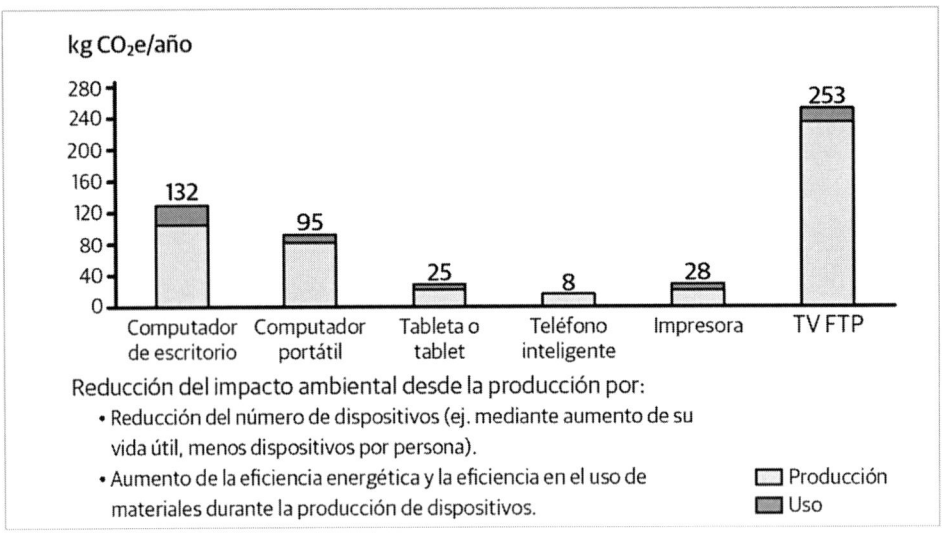

Figura 1.2 *Efectos directos de las emisiones de CO₂ por dispositivo de usuario final de las TIC (basado en datos de la Universidad de Zúrich).*

 No, ninguna de nosotras sabe qué es un televisor FTP. Suponemos que es un televisor inteligente. Las emisiones de gases de efecto invernadero de este dispositivo parecen más problemáticas (*https://oreil.ly/UN_3k*) de lo que hubiéramos podido imaginar.

Por lo tanto, en el futuro, los dispositivos de los usuarios en un mundo con cero emisiones de carbono necesitarán durar mucho más tiempo. Esto será impulsado en parte por el diseño físico y la fabricación, pero también por evitar la obsolescencia inducida por el software, la cual es causada por sistemas operativos y aplicaciones que dejan de proporcionar parches de seguridad o que dependen de un nuevo hardware o nuevas características.

A medida que pasa el tiempo, la ley de Moore (que postula que el número de transistores en un microchip se duplica cada dos años) y otras formas de progreso indican que los dispositivos siempre están obteniendo nuevas características que los desarrolladores desean explotar en sus nuevas versiones de aplicaciones. Los teléfonos móviles, por ejemplo, se han vuelto más rápidos, han evolucionado para tener GPU dedicada y chips de aprendizaje automático dedicados, y han adquirido más memoria. Las aplicaciones toman ventaja de este progreso, y eso está bien. Sin embargo, es vital que esas aplicaciones también continúen funcionando en teléfonos más antiguos que no tengan las nuevas características, para que no contribuyan a algo evitable, la obsolescencia impulsada por el software.

Para que los usuarios no se vean alentados a desechar tecnología que aún funciona, es imperativo que los desarrolladores creen nuevo software que sea compatible tanto con dispositivos nuevos como los ya existentes.

Los sistemas operativos de los teléfonos proporcionan alguna información (*https://oreil.ly/zDRrU*) y herramientas para ayudar en este aspecto, pero requieren generalmente la colaboración de los desarrolladores.

En este momento, la compañía que mayormente está consiguiendo evitar que el software dañe los dispositivos podría ser Apple. El nuevo iOS 15 es compatible con teléfonos de hasta seis años de antigüedad (*https://oreil.ly/hMFUo*). Sin embargo, todos los proveedores necesitan mejorar. Las expectativas de vida útil de los dispositivos deben ser mucho más largas, incluso más de seis años. Fairphone, un proveedor de teléfonos más especializado, ya ofrece parches de seguridad del sistema operativo durante ocho años y tiene en la mira alcanzar los diez, lo que demuestra que es posible.

Todos los teléfonos actuales son superados en longevidad por la mayoría de las consolas de videojuegos. Por ejemplo, la Xbox One fue diseñada para durar diez años, y ese compromiso parece estar cumpliéndose (*https://oreil.ly/9wKRE*). El modelo de negocio de las consolas de videojuegos no incluye tanta obsolescencia programada para el producto como sí pasa en el modelo de negocio de los teléfonos. Esto demuestra que los dispositivos pueden durar más si los fabricantes así lo deciden. Nosotras creemos que al menos diez años debería ser la expectativa de vida útil de todos los nuevos dispositivos de ahora en adelante.

Capítulo 7: Redes

En el Capítulo 7, "Redes", hablamos sobre el impacto de las redes e Internet en las emisiones de carbono y discutimos cómo productos tales como los servicios de videoconferencia, que deben manejar un ancho de banda fluctuante, proporcionan ejemplos útiles en el mundo real de cambio y adaptación de la demanda.

Las herramientas y equipos de redes tales como cableado de fibra óptica, routers y switches, siempre han tenido como objetivo fundamental minimizar los vatios por bit transmitido. En comparación con el resto de la industria, las redes ya están bastante optimizadas en términos de uso de energía y representan solamente una pequeña parte de la factura eléctrica y las emisiones de carbono de un centro de datos moderno.

Sin embargo, hay todavía mucho margen de mejora en la forma en que la mayoría de las aplicaciones usan redes. Vatios/bit probablemente no fue un objetivo de diseño.

Hay mucho que el campo emergente del software verde puede aprender de las telecomunicaciones.

Capítulo 8: Aprendizaje automático, inteligencia artificial y modelos de lenguaje grandes verdes

En el Capítulo 8, "Aprendizaje automático, inteligencia artificial y modelos de lenguaje grandes verdes", nosotras abordamos el nuevo mundo de la IA y el aprendizaje automático (ML, por sus siglas en inglés), que está generando un gran aumento en el trabajo intensivo en CPU y provocando una expansión masiva (*https://oreil.ly/-bBWC*) en la capacidad de los centros de datos. Como resultado, necesitamos estrategias para una IA más verde.

Discutimos técnicas como el entrenamiento de modelos de ML más rápido y de manera más eficiente, reduciendo el tamaño del modelo, utilizando aprendizaje federado, poda, compresión, destilación y cuantificación.

El aprendizaje automático (ML) también se beneficia del progreso acelerado en hardware y chips dedicados, y deberíamos intentar utilizar el hardware más adecuado para la tarea de entrenamiento en cuestión. Lo más importante es que los modelos de ML son un gran ejemplo de trabajos que no son sensibles a la latencia. No necesitan ser entrenados con electricidad de alta intensidad de carbono.

Capítulo 9: Medición

Según Chris Adams de Green Web Foundation: "El problema no solo ha sido que los desarrolladores no quieren ser eficientes en carbono; también lo ha sido la falta de datos, particularmente de los grandes proveedores de la nube, para ver qué es realmente efectivo. Así que el modelado a menudo termina basándose en suposiciones."[3]

A corto plazo, es mejor hacer una suposición que nada. Las medidas genéricas tales como cambiar tanto como sea posible a entornos multitenencia y hacer que el código crítico en tiempo sea menos intensivo en uso de CPU, son efectivas. Sin embargo, a largo plazo, los desarrolladores necesitan las herramientas adecuadas de observabilidad y monitorización para iterar sobre el uso de energía.

Capítulo 10: Monitorización

Todavía estamos en una etapas preliminares de monitorización de emisiones de sistemas de software, pero aumentará el número de herramientas, y cuando esto pase, es vital que estemos al día en todo el progreso que la industria tecnológica ha tenido en relación con la monitorización efectiva de sistemas en la última década, de manera que podamos aplicarlo para ser más verdes.

---

[3] Chris Adams, comunicación personal.

En el Capítulo 10 discutimos la ingeniería de fiabilidad del sitio (SRE, por sus siglas en inglés) y cómo podría aplicarse a la planificación de tus emisiones de carbono.

Capítulo 11: Cobeneficios

En el Capítulo 11, "Cobeneficios", hablamos sobre los beneficios colaterales de adoptar un enfoque de software verde, que incluyen ahorro de costes, incremento de la seguridad y mejor resiliencia.

Mientras esperamos mejores herramientas de informe, el coste es una medida indirecta útil sobre las emisiones de carbono. Por lo tanto, hay una superposición entre el seguimiento de carbono y la nueva práctica de las operaciones financieras en la nube, o *FinOps* (*https://oreil.ly/7K8wJ*), que es una manera para que los equipos gestionen sus costes de hosting y donde todos (a través de equipos multifuncionales en IT, finanzas, producto, etc.), se hagan responsables de su gasto, apoyados por un conjunto central de mejores prácticas.

No obstante, sigue habiendo un beneficio significativo en usar herramientas de huella de carbono sobre las de FinOps para medir los costes de carbono. En algún momento —con suerte lo antes posible— esas herramientas tomarán en cuenta la carga de carbono de la electricidad realmente utilizada para alimentar sus servidores. Hoy en día, usted paga frecuentemente lo mismo por alojar en regiones donde la electricidad es baja en carbono, como Francia (nuclear) o Escandinavia (hidro, viento), que en regiones con alta generación de huella de carbono como Alemania. Sin embargo, sus emisiones de carbono serán menores en las primeras ubicaciones y mayores en las segundas. Una herramienta de huella de carbono reflejará eso. Una de FinOps no lo hará.

Capítulo 12: La matriz de madurez del software verde

En el Capítulo 12, "La matriz de madurez del software verde", abordamos el proyecto de la matriz de madurez del software verde (GSMM, por sus siglas en inglés) de Green Software Foundation. La mayoría de nosotros necesita escalar desde el nivel 1 en la matriz (apenas comenzando con sistemas eficientes y con capacidad de adaptación y cambio de la demanda) hasta el nivel 5 (sistemas que pueden funcionar 24/7 con electricidad libre de carbono).

La GSMM afirma que deberíamos comenzar con mejoras en la eficiencia operativa y dejar la eficiencia del código hasta el final, cuando, con suerte, podamos adquirirla preconfigurada. De hecho, la GSMM está notablemente alineada con nuestras propias sugerencias.

Capítulo 13: ¿Dónde vamos desde aquí?

En el último capítulo, plantearemos un desafío. Queremos que reduzca a la mitad sus facturas de alojamiento (y, por lo tanto, de emisión de carbono) dentro de los siguientes 6 a 12 meses, y le daremos algunas sugerencias sobre cómo podría lograrlo. Es un objetivo nada trivial, pero es alcanzable y un primer paso necesario para avanzar en la matriz de madurez del software verde.

Finalmente, contaremos lo que hemos aprendido sobre el software verde al escribir este libro: no es un campo. Es lo que todo software tendrá que tener de ahora en adelante.

El software verde debe cumplir con todas nuestras necesidades. Debe ser productivo para los desarrolladores, resiliente, fiable, seguro, de alto rendimiento, escalable y económico. Al comienzo de este capítulo dijimos que el software verde era software eficiente y consciente del carbono, pero eso es solo una parte de la historia. El software verde tiene que satisfacer todas nuestras otras necesidades además de ser consciente y eficiente en carbono. Esto es factible; de hecho, ya está sucediendo.

La historia del software verde no solo es pesimismo seguido de ruinas. A nuestro juicio, volverse verde es lo más interesante y desafiante que está ocurriendo en la tecnología en este momento. Moldeará todo, e involucra a todo el mundo. Es importante y es resoluble.

Así que, ¡buena suerte y diviértase cambiando el mundo!

CAPÍTULO 2

Pilares del software verde

Los cuatro pilares de construcción fundamentales del software verde son el carbono, la electricidad, el hardware y la actitud.

—Sus autores favoritos

Este libro habla sobre la reducción de los gases de efecto invernadero, que son bastantes, pero ¿cuáles son sus efectos y por qué necesitamos reducirlos?

Antes de sumergirnos en la parte divertida de discutir maneras de reducir los gases de efecto invernadero digitales, construir software verde y encontrar un enfoque sostenible para el ciclo de vida del desarrollo de software, necesitamos revisar algunos conceptos fundamentales y jerga que lo preparen a usted para el éxito (somos así de simpáticas). Los tres pilares del software verde que cubriremos en este capítulo son el carbono, la electricidad y el hardware, que son todos esenciales para abordar el problema climático.

La razón por la que estamos aquí: carbono

Carbono es una abreviatura útil para referirse a todos los gases de efecto invernadero (GEI) (GHG, por sus siglas en inglés).

Gases de efecto de invernadero

Los GEI son cualquier tipo de gas en la atmósfera terrestre que puede atrapar calor. Este fenómeno natural recibe su nombre por los invernaderos. Si usted es un aficionado a la jardinería, estamos seguros de que está familiarizado con lo que es un invernadero. Sin embargo, para el resto de nosotros, los techies que preferimos quedarnos en interiores, un invernadero es una construcción hecha de material transparente como el vidrio para capturar y retener el calor del sol. Este mecanismo de retención de calor permite a las personas crear un ambiente controlado para cultivar plantas y flores, como verá en la Figura 2.1.

Figura 2.1 *Ilustración sobre cómo un invernadero puede atrapar el calor para cultivar plantas y flores (a la derecha) y cómo el calor queda atrapado por el efecto de los gases de efecto invernadero, calentando el planeta (a la izquierda).*

Un invernadero crea un ambiente cálido al no dejar escapar el calor, y los GEI se comportan de la misma manera que esos paneles de vidrio transparente. Estos evitan que el calor del sol se disperse, porque, de otro modo, abandonarían la atmósfera terrestre.

El gas de efecto invernadero, en moderación, es bueno para nosotros y para el planeta. Sin los GEI, la temperatura en la superficie de la Tierra sería demasiado fría (alrededor de −20 °C [*https://oreil.ly/PoLdf*]), y la mayor parte de la vida tal como la conocemos dejaría de existir. Necesitamos retener el calor del sol hasta cierto punto para sustentar la vida en la Tierra. Sin embargo, el exceso de GEI resultante de las actividades humanas (desde la Revolución Industrial en 1750), nos ha llevado a sobrecalentar el planeta, como lo demuestra el famoso gráfico en forma de palo de hockey en la Figura 2.2.

La Revolución Industrial fue un punto de inflexión. Marcó el inicio de la economía manufacturera, lo que condujo a un aumento significativo en productividad y eficiencia, proporcionando beneficios invaluables para la humanidad, incluida la industria tecnológica, ¡hurra por eso! Sin embargo, algunos la consideran un punto sin retorno, debido a una demanda de energía sin precedentes que creó lo que parecía una era interminable de emisiones excesivas de GEI.

Los principales GEI son dióxido de carbono (CO_2), metano, óxido nitroso, hidrofluorocarbonos, perfluorocarbonos, hexafluoruro de azufre y trifluoruro de nitrógeno (como se indica en el Protocolo de Kioto [*https://oreil.ly/Fugfb*]), siendo el CO_2 la emisión más problemática de las actividades humanas. ¿Por qué problemática? Porque el mayor emisor de dióxido de carbono hasta la fecha es la quema de combustibles fósiles (*https://oreil.ly/Hz5cT*) tales como carbón, petróleo y gas natural para la producción de electricidad.

El problema es que la humanidad usa una enorme cantidad de dichos combustibles.

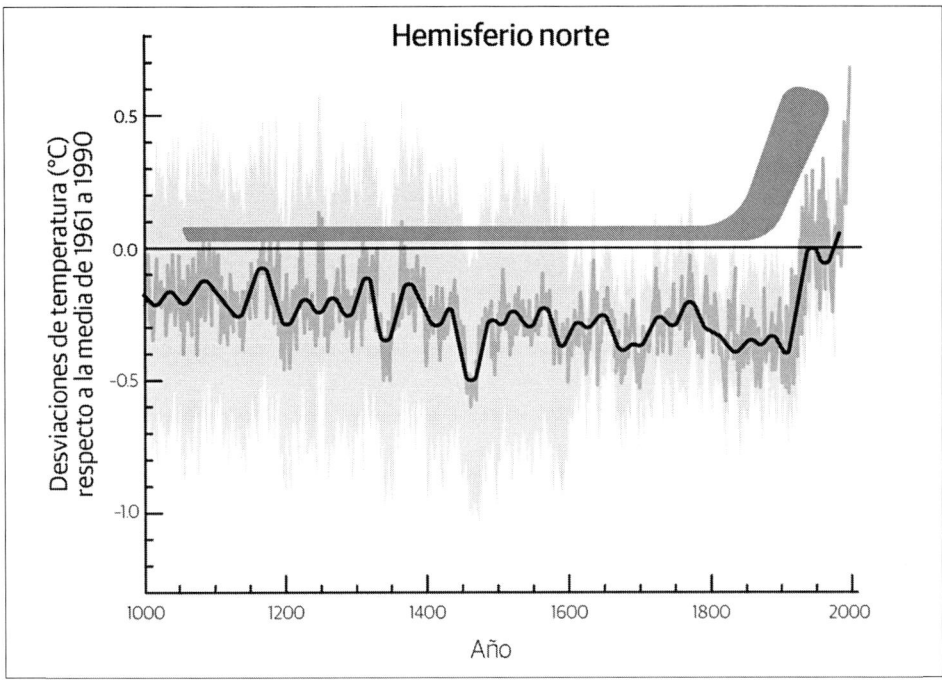

Figura 2.2 *Gráfica de aproximación del patrón de palo de hockey en las desviaciones de temperatura (°C) observadas entre 1961 y 1990.*

Otras actividades, tales como las alteraciones en el uso del suelo, el transporte y las actividades industriales, también agregan gasolina al fuego. Pero mientras otros GEI, como el metano, pueden tener un efecto de calentamiento más significativo (aproximadamente 28 veces más en un periodo de cien años [*https://oreil.ly/VZo9u*]), el dióxido de carbono es el GEI más abundante en la atmósfera, así como el más relacionado con la electricidad y, por ende, con la industria tecnológica. Es, por lo tanto, la razón que nos lleva a escribir este libro.

 Así que, cuando vea la palabra *carbono* en estas páginas, la estamos utilizando como un término abreviado para todos los GEI, pero recuerde, nuestra intención es siempre la misma: necesitamos reducir todos los GEI para luchar por el clima.

Otro término con el que podría querer familiarizarse es el equivalente de dióxido de carbono (CO_2e). El Panel Intergubernamental sobre Cambio Climático (*https://www.ipcc.ch*) (IPCC, por sus siglas en inglés), un organismo científico establecido por las Naciones Unidas en 1988, desarrolló el CO_2e para facilitar la comparación de los diversos GEI, específicamente sus efectos de calentamiento.

El CO_2e es una unidad de medida estandarizada que representa el potencial de calentamiento de un GEI específico a lo largo del tiempo. Es usada por los legisladores a nivel mundial y por diversas entidades en distintos sectores para establecer los objetivos y metas para la reducción de emisiones de carbono.

Como se mencionó con anterioridad, el efecto del metano en el clima es aproximadamente 28 veces más potente que el del dióxido de carbono en un periodo de cien años. Por lo tanto, una tonelada de metano se expresa como 28 toneladas de CO_2e para demostrar su efecto en un periodo de cien años en comparación con el dióxido de carbono. Visite el portal climático del Instituto Tecnológico de Massachusetts (MIT) (*https://oreil.ly/4lCEy*) para una explicación más detallada.

Afortunadamente, el metano no es un gas que permanezca en la atmósfera mucho tiempo —se descompone en dióxido de carbono y agua— o ya estaríamos condenados.

Clima versus tiempo atmosférico

> *No existe el mal ~~tiempo atmosférico~~ clima, únicamente sistemas ~~de vestimenta~~ construidos inapropiadamente.*
> —Sarah Hsu

Ahora que hemos pasado un tiempo familiarizándonos con el principal culpable de este libro (el dióxido de carbono), hablemos sobre la distinción entre clima y tiempo atmosférico (comúnmente conocido como "tiempo"). La principal diferencia entre los dos términos es el periodo del tiempo. Generalmente hablando, utilizamos la palabra *tiempo* para referirnos a las condiciones atmosféricas que ocurren en una determinada área durante un corto periodo, y la palabra *clima* para referirnos a las condiciones atmosféricas promedio durante un periodo mucho más prolongado.

El tiempo es una forma en que nosotros (especialmente los británicos) discutimos y describimos los eventos y condiciones atmosféricas que afectan a nuestras actividades diarias. Por ejemplo, la mayoría de nosotros está interesado en conocer la temperatura, la humedad o la probabilidad de lluvia diaria en la ciudad donde vivimos. En muchas partes del mundo, el tiempo atmosférico es famoso por ser variable (caprichoso) y disfrutar de fluctuaciones frecuentes, similar a cómo los británicos disfrutan de demasiadas tazas de té.

En contraste, el clima describe el patrón a largo plazo de las condiciones atmosféricas. Una comparación obvia entre los dos es que si observamos un aumento decenal en la temperatura promedio de la atmósfera terrestre (también conocido como clima), no siempre experimentaremos un aumento en la temperatura promedio del tiempo en cualquier temporada o estación dada.

Cuando hablamos de cambio climático, realmente nos referimos a los efectos a largo plazo que vemos en los promedios del tiempo atmosférico diario. Hoy en día, la mayoría de los niños (incluso adultos) sueñan con despertarse en una Navidad con nieve, como sus padres o abuelos pudieron haber descrito alguna vez. Sin embargo, muchos de nosotros no hemos experimentado una Navidad blanca durante bastante tiempo (excepto en aquellas partes del mundo mucho más frías, como Noruega, donde vive Sara). El cambio drástico en la cantidad de nieve en las recientes temporadas invernales europeas (*https://oreil.ly/Ka8cJ*) es un indicador impactante de que el clima ha cambiado desde que nuestros padres o abuelos eran jóvenes.

El cambio climático también es una experiencia devastadora y causa de preocupación en la industria tecnológica. Los fallos de muchos centros de datos durante la ola de calor sin precedentes en Europa en 2022 (*https://oreil.ly/sZQ0c*) fueron un duro recordatorio de esto.

¿Qué hay del calentamiento global? ¿Cómo se relaciona con el cambio climático?

La mayoría de las personas utilizan los términos *cambio climático* y *calentamiento global* de manera intercambiable. Sin embargo, como se ha aclarado, el primero se refiere a los climas locales, regionales y globales de la Tierra basados en la variación prolongada en los patrones meteorológicos promedio. En contraste, el segundo se refiere específicamente al calentamiento persistente de la superficie de la Tierra y, aún más importante, de los océanos desde la era preindustrial.

Un último punto sobre el clima que queremos destacar es que el clima siempre ha estado cambiando. ¿Recuerda las eras glaciales y los dinosaurios? Existe contrastada evidencia de que la Tierra se ha enfriado y calentado en numerosas ocasiones a lo largo de millones o incluso miles de millones de años. Sin embargo, esos cambios ocurrieron de manera lenta. La preocupación legítima ahora (y desde los años 80) es la tasa acelerada del cambio actual.

Monitorizando el cambio climático

Finalmente, la comunidad internacional ha comenzado a organizarse para abordar los cambios necesarios para mitigar y revertir el impacto del cambio climático y el calentamiento global. Esta sección cubrirá brevemente esos cambios y cómo podría mantenerse informado sobre ellos.

El esfuerzo inicial más notable fue el Acuerdo de París sobre el Clima (*https://oreil.ly/pG9Zy*), un tratado internacional creado y adoptado en 2015 por 196 partes para limitar el aumento de la temperatura de la Tierra. Aquí, una *parte* se refiere a una organización regional de integración económica, como la Unión Europea (UE) o a un país que ha suscrito y aceptado el acuerdo.

Este hito marcó un cambio en la dirección correcta por parte de la comunidad global, con un fuerte énfasis en mantener el aumento de la temperatura media global por debajo de 2 °C (preferiblemente 1.5 °C) en comparación con los tiempos preindustriales. El acuerdo funciona en un ciclo de revisión cada cinco años y con un fuerte enfoque en supervisar la implementación de la transformación económica y social alrededor del mundo con la mejor ciencia disponible.

La primera Conferencia de las Partes (COP21 [*https://oreil.ly/LiL5j*]) realizada en París, fue donde se adoptó el Acuerdo de París sobre el Clima. Una COP (*https://oreil.ly/3nppg*) es un evento anual que involucra a todas las partes firmantes, y que están regidas por la Convención Marco de las Naciones Unidas sobre el Cambio Climático (UNFCCC, por sus siglas en inglés [*https://unfccc.int*]), que es una entidad internacional creada para prevenir la "interferencia humana peligrosa en el sistema climático". En la conferencia, la UNFCCC y los representantes de todas las partes examinan el progreso de cada parte en relación con el objetivo general de la UNFCCC: limitar el aumento de la temperatura media global.

Hay varias maneras de mantenerse al tanto del esfuerzo mundial para limitar el cambio climático. Por ejemplo, el protocolo de GEI (GHG, por sus siglas en inglés) (*https://ghgprotocol.org*), desarrollado conjuntamente por el Consejo Empresarial Mundial para el Desarrollo Sostenible (WBCSD, por sus siglas en inglés [*https://www.wbcsd.org*]) y el Instituto de Recursos Mundiales (WRI, por sus siglas en inglés [*https://www.wri.org*]), proporciona una metodología coherente y transparente para medir e informar sobre el impacto del carbono.

Con sus famosos (aunque algo impenetrables) tres alcances —1, 2 y 3—, el protocolo de GEI es ampliamente reconocido como el estándar de informe. Así que es un conocimiento útil que debería tener, especialmente si desea involucrarse en comprender y responsabilizar a las organizaciones por sus emisiones. Para obtener más información sobre las complejidades del protocolo de GEI y su aplicación en la industria del software, consulte el Capítulo 9.

Para nosotras, una de nuestras formas favoritas de revisar los efectos actuales del carbono en la atmósfera es consultar la página de cambio climático global de la NASA (*https://science.nasa.gov/climate-change*), un sitio web dedicado a aumentar la conciencia y respaldado con evidencia científica, recursos y las últimas noticias que ocurren en todo el mundo.

Volviendo a lo básico: La electricidad

Al igual que el carbono, la electricidad es un tema importante de discusión. También está estrechamente enlazado con la tecnología. Así que dedicaremos esta sección del Capítulo 2 a volver a lo básico, revisando la energía y la electricidad antes de comparar y contrastar la producción de energía de bajo y alto carbono. Finalmente, cerramos con algunos modelos mentales que puede emplear para aumentar la eficiencia eléctrica de su sistema de software.

Creemos firmemente que todos los profesionales y practicantes del software deben ser responsables de la energía que sus productos eventualmente consumirán, y debemos asegurarnos de desperdiciar lo menos posible en cada etapa.

Por ejemplo, para un sitio web, la gestión de la energía incluye cómo se produce y se transmite la energía a la red eléctrica local, desde la red hasta el centro de datos, luego a los servidores dentro de él y, finalmente, a los backends y frontends de nuestras aplicaciones. Nuestro objetivo no es solo pensar en estos pasos, sino también en cómo los usuarios finales usarán nuestros productos. No solo deberíamos apuntar a producir el código más eficiente en cuanto a energía (más sobre esto en el Capítulo 3) o los sistemas más verdes, sino también guiar a los usuarios finales para evitar que caigan en la trampa de crear emisiones innecesarias.

Trabajo, energía, electricidad y facturas

Descargo de responsabilidad: Este libro no abordará los detalles de las clases de ciencias de la escuela sobre trabajo, energía y electricidad. Intentamos ofrecerle una breve descripción de esos temas para que usted pueda comprender mejor cómo se calcula su factura de electricidad, mientras mantiene una conciencia mental de cómo su sistema de software consume energía. Si su memoria aún está intacta y recuerda los buenos tiempos de la escuela, siéntase libre de omitir esta sección y pasar directamente a "Energía alta y baja en carbono".

En física, se realiza un trabajo cuando se aplica una fuerza a un objeto para moverlo una distancia determinada. La cantidad de trabajo hecho sobre un objeto es igual a la cantidad de energía transferida. Desde otra perspectiva, un objeto tiene energía cuando tiene la capacidad de hacer trabajo. La energía existe en muchas formas diferentes, como térmica, mecánica y gravitacional, y puede convertirse de un tipo a otro. Por ejemplo, las turbinas eólicas convierten la energía cinética en energía eléctrica, proporcionando electricidad. Por lo tanto, podemos considerar la electricidad como una fuente de energía secundaria.

La unidad de energía o trabajo es el julio (J), y la tasa de trabajo realizado (también conocida como potencia) se mide en vatios (W). Cuando decimos que la energía eléctrica tiene una unidad de kilovatios-hora (kWh), nos referimos a cuánta energía eléctrica se utiliza en una hora por algo que opera a 1 kilovatio de potencia.

Aunque frecuentemente se usa la potencia y la energía de manera intercambiable, es importante reconocer que son diferentes. La energía es, esencialmente, energía en sí misma. La potencia, sin embargo, es una tasa que mide cuánta energía se está utilizando a lo largo del tiempo.

¿Cómo se calcula su factura de electricidad? Veamos un cálculo de ejemplo para un electrodoméstico. Supongamos que tiene un portátil de 13 pulgadas que necesita 50 vatios de potencia, y durante los días de trabajo desde casa, la utiliza 9 horas al día. Esto significa que necesita 450 vatios-hora (9×50), o 0.45 kWh, por día por portátil para hacer su trabajo. Si la tarifa de electricidad para su casa es de 30 centavos por kWh, costará alrededor de 14 centavos ($0.45 \times 0.3 = \sim0.14$) al día utilizar su ordenador 9 horas.

¿Qué pasa con el consumo de energía de su software? Descifrar eso no es una tarea para los pusilánimes, especialmente con respecto al software moderno con capas de abstracción y virtualización. Abordaremos esto en el Capítulo 9.

Energía alta y baja en carbono

Hasta ahora, hemos discutido la energía eléctrica como si fuera toda igual. Sin embargo, eso está lejos de la realidad. Como se mencionó anteriormente, la electricidad es una fuente de energía secundaria, y existen varias técnicas para producirla, convirtiendo a energía eléctrica desde otra forma de energía.

Cuando las plantas queman carbón en una caldera para producir vapor y convertir la energía química en energía eléctrica, se libera una gran cantidad de dióxido de carbono como derivado. A cualquier electricidad producida mediante la quema de combustibles fósiles la llamamos energía de *alto contenido de carbono*.

El carbón es el combustible fósil más intensivo en carbono para la generación de electricidad, superando a otros como el petróleo y el gas natural. Los métodos de bajo contenido de carbono, como la hidroeléctrica o la eólica, apenas producen al convertir la energía cinética en electricidad.

Hay una diferencia entre los recursos renovables y los de bajo contenido de carbono. Aunque ambos pueden producir electricidad con mínimas emisiones de carbono, los primeros consisten en recursos que se reponen naturalmente, como la energía solar, mientras que los segundos consisten en recursos que podrían generar electricidad con bajas emisiones de carbono, pero no son renovables, como la energía nuclear.

Usted puede ser curioso y preguntarse, por ejemplo, por qué un desarrollador web necesita ser consciente de la electricidad que consume su aplicación, y en particular, la intensidad de carbono asociada a esta. Dado que la electricidad puede considerarse un causante del carbono; cuánto, cuándo y dónde se use la electricidad es vital, mucho más, si consideramos que nuestro objetivo es reducir el carbono tanto como sea posible.

 La intensidad de carbono de la electricidad mide cuánto CO_2e se emite por kWh para generar la electricidad. Es una métrica utilizada para determinar si la generación de electricidad es ecológica o no.

La manera cómo una aplicación utiliza la energía tiene muchas consecuencias, incluyendo su papel en la transición global de energía de alta a baja en carbono. Suponga que usted consume energía inteligentemente y su aplicación ejecuta más carga de trabajo cuando la electricidad es de bajo contenido de carbono y menos cuando es de alto contenido de carbono. Ese aumento en la demanda de energía de bajo contenido de carbono ayuda a acelerar la transición del sector energético. A esto le llamamos *computación consciente del carbono*. Discutiremos este tema en más detalle en el Capítulo 5.

¿Cómo podemos mejorar la eficiencia energética?

Ahora que sabemos cómo se produce la energía y los costes de carbono asociados, veamos algunos de los modelos mentales que usted puede aplicar para mejorar la eficiencia del uso de energía en su aplicación.

Proporcionalidad energética

La energía proporcional a la computación (*https://oreil.ly/cXO1O*) es un concepto inicialmente propuesto por ingenieros de Google en 2007 para ayudar a evaluar cómo un ordenador convierte la electricidad en trabajo práctico eficientemente. La *proporcionalidad energética* mide la relación entre la energía consumida por el hardware y su utilización; en otras palabras, cuánto trabajo útil realiza el hardware por kWh de electricidad consumido, como se muestra en la Figura 2.3.

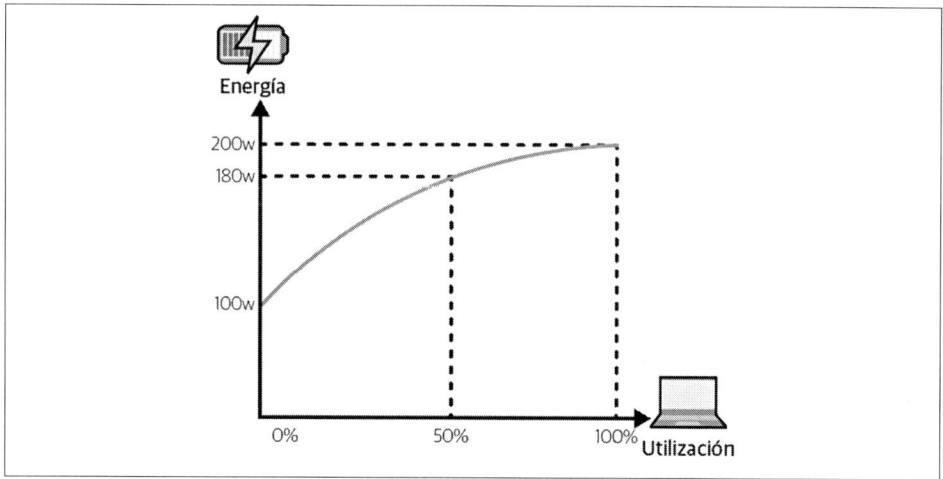

Figura 2.3 *Relación no lineal entre la potencia requerida por un dispositivo y su utilización.*

En matemáticas, la proporcionalidad es la relación entre dos variables cuya razón permanece constante, incluso cuando una o ambas variables cambian. Dicho de otro modo, si dos cantidades, A y B, son proporcionales, entonces, a medida que A aumenta, B también aumenta, mientras que la razón entre A y B permanece idéntica.

En el mundo real, esto es similar a comprar una ronda de cervezas en un bar: si el precio de una ronda es proporcional al precio de una cerveza individual, y queremos comprar una ronda de 3, donde cada cerveza cuesta 7 dólares, entonces el total gastado en esta ronda sería 21 dólares. Si luego quisiéramos comprar otra ronda, pero esta vez aumentamos a 4 cervezas, el gasto total para la segunda ronda sería de 28 dólares. Es simple.

Sin embargo, como podemos ver en la Figura 2.3, la relación entre la potencia requerida por un componente de hardware y su utilización no es proporcional. Tampoco pasa por el origen del gráfico. Siguiendo con nuestra analogía del bar, es como si usted tuviera que pagar mucho más de entrada, pero la cerveza se vuelve menos cara cuanto más bebe.

Aunque el ejemplo que compartimos es teórico y aproximado, es una forma de demostrar que la mayoría de los componentes de hardware tienen una relación no lineal entre la energía que consumen y la cantidad de trabajo que realizan. El hardware se vuelve más eficiente en la conversión de electricidad en operaciones informáticas prácticas cuanto más se utiliza. Por lo tanto, si usted puede ejecutar su carga de trabajo en menos máquinas (y así lograr una mayor tasa de utilización), conseguirá una mayor eficiencia energética.

Consumo de energía en modo reposo

Incluso cuando no está utilizando su portátil y este está inactivo en su escritorio, sigue consumiendo energía.

Como mencionamos en la sección sobre proporcionalidad energética, la relación entre la energía requerida por un componente de hardware y su utilización no va a través del origen. El *consumo de energía en modo reposo* se refiere a la cantidad de electricidad que se consume cuando un dispositivo está inactivo. Este consumo varía según la configuración y los componentes del hardware, pero casi todo dispositivo eléctrico tiene algún consumo de energía mientras está inactivo. Esta es una de las razones por las que la mayoría de los dispositivos de usuario final, como portátiles y teléfonos, tienen modos de ahorro de energía. Si está inactivo, el dispositivo eventualmente activará la hibernación, poniendo el disco y la pantalla en reposo o cambiando la frecuencia de la CPU.

Estos modos de ahorro de energía reducen el consumo eléctrico, pero conllevan otras desventajas, como un reinicio más lento cuando el dispositivo se vuelve a activar. Esta compensación por un arranque lento afectó la integridad de la computación bajo demanda en sus primeros días. AWS inicialmente resolvió este problema para sus funciones Lambda optando por mantener siempre encendidas las máquinas.

En general, un dispositivo computacional de uso frecuente es un dispositivo verde y afortunado.

Decimos esto porque la relación entre energía y utilización en la mayoría del hardware no es proporcional. También podemos afirmar con seguridad que casi todos los equipos ahora son más eficientes energéticamente que antes. Eso es positivo, pero aún debemos utilizarlos con cuidado, algo de lo que hablaremos más en el Capítulo 6.

Tal y como ocurre con la mayoría de las cosas en el software, todo es un compromiso. Esperamos que, al ser consciente de estos conceptos y marcos de trabajo, esté mejor equipado para comenzar a aumentar la eficiencia energética y de carbono de su aplicación.

Eficiencia del uso de energía

Como puede ver en la Figura 2.4, la industria de los centros de datos utiliza un indicador llamado *eficiencia del uso de la energía* (PUE, por sus siglas en inglés) para indicar qué tan eficientemente un centro de datos utiliza su energía.

Green Grid desarrolló PUE (*https://oreil.ly/Ff3c4*) para evaluar cuánta energía está destinada a alimentar el equipo de cómputo en comparación con la refrigeración y otros gastos generales del centro de datos. Cuando el PUE de un centro de datos es 1.0, significa que cada kWh de electricidad proveniente de la red se utiliza para alimentar el equipo informático en vez de soportar operaciones adicionales. Cuando el PUE aumenta a 2.0, significa que necesitamos el doble de electricidad para alimentar y soportar los servidores.

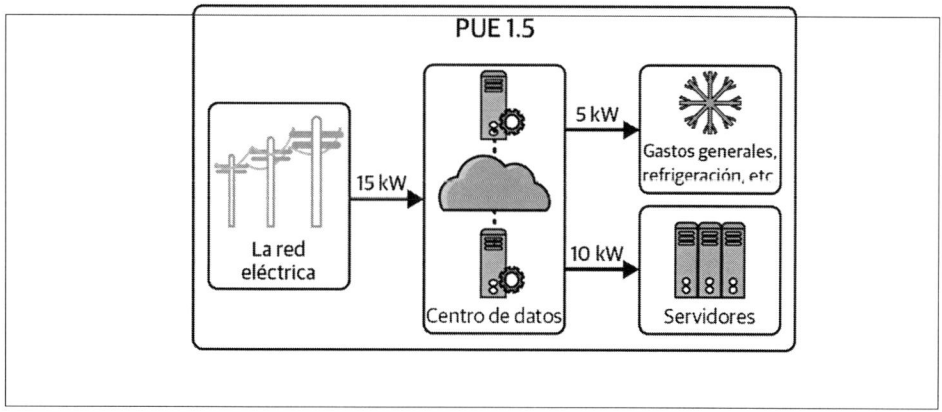

Figura 2.4 *Un escenario que demuestra cómo el PUE de un centro de datos indica la distribución de energía entre diferentes partes.*

Debido a que la mayoría de los ingenieros de software no está directamente involucrada con la operación de los centros de datos, podemos considerar el PUE como un multiplicador estático para el consumo energético de nuestras aplicaciones. Por ejemplo, si su aplicación requiere 10 kWh de electricidad y el PUE de su centro de datos es 1.5, entonces el consumo real de electricidad de su aplicación es de 15 kWh, donde 5 kWh se destinan a gastos generales mientras que los 10 kWh restantes se utilizan para los servidores que ejecutan su aplicación.

La industria de los centros de datos ha avanzado considerablemente. Muchos centros de datos modernos, particularmente los de proveedores de nube pública como AWS, Azure y Google Cloud, han desarrollado medidas para aumentar la eficiencia energética y optimizar el PUE.

Por ejemplo, desde 2014, Google ha estado usando la IA para optimizar la refrigeración de sus centros de datos y reducir su consumo energético. Google (*https://oreil.ly/KdyCq*) informó de un hito impresionante en 2016 cuando logró reducir en un 40 % la energía utilizada para la refrigeración de un centro de datos mediante modelos de IA con DeepMind. Como resultado, el sitio logró uno de los PUE más bajos jamás documentados. Google también compartió (*https://oreil.ly/f6v6z*) que, en 2021, su PUE trimestral generalizado fue de 1.09, en comparación con el promedio global de la industria de 1.57, según una encuesta (*https://oreil.ly/D0qtx*) del Uptime Institute.

Hardware 101 para ingenieros de software

El carbono está en todas partes. Incluso un teléfono nuevo que aún no ha sido encendido ya tiene carbono embebido. La mayoría de los ingenieros de software no se da cuenta de que todo el hardware tiene carbono oculto que no está relacionado con el uso de energía de las aplicaciones en él.

En esta sección repasaremos algunos conceptos básicos de hardware que todos los practicantes de software deberían conocer, comenzando por el aspecto físico antes de pasar al aspecto operativo. Nosotras creemos firmemente que todos los ingenieros deben asumir la responsabilidad de cómo su software utiliza el hardware. Si nuestro objetivo es minimizar la huella de carbono de nuestras aplicaciones, debemos ser eficientes con el hardware, ya que el uso del hardware es un causante de emisiones de carbono.

El aspecto físico

Como ya usted supo por la Figura 1.2 del capítulo anterior, todos los dispositivos vienen con una huella de carbono. A esto lo llamamos *carbono incorporado* o *carbono embebido*. Es la cantidad de carbono emitido durante la creación y disposición de una pieza de hardware.

Este es otro concepto crucial (¡lo sabemos!) que debe tener en cuenta. Mucha gente tiende a ignorar el coste del carbono incorporado de su hardware al calcular las emisiones totales de carbono de la operación de un software.

La Figura 2.5 demuestra que el carbono incorporado varía sustancialmente entre dispositivos de usuario final, y para algunos dispositivos, especialmente los teléfonos móviles, el carbono emitido durante la fabricación es significativamente mayor que el emitido por el consumo de electricidad durante su vida útil.

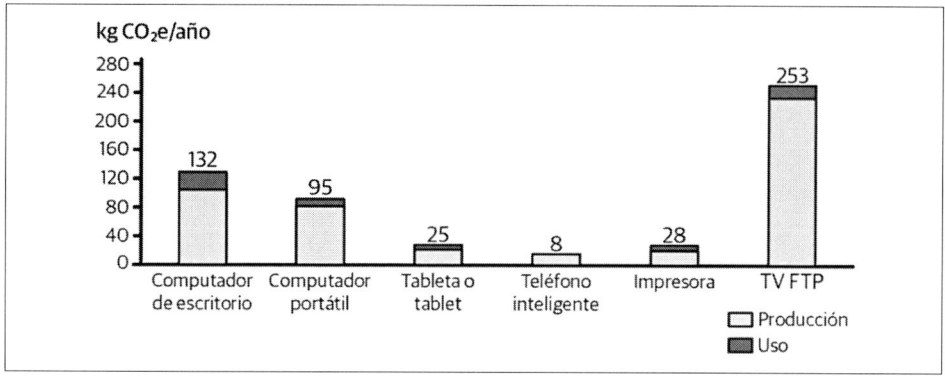

Figura 2.5 *Efectos directos de las emisiones de CO_2e por dispositivo de usuario final de TIC (basado en datos de la Universidad de Zúrich).*

Apple, generalmente, publica un informe ambiental del producto durante cada lanzamiento, y en septiembre de 2022 publicó la huella de carbono del ciclo de vida de sus iPhone 14. Según el informe, el 82 % de las emisiones de carbono de 61 kg del iPhone ocurrieron durante la producción, el transporte y el procesamiento al final de su vida útil, mientras que el 18 % restante ocurrió durante el uso del teléfono.

Estas cifras son un recordatorio útil para los desarrolladores de software en el ámbito de dispositivos de usuario final: intente asegurarse de que sus aplicaciones sigan siendo compatibles con versiones anteriores en cada actualización. Al hacerlo, se minimiza la posibilidad de dejar obsoleto el hardware porque ya no puede soportar el software que usted está desarrollando. Básicamente, esta técnica le permite, como desarrollador de software, contribuir directamente a extender la vida útil del hardware.

Otro enfoque que puede contribuir en gran medida a disminuir las emisiones de carbono relacionadas con el hardware es aumentar la utilización del hardware. Si observa la Figura 2.6, con matemáticas simples podemos determinar que utilizar un servidor al 100 % tiene mejor retorno de inversión en términos de carbono embebido que utilizar cinco servidores al 20 % cada uno.

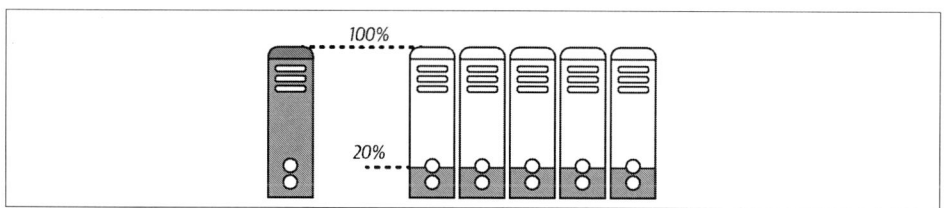

Figura 2.6 *Ejemplo que contrasta la utilización de un servidor al 100 % y cinco servidores al 20 % cada uno.*

 Una recordatorio amable es que nunca deberíamos utilizar un servidor al 100% (el 80% es el punto óptimo para la mayoría de los servidores). La Figura 2.6 es solo otro ejemplo simple y de fácil recordatorio para mostrarle y contarle a otros la eficiencia del hardware.

Aumentar la utilización de un dispositivo es particularmente viable para aplicaciones desplegadas en un entorno de nube. Hablaremos más sobre esto en el Capítulo 4. Como mencionamos anteriormente, una máquina más utilizada es una máquina más verde y feliz. Así que, cuanto mayor sea la utilización de la máquina, más eficiente será tanto en energía como en hardware. ¡Doble victoria!

En esta sección, presentamos dos fundamentos introductorios para que los tenga a mano cuando se trate de ser eficiente con el carbono embebido: la longevidad y la utilización del hardware. Examinaremos más de cerca en el Capítulo 6 y discutiremos los casos de uso en la industria, sus ventajas y desventajas (trade-offs), y otros aspectos relacionados con el hardware.

El lado operativo

La necesidad de comprender el funcionamiento interno del hardware sigue disminuyendo gracias a los avances en el desarrollo de software moderno. Esto es más evidente en componentes como la CPU, la memoria y el disco (ver Figura 2.7).

Sin embargo, como practicante o profesional de software verde, comprender estos conceptos, incluyendo el consumo de energía y la vida útil potencial, le pondrá en una posición favorable para navegar en un punto medio mientras considera las ventajas y desventajas de aplicar diferentes prácticas de software sostenible.

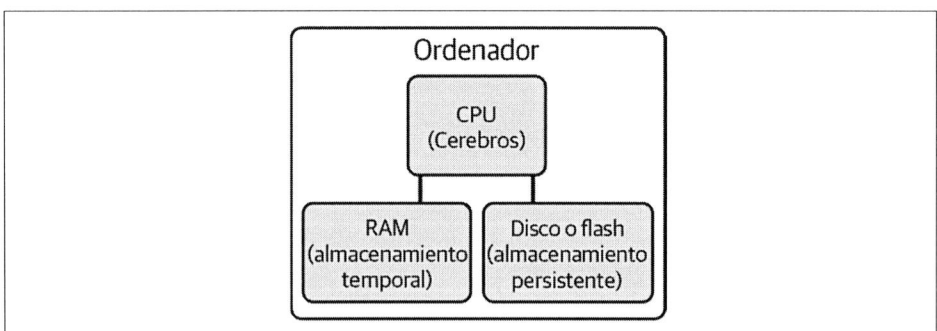

Figura 2.7 *Composición básica de un ordenador.*

Otra advertencia: lo que hemos descrito aquí es una breve introducción. Si está interesado en profundizar en todo lo relacionado con el hardware, le recomendamos encarecidamente explorar *El lenguaje oculto del hardware y el software* (*https://oreil.ly/zDZBX*) de Charles

Petzold. Nuestro objetivo aquí es compartir con usted la información mínima necesaria para que pueda comprender mejor los siguientes capítulos de este libro.

Comencemos con la CPU, el componente más crítico en cualquier dispositivo informático y frecuentemente referido como su cerebro. En resumen, la CPU es responsable de procesar operaciones lógicas y matemáticas, esencialmente realizando todo el trabajo y ejecutando cada acción. Entonces ¿cuál es la huella de carbono de una CPU en funcionamiento?

En pocas palabras, una CPU requiere electricidad para funcionar y es una pieza de hardware. Por lo tanto, no solo tiene costes de electricidad en funcionamiento, sino también costes "ocultos" relacionados con el carbono embebido.

Con esto en mente, sin embargo, el consumo de energía es todavía el principal contribuidor cuando se trata del carbono emitido por una CPU en funcionamiento en un centro de datos. La buena noticia es que si recuerda el concepto de proporcionalidad energética que discutimos recientemente, las mejoras en el ámbito de la CPU han contribuido a que las CPU modernas sean cada vez más eficaces para lograr una proporcionalidad perfecta. La mayoría de las CPU modernas también tienen una función de gestión de energía que permite que una CPU entre en un estado de bajo consumo cuando está inactiva o subutilizada.

No solo la CPU está mejorando en cuanto a proporcionalidad energética y gestión de energía; de hecho, todas las CPU modernas tienen múltiples núcleos que permiten a los desarrolladores trabajar en aplicaciones multihilo, lo cual es una técnica útil pero compleja para mejorar la utilización de la máquina.

La memoria del ordenador, que adquiere su nombre de la memoria humana, se utiliza principalmente para almacenar información para que la CPU pueda acceder con rapidez. Esta asociación permite que el ordenador ejecute instrucciones rápidamente. Existen dos tipos principales de memoria: *memoria de acceso aleatorio (RAM)* y *memoria de solo lectura (ROM)*. La primera es volátil y se usa principalmente para almacenar información temporal, mientras que la segunda es no volátil y se utiliza para almacenar instrucciones de forma permanente. A diferencia de la RAM, la principal responsabilidad de la ROM es guardar los datos del firmware del ordenador para que este pueda iniciarse antes de que el sistema operativo se cargue. En general, la memoria es responsable del rendimiento y la capacidad de respuesta del sistema.

A pesar de que tanto la CPU como la memoria son componentes de hardware y deberían tener consideraciones similares respecto a los costes de carbono, es útil hacer una distinción: la CPU tiende a quedar obsoleta mucho antes que la memoria, lo que resulta en un mayor coste de carbono embebido. Los requerimientos de memoria del software evolucionan a un ritmo más lento y, aunque de vez en cuando sigue siendo necesario actualizar la RAM, a menudo es un proceso más sencillo que actualizar la CPU.

Otro componente que merece una breve mención son los discos de almacenamiento: los dispositivos de hardware utilizados para almacenar software, sistemas operativos y datos del usuario. Principalmente, existen dos tipos de disco: la unidad de disco duro tradicional (HHD) y la unidad de estado sólido (SSD). También existe el almacenamiento conectado en red (NAS) que proporciona soporte de almacenamiento adicional de forma externa. Al igual que la memoria, los discos se utilizan para almacenar datos, esta vez de forma permanente, por lo que también es menos probable que queden obsoletos debido a las últimas actualizaciones de software.

Esta breve pero sucinta sección fue una rápida introducción a algunos de los actores prominentes en la obra del hardware que protagoniza el software verde. La CPU, la memoria y el disco son todos componentes de hardware, pero conllevan preocupaciones ligeramente diferentes en cuanto a los costes de carbono, especialmente en torno a la compatibilidad del software y la vida útil del dispositivo.

Pese a que cada vez más fabricantes están buscando producir hardware utilizando material reciclado con una mayor eficiencia energética, aún es necesario un análisis cuidadoso sobre el uso del hardware y el consumo de electricidad.

Usted está listo

¡Bien hecho! Ha completado el capítulo de pilares del software verde sin mayores contratiempos (eso esperamos).

Nuestra intención con este capítulo fue sentar las bases para la terminología común que utilizaremos en el resto del libro. Ahora debería estar listo para leer sobre todo lo relacionado con el software verde, desde las prácticas efectivas para lograr la eficiencia de carbono en el software hasta aquellas no tan efectivas y, finalmente, la pregunta del millón de dólares: ¿cómo podemos medir las emisiones de carbono del software?

CAPÍTULO 3
Eficiencia del código

Siento la necesidad, la necesidad de velocidad.
—Maverick

Siempre que surge el tema de la eficiencia del software, la primera pregunta que se les viene a la mente a la mayoría de los desarrolladores es: "¿Cuál es el lenguaje de programación más rápido y, por lo tanto, más eficiente? ¿Es Rust, C o Go?" ¡Tal vez nos sorprenda a todos y sea Java! (Estimado lector, no lo es. Sin embargo, Java está trabajando en este aspecto. Un día, Java, o algo similar, podría ser el lenguaje de programación más eficiente).

La eficiencia lo es todo ¿o no?

Controversialmente, por mucho que nos encanten esos lenguajes, vamos a argumentar que, para la mayoría, programar en ellos no es la forma óptima de crear software verde. De hecho, vamos a intentar convencerlo a usted, que, aunque la eficiencia del código es una herramienta en su caja de herramientas, no es la primera a la que la mayoría de los ingenieros deberían recurrir.

Para la mayoría de nosotros, escribir código optimizado es casi con certeza una forma menos efectiva de reducir nuestra huella de carbono que enfocarse en una combinación de accionables de mejoras relacionados con eficiencia operativa, arquitecturas que soporten el cambio y adaptación de la demanda, y elección de una plataforma adecuada.

Hay circunstancias en las que la eficiencia activa del código es vital para ser verde. Si usted está escribiendo código que se desplegará a gran escala, este debe estar optimizado. Posiblemente, ya lo está haciendo para gestionar sus costes y acuerdos de nivel de servicio (SLA), y está leyendo libros diseñados específicamente para ayudarle puntualmente con esa tarea contextualmente específica. Sin embargo, incluso si no está ejecutando sistemas a gran escala, como un productor de código, aún tiene un papel crítico para hacer que la industria tecnológica sea más verde, y este capítulo está aquí para hablar sobre cuál es ese papel.

Sin embargo y antes de comenzar, retrocedamos un paso y revisemos la idea de la eficiencia del código (porque esta es clave tanto para la crisis climática como un posible agujero de conejo que podría distraer y resultar costoso).

¿Qué es eficiencia del código?

El código eficiente es aquel que no realiza más trabajo del necesario, para lograr el resultado funcional definido. Pero ¿cuánto trabajo es más del necesario?

Todo lo relacionado con la eficiencia del código depende de su contexto, y eso incluye el tiempo, las habilidades y la experiencia de su equipo de desarrollo. La buena noticia es que, al menos teóricamente, no hay límite para que usted pueda lograr la eficiencia de máquina. La mala noticia es que prácticamente tampoco hay límite para el tiempo y las habilidades necesarias para lograrla. Cada producto que construimos es, por lo tanto, un compromiso entre la productividad de la máquina y la del desarrollador.

¿Por qué la mayoría del código es deliberadamente ineficiente?

Durante los últimos treinta años, nuestra industria ha estado esforzándose por encapsular operaciones dentro de las API y hacerlas más útiles para un rango más amplio de desarrolladores. Este es el concepto de maximizar la reutilización del código, y no es un error. Es el mundo en el que nosotros operamos, y es la compensación fundamental de la eficiencia del código.

El principio de la reutilización del código es que otra persona escribe y prueba una biblioteca o servicio de alta complejidad, y usted, junto con miles o millones de desarrolladores, lo utilizan. Puede ser de código abierto o privado, gratuito o de pago por servicio, parte de las bibliotecas estándar de un lenguaje o de un servicio alojado en la nube. Todos ellos tienen una posible penalización en términos de rendimiento y sostenibilidad, pero le ahorran mucho tiempo a un desarrollador.

Con el fin de ser ampliamente aprovechable, estas API hacen más de lo que usted necesitaría si simplemente escribiera el código más elaborado, mínimo y dirigido para cumplir su tarea específica. Cada vez que usa una API o llama a un servicio, está aprovechando el trabajo especializado de otros, facilitando su vida y simplificando el desarrollo de su aplicación. Sin embargo, el código generalizado que está llamando creará más trabajo tanto para el hardware como para las redes computacionales y eléctricas en la que se está ejecutando.

La versión más extrema de código optimizado sería escribir en lenguaje ensamblador para cada chip en el que vaya a ejecutarse. Esto lo hacen algunas personas cuando necesitan que su código sea extremadamente rápido, aunque eso signifique que los desarrolladores no puedan escribir el código igual de rápido.

¿Esto significa que deberíamos dejar de usar API en forma de bibliotecas y servicios? Para la mayoría de nosotros, la respuesta es absolutamente no. Usted no tiene el tiempo ni las habilidades para crear código personalizado y supereficiente. Retrasaría tanto a sus equipos de desarrollo que la empresa quebraría.

¿Deberíamos usar las API de manera más eficiente? La respuesta es sí. Y también deberíamos exigir que sean lo más eficientes posible.

Usar mejor las API significa ser más considerados y estar más conscientes de su coste. No son gratuitas. A nivel de código y arquitectura, las llamadas a bibliotecas o servicios afectan el consumo de energía, el rendimiento y las facturas de alojamiento. Algunas arquitecturas (como microservicios excesivos y mal diseñados que se llaman entre sí sin cesar) y diseños de código (tal vez llamando a una API 10 veces en una función que se llama con frecuencia cuando una vez sería suficiente) implican mucho más trabajo del necesario.

El nivel de consumo de las API que se considere aceptable, depende de las habilidades de su equipo y de cuánto tiempo valga la pena invertir en optimizar su código. Eso es algo que solo usted sabe, pero existen beneficios de ser eficiente más allá de ser más verde. El código eficiente es más rápido que el código ineficiente. De hecho, el rendimiento suele utilizarse como una medida aproximada de la eficiencia.

Eso no es un hecho en todos los casos. Verde, eficiente y de alto rendimiento no son sinónimos, y estamos a punto de explicarle por qué. (Advertencia: como siempre, depende del contexto y la motivación). No obstante, utilizarlos como medidas aproximadas entre sí suele ser una regla útil.

Los beneficios de la eficiencia

Uno de los resultados de la eficiencia del código es que reduce la cantidad y el tamaño de las máquinas necesarias para alojar sus servicios, así como el número objetivo de usuarios y nivel esperado de fiabilidad y rendimiento.

Esto se puede describirse como maximizar la productividad del hardware, y es un concepto muy verde. Usar menos servidores significa que se requiere menos electricidad para alimentarlos y que su sistema incorpora menos carbono (cada máquina incorpora el carbono emitido durante su fabricación y eliminación). Desde una perspectiva de sostenibilidad, menos es más.

En los viejos tiempos de las décadas de los 80 y 90, la productividad del hardware era importante para las empresas porque las máquinas eran lentas, costosas y, además, su alojamiento en centros de datos on-premises era costoso (si es que cabía otra máquina en su centro de datos), por lo que no teníamos más remedio que abordar el problema. ¿Cómo lo abordamos en ese entonces?

- Los servicios a menudo se codificaban en lenguajes altamente eficientes como C, lo que hacía que los ejecutables fueran pequeños y minimizaba el número de ciclos de CPU por operación.

- Los servicios no intercambiaban demasiados mensajes con otras máquinas (¡o incluso con otros procesos!) porque eso era lento e intensivo en CPU.

- Los servicios no consultaban datos en el disco todo el tiempo, porque eso era realmente lento.

- Gran parte del código se escribía como una solución personalizada y con un objetivo muy específico.

Esos pasos hicieron lo que tenían que hacer. Los primeros servicios eran lo suficientemente pequeños y ágiles como para ejecutarse en el hardware y las redes inestables que había en el momento, y entonces se inició la primera etapa de Internet.

Si queremos ser verdes, ¿no podríamos simplemente hacer todo eso de nuevo?

No mire hacia atrás

Desafortunadamente, no es tan fácil. Esos servicios eficientes eran extremadamente lentos de desarrollar, estaban especializados y, a menudo, tenían dificultades para escalar como necesitamos en un mundo moderno y globalizado. No podríamos volver a ese pasado más simple, incluso si quisiéramos.

El entorno en el que tenemos que operar hoy es mucho más complejo:

- Las máquinas y las redes siguieron las instrucciones del gran Gordon Moore (*https://oreil.ly/ep-Yh*) con su famosa ley homónima, y duplicaron su capacidad cada 18 meses (aproximadamente). Ahora son al menos tres órdenes de magnitud más rápidas que en los años 90.

- Los servicios de terceros se volvieron más innovadores, valiosos y, eventualmente, cruciales.

- El número de usuarios creció, y esos usuarios esperaban más funcionalidad y una evolución mucho más rápida.

Al mismo tiempo, las amenazas de seguridad se volvieron más aterradoras y comunes. En esa época, no teníamos idea del nivel de ataques que se avecinaba.

Para dar manejo tanto a las nuevas oportunidades como a las nuevas amenazas, nuestro antiguo objetivo de productividad de las máquinas cambió. Fue reemplazado por uno que estaba mejor posicionado y enfocado en aprovechar las rápidas mejoras en hardware, software y redes para entregar de manera segura lo que los clientes querían.

Nuestro nuevo objetivo se convirtió en la productividad del desarrollador.

Productividad del desarrollador

La industria tecnológica ha usado tres décadas de mejoras en hardware del tipo predicho por la ley de Moore para facilitar la vida de los desarrolladores con las API y servicios cada vez mejores. Para bien o para mal, es poco probable que retrocedamos en esa decisión.

Los desarrolladores modernos tienen mucho que hacer, y se espera que lo liberen de manera segura y mucho más rápido de lo que solían hacerlo. Esos técnicos también se han vuelto más caros y tienen mayor demanda, lo que hace que las mejoras en la productividad del desarrollador sean vitales.

Muchas de estas mejoras se lograron mediante el uso de capas de abstracción que permitieron el acceso a la funcionalidad de terceros y ocultaron la complejidad del código a cambio de ciclos adicionales de CPU, a menudo, muchos muchos ciclos de CPU. En la década de 1990, eso no habría sido posible porque las máquinas no estaban preparadas para ello. Sin embargo, ahora lo están, y eso es lo que hacemos con ellas. Usamos esos incrementos en la productividad del hardware para mejorar la productividad como desarrolladores.

A las empresas modernas les encanta (o al menos aspiran a) crear nuevas funcionalidades a un ritmo decente y dependen de una buena productividad de los desarrolladores para lograrlo. No van a renunciar a esto fácilmente. Si defendemos ideas sobre construir software verde que no estén alineadas con ese objetivo, tenemos tantas posibilidades de que esas ideas sean adoptadas como la idea de que cualquiera de nosotras tres se convierta en campeona mundial de peso pesado. Para ser claras, eso no es muy probable que ocurra (ni siquiera con Sara, quien probablemente podría derrotar a Sarah y a Anne en una pelea).

Entonces, la pregunta que este capítulo necesita responder no es solamente cómo hacemos el código más eficiente, sino cómo lo hacemos sin volver a los equipos tecnológicos al desarrollo lento, la falta de flexibilidad y la incapacidad de escalar de la última década del siglo pasado. Si queremos tener éxito, debemos alinear la construcción de software verde con la productividad del desarrollador.

¿Pero cómo?

Antes de responder a esa pregunta, primero veamos lo que solíamos hacer en los viejos tiempos. En esencia, así es como el pequeño número de personas que no tiene más remedio que construir código eficiente lo hace hoy. Este conjunto de habilidades no ha desaparecido, pero se han vuelto relativamente especializadas. Usualmente, solo se ponen en práctica para código relacionado con requerimientos en que justifican sus coste, es decir, código con requerimientos de rendimiento muy altos (p. ej., los planos de datos en redes); o donde minimizar los costes de electricidad y hardware es crítico para el caso de negocio (p. ej., los servicios de los proveedores de nube pública); o donde podría generar grandes beneficios (p. ej., bibliotecas de código abierto de amplio uso); o donde hay limitaciones extremas de hardware (p. ej., sistemas embebidos en dispositivos médicos).

Hoy en día es poco probable que un ingeniero renuncie al beneficio de los ciclos para implementar bucles, aunque eso pudiera resultar en menos saltos de instrucciones para la CPU. El impacto en su productividad no valdría la pena para él ni para su compañía, y probablemente serían despedidos por intentarlo.

Aun así, echemos un vistazo a cómo se ve el código altamente eficiente.

Antecedentes: Código hipereficiente

Todavía hay equipos en el mundo construyendo software altamente optimizado y de rápida ejecución. De hecho, gran parte de ese código sustenta la sociedad moderna.

Lo fundamental en ese tipo de código es disminuir el uso del procesador. Esto significa operar lo más cerca posible del sistema operativo y en sincronía con él, con la mínima intermediación posible. Esto implica código compilado sin entorno de ejecución.

Los lenguajes que facilitan (*https://oreil.ly/7mg6p*) la eficiencia incluyen, de manera destacada, C, C++ y Rust, aunque todavía hay mucho código escrito en lenguaje ensamblador. La razón principal por la que se usan estos lenguajes es que implican un número mínimo de instrucciones por unidad de trabajo realizado.

Para lograr supervelocidad, algunas personas también utilizan versiones simplificadas de sistemas operativos, hardware especializado o código en el kernel. Los productos realmente veloces también utilizan chips de última generación, que tienden a ser los más rápidos. Sin embargo, en la realidad, todas estas opciones tienen sus desventajas, incluyendo el tiempo de desarrollo, la longevidad y la aplicabilidad general del código resultante, así como el acceso a las habilidades especializadas necesarias. Incluso el concepto de usar lenguajes no interpretados tiene pros y contras.

Según Jon Berger, exexperto en desarrollo de redes de Azure (*https://oreil.ly/ YLmcQ*), "las personas que escriben código extremadamente eficiente tienen un dominio a nivel de instrucción de los chips modernos. Son el tipo de ingenieros que entienden cómo interactúan las cachés L1, L2 y L3 y cómo utilizarlas. Ese conocimiento puede marcar una gran diferencia, pero es un trabajo especializado de tiempo completo."[1]

Afortunadamente para la productividad de los desarrolladores, es un trabajo especializado que la mayoría de nosotros no necesitamos hacer.

Ejemplos destacados

Algunos ejemplos de software altamente eficiente son:

- La pila TCP/IP que se ejecuta en tu teléfono Android o iPhone.
- Un hipervisor como KVM o Hyper-V o la distribución de código abierto Xen.

---

[1] Las citas de Jon Berger provienen de comunicación personal.

- El código que sustenta la infraestructura virtual de un proveedor de la nube.
- Las bibliotecas estándar que sustentan un lenguaje moderno como Rust.

Los compiladores son un metaejemplo de código eficiente: trabajan para optimizar su ejecutable por usted. El compilador de Rust es un ejemplo de código abierto que puede consultar si quiere aprender más al respecto. Recuerde que, para casi todos nosotros, un compilador ajustará aspectos de bajo nivel como los ciclos para obtener mucho más rendimiento y eficiencia de la que podríamos lograr nosotros mismos. Como dice Jon Berger, "no subestimes al compilador".

Él también señala que "la tecnología de compiladores está avanzando rápidamente. Actualmente existen compiladores especializados para Python que permiten compilar ese lenguaje en código máquina, permitiéndole igualar el rendimiento de C. Los compiladores mejorados por modelos de lenguaje grandes (LLM, por sus siglas en inglés) podrían transformar por completo el campo de la producción de código eficiente".

En los próximos años (¿o meses?) es posible que los LLM conduzcan a una revolución que permitirá que un lenguaje aún más legible para los humanos que Python—por ejemplo, el idioma inglés— sea compilado en código máquina tan eficiente como el ensamblador hecho a mano. El factor limitante, entonces, será depurar ese código, pero es probable que esos LLM también ayuden con eso. Quizá los días de los humanos creando código eficiente estén llegando a su fin.

Sin embargo y mientras tanto, para los tipos de casos de uso mencionados anteriormente, donde el rendimiento es crítico, todavía es necesario que los desarrolladores inviertan la enorme cantidad de esfuerzo requerido para optimizar su código, y que, de esa manera, la eficiencia resultante nos beneficie a todos.

Por cierto, decir que este es un trabajo especializado con quizá una corta vida útil restante no es una barrera. Es solo una sugerencia de que hay mucho trabajo involucrado con menos recompensa de la que solía haber. No obstante, creemos que cualquier persona dispuesta a hacer ese esfuerzo puede convertirse en especialista. Existen algunos proyectos de código abierto encantadores donde puede aprender estas habilidades de expertos y contribuir a un código altamente eficiente que tiene la intención de lograr efectos que cambian el mundo. Por ejemplo, las comunidades de OCaml (*https://discuss.ocaml.org*) y Rust (*https://www.rust-lang.org/community*) son acogedoras. Dado que ese código abierto está destinado a ser utilizado a gran escala, es más probable que sus esfuerzos allí tengan un mayor impacto comparado con el que pueda lograr con cambios hechos sobre su propio código.

¿Qué es lo menos bueno?

Inevitablemente, los especialistas en eficiencia y rendimiento no siempre trabajan en beneficio de la humanidad. Por ejemplo, su software puede existir solo para dar ventaja a unos pocos individuos. El ejemplo clásico es el de la negociación de alta frecuencia, donde un software rápido, junto con cantidades enormes de hardware costoso, permite que una empresa responda a la información financiera pública más rápido que los demás (p. ej., usted). Tales sistemas son intensivos en carbono, lo que demuestra que rápido no siempre significa ser verde.

La negociación de alta frecuencia es una gran ilustración de cómo el alto rendimiento, la eficiencia del código y la sostenibilidad no son necesariamente idénticos, pero nuevamente, en la mayoría de los casos, el rendimiento es un buen indicador de eficiencia.

Rendimiento versus eficiencia versus sostenibilidad

Como mencionamos anteriormente, el código eficiente suele ser más sostenible y rápido que el código ineficiente, pero *sostenible, eficiente y de alto rendimiento* no siempre son sinónimos.

- El código que es lento aún puede ser sostenible. De hecho, puede ser más sostenible que un código escrito de manera más eficiente si es consciente del carbono por diseño (es decir, si su operación puede retrasarse hasta que la electricidad baja en carbono esté disponible).

- Un código que se ejecuta rápidamente puede ser intensivo en recursos. Aquellas aplicaciones de negociación de alta frecuencia utilizan grandes cantidades de hardware personalizado y electricidad para lograr ser rápidas. Similarmente, algunos superordenadores de investigación usan una paralelización masiva para ir más rápido, y los ordenadores cuánticos parecen estar listos para consumir enormes cantidades de energía. Ser sostenible no es su objetivo.

- Algunas veces la eficiencia energética no importa para ser verde. Hay ocasiones en las que se ha generado demasiada electricidad y esta debe ser desechada antes que sobrecargue la red. Esto es particularmente común con la generación de energía renovable, para la que puede ser difícil de planificar su uso. Utilizar ese excedente de energía de manera ineficiente podría ser una práctica verde porque al menos está siendo usada.

Así las cosas, ¿el código lento es un problema que necesita ser solucionado? Depende.

Llamadas sincrónicas

Los lenguajes de programación ineficientes no son el único y potencial obstáculo en el rendimiento del software. Podría ser aquello con lo que su aplicación está interactuando lo que la esté obstaculizando.

El software altamente eficiente nunca deja que toda su ejecución se quede atascada detrás de una llamada relativamente lenta (*https://oreil.ly/CqZmz*). Eso podría ser una llamada sincrónica al sistema operativo local o, lo que es peor, una llamada a otro proceso en la misma máquina; al hardware local (p. ej., un disco duro); o a algo a través de una red en otra máquina. El software altamente eficiente ni siquiera considera hablar con un servicio externo en la web (*https://oreil.ly/BvN7P*) a través del protocolo HTTP. Sin embargo, el impacto climático real de su aplicación esperando una llamada sincrónica depende de cómo este sea operado.

"¡Un momento! ¿Por qué debería la espera ser insostenible? Seguramente, si su aplicación está detenida, no está consumiendo electricidad. La aplicación podría ser más lenta de lo que podría ser, pero ¿por qué eso debería perjudicar al medio ambiente?"

Desafortunadamente, incluso cuando no se está ejecutando ninguna aplicación en un servidor que está prendido, este consume energía (*https://oreil.ly/AnmIi*), quizá hasta un 60 %. Es más, el uso de electricidad no es la única forma en que el software emite carbono de manera efectiva. El carbono embebido en la fabricación de un servidor ya ha sido liberado a la atmósfera, por lo que queremos obtener la mejor tasa de retorno posible para ese sacrificio. Por lo tanto, necesitamos que cada máquina no solo dure el mayor tiempo posible, sino que también viva su vida al máximo. Tenerla inactiva, aunque sea por un momento, es un desperdicio de ese carbono embebido porque esos momentos ociosos se acumulan.

Así, esperar a que las llamadas sincrónicas se procesen puede afectar negativamente la eficiencia de carbono de una aplicación. Sin embargo, hay varias y diversas cosas que podemos aplicar para mitigar este problema:

1. La solución óptima, aunque la más difícil, es a través del diseño de su software. Usted puede utilizar técnicas como multihilos en su código para que cuando una parte de su aplicación esté esperando respuesta a una llamada sincrónica, otra parte pueda intervenir y continuar usando los recursos del servidor.

2. Una solución más sencilla es ejecutar la aplicación en una plataforma que gestione los multihilos por usted o al menos lo asista. Python, por ejemplo, ofrece cierta gestión de hilos. Las plataformas sin servidor se encargan completamente de esto. Hablaremos más sobre plataformas en la siguiente sección.

3. Sin embargo, la solución más fácil es operativa. Consiste en ejecutar en un entorno de multitenencia (*multitenant*, en inglés) donde todos los recursos físicos son compartidos, de modo que, si una aplicación se detiene, otra tiene la oportunidad de ejecutarse. Las máquinas virtuales en la nube funcionan de esta manera, a menos que elija instancias dedicadas (así que no lo haga), o puede lograr efectos similares en sus instalaciones on-premises, utilizando un orquestador con un programador de tareas como Kubernetes o Nomad de HashiCorp.

Si usted tuviera todo el tiempo del mundo, entonces, para maximizar el enfoque verde, elegiría la opción 1 y escribiría una aplicación altamente multihilo en un lenguaje como Rust para maximizar el uso de recursos en su máquina, pero eso sería difícil y tomaría mucho tiempo. (¿Cómo cree que a Anne se le puso el pelo blanco?) Esto sería perjudicial para la productividad de su equipo de desarrollo, y como requiere habilidades poco comunes, reduciría la disponibilidad de talento para expandir su equipo.

La opción 3, usar un entorno multitenencia, no es perfecta, pero es un compromiso aceptable. La tenencia múltiple agrega sobrecargas de aislamiento por seguridad, lo que significa que no es excelente para la productividad de la máquina. Sin embargo, los entornos multitenencia son mejores para la productividad del desarrollador, y cuanto más gestionados están, mayor es el grado de optimización para la máquina. Los mejores mantienen su sobrecarga de aislamiento lo más baja posible, y si elige bien, seguirán siendo más y más eficientes sin que tenga que hacer nada. Las plataformas multitenant modernas como las funciones sin servidor o serverless (*https://oreil.ly/cb0eG*) WebAssembly (WASM) (*https://webassembly.org*), por ejemplo, están intentando minimizar las sobrecargas de aislamiento para obtener lo mejor de ambos mundos: la productividad de la máquina y la productividad del desarrollador.

Fundamentalmente, el enfoque que usted debería tomar para manejar las llamadas sincrónicas depende de lo que sea importante para su negocio. Nunca podrá convencer a su CTO de una opción completamente verde que requiera un esfuerzo desproporcionado. Sin embargo, podría convencerlo de un enfoque operativo suficientemente bueno que incluso pudiera ahorrar tiempo a los desarrolladores.

La multitenencia es un ejemplo de cómo la productividad de la máquina y la productividad del desarrollador pueden alinearse, pero también es una ilustración de otra cosa. La mayoría de las plataformas multitenencia están destinadas a operar, o al menos a ser desplegadas, a gran escala. Si sus encargados de la mantenibilidad pueden lograr que millones de máquinas se utilicen de manera más eficiente, eso es mucho más impactante que el hecho de que algún desarrollador de forma individual mejore meticulosamente su propio código.

Ejemplos de código eficiente

En este punto del libro, nosotras normalmente le daríamos algunos ejemplos de código. Tenga paciencia, porque no vamos a hacerlo.

La razón por la que no lo haremos subraya todo lo que acabamos de decir: el código eficiente es altamente específico del contexto. No tiene sentido incluir un ejemplo de código máquina optimizado para una configuración particular de CPU y hardware porque no sería útil para casi nadie. (No se preocupe, podemos dar ejemplos *útiles* y casos de estudio en los capítulos siguientes).

En la mayoría de los casos, el código más eficiente que usted escribirá es aquel que sigue las mejores prácticas del lenguaje o plataforma elegidos. El compilador o tiempo de ejecución que viene con estos lo optimizará por usted.

Si necesita hacer que su aplicación sea más eficiente en su totalidad, entonces realice un análisis o perfilado del rendimiento (*https://oreil.ly/li4WH*). Los perfiladores de rendimiento (*performance profilers*, en inglés) son herramientas diseñadas para ayudarle a analizar aplicaciones y mejorar las partes de rendimiento pobre e ineficientes. Hay varias opciones comerciales disponibles. Algunas veces tendrá que instrumentar su código (básicamente poner temporizadores allí para ver cuánto tiempo tardan en ejecutarse ciertas partes), pero a menudo no será necesario.

Puede utilizar esos datos de perfilado para encontrar y corregir cuellos de botella. Algunos cuellos de botella comunes son:

- Llamadas costosas a bibliotecas. Puede que necesite llamar o consumir la API de manera diferente o llamar a una API o biblioteca diferente.

- Ciclos o algoritmos mal implementados (también conocidos como errores). Pruebe y corrija su implementación o use una buena biblioteca en su lugar.

- Llamadas excesivas a las API. ¿Podrían combinarse y reducir el número de llamadas?

La eficiencia del código a bajo nivel, más allá de las pruebas de rendimiento sensatas y la corrección de errores, solo es un objetivo útil en pocas circunstancias. La mayoría de los desarrolladores de empresas no deberían escribir su código en C o incluso en sus equivalentes más nuevos como Rust solo para ser verdes.

Así las cosas, ¿qué deberíamos hacer la mayoría de nosotros?

Elija la plataforma adecuada

Para la mayoría de nosotros, ser verdes se trata más de tomar decisiones a nivel macro que a nivel micro, y el mejor momento para pensar en construir software verde es en la etapa de diseño. En particular, es imperativo elegir la plataforma de software adecuada, es decir, el entorno en el que se ejecutará su código junto con su ecosistema de recursos.

Cada vez que usted comience a construir software, estará tomando una decisión sobre la plataforma. Quizá elija Java, Ruby on Rails, Amazon Web Services o Google Cloud Serverless. Su decisión puede basarse en el coste, la popularidad o la familiaridad del equipo. Dada la crisis climática, ahora es vital que también elija una plataforma *que esté evolucionando y que siga evolucionando* en una dirección verde o sostenible.

Lamentablemente, solo mirar los recursos de marketing de una plataforma, o incluso su código, no es suficiente para determinarlo. Necesita verificar que los otros usuarios de la plataforma tengan requerimientos similares a los suyos y que sus necesidades probablemente evolucionen en la misma dirección. Eso es un mejor indicador que solo considerar lo que la plataforma dice que hará en el futuro, porque eso podría ser simplemente propaganda. Las personas tendrán que hacer que la plataforma cumpla sus promesas, y eso significa una comunidad de usuarios conscientes del clima de buen tamaño, o al menos ruidosa.

En otras palabras, necesita convertirse en un consumidor de software sostenible:

- Verifique que la plataforma elegida tenga una comunidad existente de usuarios que impulsen que la plataforma sea cada vez más verde, con objetivos específicos, uniéndose a esa comunidad y escuchando lo que esta está diciendo.

- Siga los lineamientos de esa plataforma sobre cómo usarla de la mejor manera desde una perspectiva verde y envíe preguntas relacionadas con el fin de manifestar la necesidad de que dicha plataforma tenga un enfoque verde.

Use patrones de diseño verde

Cuando se trata de ser verde, hay patrones arquitectónicos que usted necesita usar y otros que debe evitar.

Algunas decisiones de diseño implican que su software utilizará más recursos de los necesarios y, lamentablemente, muchas de esas decisiones son comunes. Evitarlas requiere pensar con antelación. Si simplemente improvisa, es probable que termine con un diseño ineficiente en carbono.

Jon Berger dice: "Tiene que entender su rendimiento. ¿Dónde está eligiendo invertir su CPU? Diseñe para el rendimiento y luego pruebe para descubrir lo que realmente está sucediendo."

Evite demasiadas capas

Las capas de API son geniales. Nos simplifican la vida y nos permiten hacer uso de todas esas herramientas sofisticadas de terceros. Lamentablemente, también añaden procesamiento a cada operación que pasa a través de esos límites. Evitar arquitecturas innecesariamente intensivas en CPU es clave para la sostenibilidad, y un problema común es un uso exagerado de capas. ¿Está duplicando algo en algún lugar?

Por ejemplo, es importante que usted no esté duplicando el trabajo que realiza su plataforma. Asegúrese de usarla tal y como fue diseñada (ya debería haber verificado si esas intenciones eran verdes o sostenibles).

Sea cuidadoso con los microservicios

Los microservicios son la base de las mejores prácticas arquitectónicas modernas porque permiten aprovechar herramientas y servicios, y promueven una mejor división del trabajo dentro de los equipos (podría decirse que la herramienta más efectiva de la humanidad). Sin embargo, pueden implementarse correcta o incorrectamente, y un diseño deficiente de microservicios es particularmente intensivo en CPU.

Uno de los riesgos ecológicos de los microservicios es el alto nivel de tráfico entre ellos, que es con frecuencia transmitido en un modelo multicapa, intensivo en CPU.

 Otro problema es la posible sobrecarga de la plataforma asociada con cada microservicio.

Las comunicaciones dentro de servicios individuales tienden a requerir poco en términos de empaquetado y desempaquetado de mensajes. Son rápidas, ligeras y no consumen mucha electricidad. Por lo tanto, puede enviar mensajes internos sin preocuparse demasiado por la sostenibilidad. Sin embargo, una vez que divide su sistema en varios servicios, tal vez ejecutándose en diferentes máquinas, las cosas se vuelven mucho más intensivas en CPU.

Tenga en cuenta que cuando se trata de redes, la velocidad de transmisión y el uso de energía usualmente están correlacionados, por lo que monitorizar el rendimiento de la red puede proporcionarle una regla práctica útil para medir el impacto climático. Algo de contexto:

- Podría tomar 100 veces más tiempo (y más energía) enviar un mensaje de una máquina a otra que simplemente pasar un mensaje internamente de un componente a otro (*https://oreil.ly/FXx5J*).

- Muchos servicios utilizan mensajes basados en texto RESTful o incluso SOAP para comunicarse. Los mensajes RESTful son multiplataforma y fáciles de usar, leer y depurar, pero son lentos de transmitir y recibir. En contraste, los mensajes de llamada a procedimiento remoto (RPC), combinados con protocolos de mensajes binarios, no son legibles por humanos y, por lo tanto, son más difíciles de depurar y utilizar, pero requieren menos energía para transmitir y recibir. Es aproximadamente 20 veces más rápido enviar un mensaje mediante un método RPC —un ejemplo popular es gRPC (*https://oreil.ly/qsUa3*)— que enviar mensajes RESTful.

Por lo tanto, en términos de uso de energía, usted podría mitigar un enfoque de microservicios mediante:

- Intentar enviar mensajes de mayor tamaño y con menos frecuencia.

- Enviar mensajes de manera más eficiente utilizando RPC en lugar de comunicación basada en JSON.

Sin embargo (y esa palabra está enfatizada por una razón), usar técnicas como RPC y codificación binaria es mucho más difícil. Utilizar esas técnicas impactará en la productividad del desarrollador, lo que significa que a menudo no es la idea adecuada para su equipo. Enviar menos mensajes, por ejemplo, podría perjudicar el enfoque de división del trabajo que ha tomado en la gestión de sus servicios. RPC podría limitar su acceso a numerosos servicios de terceros.

Si el trabajo adicional lo sacará del negocio o esa eficiencia adicional nunca se compensará a su escala, necesita un enfoque alternativo:

- No improvise. Planifique cuidadosamente su arquitectura de microservicios y las llamadas que necesita realizar, y no sea excesivo. Un sistema bien diseñado será más eficiente y menos derrochador. Intente leer el excelente Building Microservices de Sam Newman (O'Reilly) y siga sus consejos. Saque ese objeto más útil, una pizarra, y discuta sus ideas.

- Alternativamente, elija una plataforma que esté comprometida con la optimización de las comunicaciones para el rendimiento y úsela como estaba previsto (aún necesitará leer un poco, pero es evidente que usted es un lector, así que ¡animo!).

El problema con las mallas de servicios

Desafortunadamente, uno de los servicios más útiles para emplear como parte de una arquitectura de microservicios es también la forma más potencialmente derrochadora de enviar mensajes. Las mallas de servicios (*service meshes*, en inglés) pueden ser un gran problema. Pueden agregar mucho procesamiento a cada mensaje, particularmente si usan un *enfoque de sidecar* o de proxy individual, que añade un servicio de comunicaciones emparejado (esto es, un paso de comunicación adicional) a cada uno de sus microservicios.

Si desea utilizar una malla de servicio, su mejor opción es seleccionar una cuya comunidad esté comprometida con un rendimiento extremadamente alto, porque, como mencionamos antes, el rendimiento y el uso de energía están correlacionados en las mallas de servicio.

La cuestión monolítica

Si usted siente curiosidad de saber si todo esto significa que los monolitos son más verdes que los microservicios, la respuesta es sí y no. Como con todos los aspectos de la sostenibilidad, hay compromisos. Los monolitos generan un tráfico interservicio menos costoso y pueden ser diseñados para ser supereficientes. Sin embargo, además de tener otros inconvenientes, suelen ser más difíciles de operar con un enfoque verde (lo discutiremos en el próximo capítulo).

 En 2023, Amazon proporcionó un excelente ejemplo de los compromisos de un diseño eficiente. Se descubrió que la empresa no había elegido optimizar un aspecto de su servicio Prime Video (*https://oreil.ly/VVmp5*) hasta que decidió monitorizar cada transmisión en tiempo real en lugar de solo algunas muestras. En ese momento, la compañía reconfiguró su arquitectura serverless para involucrar fragmentos de código más grandes. Al hacerlo, Amazon tomó una decisión estratégica que respalda nuestra declaración: las arquitecturas que son cuidadosamente diseñadas, compuestas por fragmentos de código más grandes, son más eficientes, pero esos sistemas son costosos de construir y más difíciles de iterar.

Como Amazon, es posible que usted no considere invertir dinero hasta que haya establecido una demanda suficiente y haya entendido dicha demanda. Después de eso, definitivamente, considere hacerlo porque en ese punto, los intereses comerciales y el enfoque verde están alineados.

La ironía del revuelo en torno a la historia de Amazon es que, en el futuro, las plataformas serverless (y hay muchas) podrían ser la forma en que la mayoría de las empresas obtengan una plataforma de código básico lo suficientemente eficiente. Esperamos que las plataformas serverless lleguen allí, porque ese es el santo grial del software verde y la razón por la cual serverless aparece con tanta frecuencia en las discusiones sobre código verde.

Para la sostenibilidad, rara vez hay una respuesta obvia. Hay pros y contras en todo, y usted debe reflexionar sobre los posibles inconvenientes de su enfoque y proceder a mitigarlos.

Reemplace servicios y bibliotecas ineficientes

Incluso si es un poco tarde para reemplazar toda su plataforma de desarrollo, nunca es demasiado tarde para reemplazar bibliotecas o servicios por otros más eficientes o ligeros. Nuevamente, esto es más un trabajo de compras que de escritura de código y probablemente comienza con la medición (que cubriremos en el Capítulo 9).

Es fundamental utilizar un perfilador de rendimiento. ¿Está llamando a un servicio o biblioteca que es lento y consume mucha CPU? Verifique si hay una alternativa disponible para usar y a la que pueda actualizar, y, además, con una base de usuarios alineada con el enfoque verde

Este consejo parece trivial u obvio, pero es increíblemente importante. La revolución en nuestra industria en la última década ha sido la disponibilidad inmediata de bibliotecas y servicios de alta calidad. Necesitamos que los equipos inteligentes y los responsables del mantenimiento centren su atención en ser lo más eficientes y conscientes del carbono que sea posible. Eso hará una gran diferencia en el mundo, pero ellos solo lo harán si los usuarios lo solicitan.

La buena noticia es que pedir cosas es fácil. Es mucho menos estresante que reescribir todo en lenguaje C, créanos.

No guarde ni haga demasiado

Ser verde está altamente alineado con una mentalidad *Lean* en el software —un enfoque que enfatiza la entrega continua de software de alta calidad mientras se minimiza el desperdicio. Uno de los objetivos de Lean es eliminar el tiempo, esfuerzo, recursos y características desperdiciadas que no aportan valor al cliente. No implemente características ni guarde datos que aún no sean necesarios.

Esto no incluye el pensar. Usted puede usar una pizarra y pensar tanto como quiera, pero no construya cosas antes de necesitarlas.

Ser Lean es la esencia misma de construir software verde. El código más eficiente es no escribir ningún código en absoluto. Por ahora, todo lo que hacemos y que genera carbono, debe equilibrarse con el valor que obtienen las personas de ello. La forma más fácil de reducir el carbono es eliminar funcionalidades que raramente se usan y borrar datos que casi nunca se consultan o, mejor aún, no agregarlos desde el principio.

No agregue características "por si acaso". Además de no ser verde, el código resultante y poco mantenido es a menudo la fuente de huecos de seguridad. Bórrelo o no lo agregue en primera instancia. Nuevamente, el mejor momento para eliminar el desperdicio es lo antes posible, así que asegúrese de que su equipo de gestión de productos esté alineado con su misión de software verde.

La forma más sutil en que su sistema puede aumentar su consumo de energía es a través del almacenamiento excesivo de datos. En un mundo que se está calentando, las políticas de almacenamiento de datos deben volverse frugales. Las bases de datos deben estar optimizadas (se debe minimizar el almacenamiento de datos y se deben ajustar las consultas). Por defecto, los datos deberían autodestruirse después de un periodo, y si tiene que conservarlos durante mucho tiempo (quizá por razones regulatorias), utilice opciones de almacenamiento a largo plazo baratas y seguras, como las cintas (*https://oreil.ly/kue3c*). Estas consumen una fracción de la energía consumida por los dispositivos de almacenamiento de fácil acceso, como las unidades de estado sólido (SSD, por sus siglas en inglés).

Es doloroso ordenar, pero se sentirá mejor y el planeta se lo agradecerá. Los datos excesivos son un golpe sutil en cada interacción. Hacen que las consultas tarden más y consuman más energía. Elimine los datos excesivos. Si no puede soportar eso, muévalos a cintas.

Saque provecho de los dispositivos del cliente

Como discutimos en el Capítulo 1, el carbono incorporado en los dispositivos de usuario como los teléfonos inteligentes es enorme. El coste en carbono por fabricarlos y destruirlos aminora al carbono emitido como resultado de alimentarlos durante toda su vida útil, por lo que necesitamos utilizarlos al máximo y hacer que duren el mayor tiempo posible. Cualquier cosa que podamos hacer para que ellos hagan más y los servidores en los centros de datos hagan menos, ayuda a justificar las emisiones asociadas con la creación de esos dispositivos intensivos en carbono.

Además, las baterías de los dispositivos pueden desempeñar un papel en el equilibrio de las redes eléctricas y apoyar la energía baja en carbono, ya que la electricidad que han ahorrado facilita un cambio de la demanda. Los teléfonos están en capacidad de ser cargados utilizando energía verde más barata. Es una cantidad mínima de carbono en el gran esquema de las cosas, pero nos enfoca en la mentalidad correcta.

Además de ser verde, impulsar la inteligencia y la autosuficiencia en los dispositivos hace que los sistemas sean más resistentes a los inconvenientes de red, lo cual muchos expertos consideran, que estarán cada vez más asociados con un clima más inestable.

Gestión del aprendizaje automático

Dependiendo de la etapa del ciclo de vida del aprendizaje automático (ML) en que se encuentre, se aplican los mismos trucos que para otros software que hemos mencionado. Sin embargo, hay dos áreas clave que son un poco diferentes y merecen una mención especial: la recopilación de datos y el entrenamiento.

A medida que construimos modelos de IA más grandes, estos necesitan conjuntos de datos más grandes. Los conjuntos de datos grandes son atractivos por varias razones. Queremos prevenir el sobreajuste (*overfitting*, en inglés) y capturar los datos de entrada adecuadamente para asegurar que nuestro modelo no sufra una reducción en la precisión como efecto secundario de datos sesgados. Los conjuntos de datos grandes también pueden demostrarse valiosos más adelante en escenarios que no consideramos en la fase de planificación inicial. El problema es que ese tipo de pensamiento tiene arraigado el concepto de desperdicio de Lean.

Desafortunadamente, la investigación en sostenibilidad y el pensamiento público en esta área aún son insuficientes, especialmente considerando cuánto aprendizaje automático estamos haciendo todos en este momento. Sin embargo, no tema por esto.

Como discutiremos en el Capítulo 8, hay herramientas que puede agregar a su caja de herramientas para una recopilación de datos más verde. También existen conjuntos de datos de código abierto y ya recabados que puede aprovechar. Sí, el coste de almacenamiento será el mismo, pero usted mismo no tendrá que recopilar los datos.

El siguiente gran tema es el entrenamiento en ML. Aquí, la investigación muestra que reducir el tamaño del modelo y el tiempo de entrenamiento puede ser de gran ayuda para hacer tu entrenamiento más verde. Entrene modelos de aprendizaje automático más rápido y de manera más eficiente reduciendo el tamaño del modelo y usando técnicas como aprendizaje federado, poda, compresión, destilación o cuantificación.

Para ciertos escenarios, también existen modelos preentrenados que podrían servir bien a su caso de uso, como los modelos de código abierto para lenguajes naturales; después de todo, los lenguajes naturales no cambian tan rápidamente.

El crecimiento de la computación frontera (*edge computing*) y el Internet de las Cosas (IoT) significa que estamos viendo cada vez más dispositivos con capacidades limitadas, y aquí también será mejor optar por modelos más pequeños. Otro beneficio de la computación de borde es la reducción del consumo de energía al proporcionar procesamiento y almacenamiento locales para los datos.

Por último y más importante, el entrenamiento en ML tiene la gran ventaja de que rara vez es urgente, así que asegúrate de hacer que su entrenamiento sea consciente del carbono. Nunca entrene utilizando electricidad con alta intensidad en carbono. Espere por la energía limpia.

Estudio de caso: Microsoft Teams y la pandemia de 2020

En 2021, Anne se interesó en cómo había sobrevivido Internet al repentino aumento de la demanda causado por los confinamientos, y realizó algunas investigaciones sobre el tema (*https://oreil.ly/y8Llk*). Eso es material para otro libro por sí solo. Pero primero, hay que dejarla terminar este. Sin embargo, cubriremos parte de esto en el Capítulo 7.

En resumen, la razón por la que la respuesta tecnológica a la pandemia fue fascinante es que proporcionó ejemplos del mundo real no solo sobre el cambio y la adaptación de la demanda, lo cual discutiremos en el Capítulo 7, sino también sobre cómo mejorar la eficiencia del código.

Una respuesta al confinamiento muy relevante para este capítulo fue la enfocada en el código por parte del equipo que soporta el producto de videoconferencia de Microsoft: Teams (*https://oreil.ly/JI-Q8*).

Es casi un cliché decir que nunca debería optimizarse prematuramente (*https://oreil.ly/jQOTg*), y en términos de productividad de los desarrolladores, estamos de acuerdo. Sin embargo, seguir ese enfoque usualmente significa que tendrás capacidad infrautilizada en sus sistemas. Durante la pandemia de la COVID-19 en 2020, MS Teams se enfrentó a una demanda sin precedentes y sin disponibilidad de más máquinas en las cuales alojarse. Para mantener el servicio funcionando, la plataforma se vio obligada a explotar y aprovechar la capacidad ociosa de sus sistemas existentes.

El equipo de Teams no tuvo otra opción que sacar más rendimiento de su arquitectura (*https://oreil.ly/YRk3w*). Es decir, el equipo necesitaba mejorar su eficiencia. Por ejemplo, MS Teams cambió de formatos de datos basados en texto a codificación binaria en sus cachés, lo que redujo tanto el tráfico de red como los requerimientos de almacenamiento.

Como es frecuente en estos casos, esta mayor eficiencia añadió complejidad a los sistemas de MS Teams, lo que hizo que la plataforma fuera menos fiable, y el equipo se vio obligado a abordar este reto, implementando muchas más pruebas y monitorización.

¿Qué aprendemos aquí? La pandemia no le dejó otra opción a Microsoft que ser más eficiente, lo que le ayudará a cumplir con sus objetivos de alojamiento verde (*https://oreil.ly/O_AQw*). ¡Hurra! Sin embargo, la lección también es que, incluso para Microsoft —una empresa con una gran escala, una visión a largo plazo y bolsillos muy profundos— las mejoras en eficiencia aparentemente no fueron algo trivial. Tuvieron costes en tiempo de desarrollo, que es presumiblemente la razón por la cual no las habían implementado antes.

Esta historia real resalta el hecho de que la eficiencia es excelente pero costosa. La mayoría de las personas solo la considera cuando es requerido (es decir, cuando cambia el equilibrio de riesgos).

El gran problema con la eficiencia

¿Por qué no preguntaron a Jevons?

Antes de finalizar este capítulo, debemos mencionar al economista inglés del siglo XIX, William Stanley Jevons (*https://oreil.ly/W4tKy*), porque el primer tema que siempre surge cuando se discute la eficiencia es la paradoja de Jevons. El segundo es el impacto negativo de la eficiencia en el progreso.

Necesitamos eficiencia, y, por lo tanto, es necesario abordar las preocupaciones genuinas sobre el concepto. Estas dos preocupaciones no solo se aplican a la eficiencia del código, pero podemos hablar de ellas aquí.

Problema 1: La paradoja de Jevons

La paradoja de Jevons es la observación histórica de William Jevons de que cuando nos volvemos más eficientes en algo, se vuelve más barato, y a largo plazo, terminamos haciendo mucho más de eso. El argumento, por lo tanto, es que, si mejoramos la eficiencia energética de los centros de datos, desearemos más de ellos y el resultado será que consumiremos una mayor cantidad de energía que cuando comenzamos.

Problema 2: El impacto en la productividad

La segunda preocupación, es que la eficiencia es un freno al progreso y se basa en otra observación histórica: la energía disponible abundantemente ha sido hasta ahora vital para el progreso de la humanidad y probablemente seguirá siéndolo. Usarla de manera frugal agrega más trabajo y, por tanto, ralentiza los esfuerzos humanos. Además, nos detendrá en la solución del problema que necesitamos arreglar: el cambio climático.

Estas dos objeciones no son simplemente divagaciones sin fundamento. Tienen un mérito genuino y es algo en lo que hemos pensado mucho. Merecen un libro de por sí.

- Básicamente, la paradoja de Jevons es una forma de decir que la eficiencia en última instancia impulsa la abundancia.

- El argumento de que la eficiencia es perjudicial para la productividad, sin embargo, parece implicar que dicha eficiencia es mala para la abundancia.

Simplemente podríamos decir que estas declaraciones son mutuamente contradictorias y que deberíamos ignorarlas y dejarlo ahí, pero eso sería un acto fácil para evadir responsabilidades. Mereceríamos ser reprendidos por ello. La realidad es que no son contradictorias. Ambas son verdaderas, solo que abordan contextos y escalas de tiempo diferentes.

La paradoja de Jevons nos dice que mejorar algo (en este caso, ser más eficientes) en algo puede ser muy positivo para la adopción de ese algo. Estamos de acuerdo.

La observación del impacto sobre el progreso está diciendo que la alta eficiencia es realmente difícil. Lleva mucho tiempo y toneladas de inversión lograrla. Nuevamente, nosotras estamos de acuerdo. De hecho, la alta eficiencia puede que nunca sea viable comercialmente para empresas pequeñas o incluso de tamaño medio, y generalmente solo vale la pena para bienes o servicios para los cuales hay una gran demanda no satisfecha.

Sin embargo, vuelvo a referirme a Jevons: si usted puede invertir el tiempo y esfuerzo, y si la demanda existe, entonces la eficiencia debería resultar muy beneficiosa. La paradoja es que en realidad no es una paradoja. Es una afirmación evidente, y no entra en conflicto con nuestro punto principal en este capítulo: lograr eficiencia es costoso. Siempre hay beneficios, pero no son suficientes en todos los casos para justificar los costes.

Entonces ¿la eficiencia es buena o mala para considerarse verde?

A largo plazo, y en el contexto de la humanidad y el cambio climático, queremos tener abundante energía en todo momento. Probablemente sea fundamental para el progreso continuo de la humanidad (o incluso para su existencia en su forma actual). Simplemente no queremos obtener esa energía de la manera que la obtenemos ahora: quemando combustibles fósiles.

Una vez que la transición energética de fuentes de alta emisión de carbono a fuentes de baja emisión esté completa, el objetivo todavía será seguir teniendo abundancia de energía. Esa energía podría provenir de energía nuclear modular, de energía solar basada en el espacio, de energías renovables combinadas con superredes o de nuevas formas de baterías, algo que aún no hemos imaginado, o de todas las anteriores. En ese momento, la eficiencia será simplemente un "deseable". Así que aproveche el momento.

"¡Hurra! Después de todo, no necesitamos leer este libro. Eso fue eficiente."

¡Alto ahí! Desafortunadamente, aún no hemos llegado. Apenas estamos en el comienzo de la transición energética, no en el final.

La realidad es que hemos estado en un estado transitorio durante décadas y estaremos en él durante muchas, muchas décadas más, y durante ese periodo, estaremos incrementando estas nuevas formas de energía. Sin embargo, aún no habrán tenido tiempo para convertirse en productos eficientes por sí mismos. Hasta que lo hagan, necesitaremos hacer nuestra parte y esta es: siendo usuarios más eficientes.

En el mundo real, el inconveniente de la eficiencia es que requiere una gran inversión. La ventaja es que, como señaló Jevons, a largo plazo y bajo las circunstancias adecuadas, esa inversión valdrá la pena. Por suerte, si es poco probable que alguna vez le resulte rentable, hay formas para lograr que sus proveedores realicen esa inversión en vez de usted, y esto se hace principalmente exigiéndolo.

"Pero Jevons dice que, si nos volvemos más eficientes en el uso de combustibles fósiles, ¡usaremos más!"

E históricamente, siempre ha tenido razón. Sin embargo, este capítulo no trata sobre ser eficientes en el uso de combustibles fósiles. Este trata sobre hacer la tecnología sea más eficiente y consciente del contexto al usar electricidad que proviene sobre todo de fuentes renovables.

Bajo nuestros pies, el mundo pasará de generar electricidad con carbón y gas, que son malos, pero ya eficientes, a usar energía solar, eólica y nuclear (que son cada vez más eficientes). Al mismo tiempo, las baterías y otras formas de almacenamiento mejorarán. A corto plazo, solo necesitamos ayudar a la humanidad a realizar este cambio pidiendo hacer menos para lograr el mismo trabajo. También debemos estar listos para aprovechar al máximo la energía eólica y solar, que son baratas pero variables.

En veinte años, cuando la red sea limpia, probablemente descubriremos que como resultado de todo el gran trabajo que hicimos para mejorar en el uso de la electricidad, Podemos usar mucho más de ella. Sostenemos que eso será un éxito, no un fracaso; somos utopistas tecnológicos sin temor.

La conclusión

La conclusión sobre la eficiencia del código es que no es evidente que deba invertir directamente en ello (más allá de la monitorización de rendimiento y la corrección de errores) a menos que esté desarrollando código de alto rendimiento o gran escala o una plataforma de software. En ese caso, debe hacerlo, y esperamos que ya lo esté haciendo y que valga la pena para usted. Sin embargo, esta tarea no la lleva a cabo la mayoría de los ingenieros.

El código eficiente tiene sus ventajas:

- Reduce la cantidad de energía requerida para ejecutar un programa o sistema. Esto suele significar menores emisiones de carbono y facturas de energía menos elevadas.

- Para dispositivos que dependen de baterías, como teléfonos inteligentes o portátiles, el código eficiente extiende la vida útil de la batería y reduce la electricidad necesaria para recargar dichos dispositivos.

- Produce código que puede ejecutarse en menos máquinas y en equipos antiguos y menos potentes, minimizando el carbono incorporado y los desechos electrónicos.

Por otro lado:

- Escribir código eficiente es difícil y lleva mucho tiempo. Eso aumenta el tiempo de desarrollo y el coste, lo que reduce la productividad del desarrollador. Puede que nunca valga la pena para productos sin suficiente escala o incluso para productos escalados en las primeras etapas, cuando se intenta evitar la optimización temprana.

- El código eficiente es difícil de mantener, requiere conocimiento especializado y dificulta la evolución del código en el futuro.

Depende de sus circunstancias si vale la pena escribir código eficiente, pero como desarrollador, esa no es su única opción para reducir las emisiones de carbono de su software. Por ejemplo:

- Usted puede ser Lean y frugal en la funcionalidad que agrega y los datos que guarda, y eliminar lo que no se usa.

- Puede aprovechar el poder de la reutilización de código eligiendo plataformas de software eficientes que estén alineadas con un futuro verde, y puede expresar su preferencia como usuario para que sigan evolucionando rápidamente en esa dirección. Los servicios de hipercloud lo han hecho mejor que la mayoría, pero necesitan cumplir con sus compromisos y ser más responsables. La comunidad de código abierto necesita involucrarse. En nuestra opinión, esta es la solución a largo plazo para una amplia adopción de la eficiencia del código.

- Puede tomar decisiones de diseño que reduzcan el desperdicio. Por ejemplo, esto puede incluir seguir las mejores prácticas para su caso de uso en el diseño de microservicios o evitar intercambiar un número excesivo de pequeños mensajes interservicio a través de una capa de red intensiva en CPU, como una malla de servicio pesada (lenta).

- Usted puede escribir código que funcione bien en entornos eficientes de multitenencia.

- Puede utilizar el perfilado de rendimiento para identificar errores graves o bibliotecas mal diseñadas en su sistema.

- Usted puede elegir o cambiar a servicios y bibliotecas más eficientes.

- Puede diseñar para clientes más pesados que se ejecutan en dispositivos de usuario, como teléfonos.

La buena noticia es que como ingeniero DevOps o SRE, tiene aún más opciones para reducir las emisiones de carbono que están alineadas con la productividad DevOps. Cubriremos dichas opciones en el próximo capítulo, así que mantenga sus gorras de béisbol, gorros de lana o sombreros de pescador (dependiendo de su edad) a mano.

CAPÍTULO 4

Eficiencia operativa

¡La resistencia es inútil!
—Los Borg

En realidad, la resistencia no es inútil. Es mucho peor que eso.

La batalla contra las máquinas

Un día, los servidores superconductores (*https://oreil.ly/gQHoi*) que funcionan en centros de datos (*https://oreil.ly/Rik8s*) superenfriados (*https://oreil.ly/BRDsl*) eliminarán la resistencia, y nuestros centros de datos (DC) operarán con una fracción de la electricidad que utilizan ahora. Quizá nuestros futuros señores supremos de la inteligencia artificial general (AGI, por sus siglas en inglés) ya están trabajando en eso. Sin embargo, desafortunadamente, nosotros, los débiles humanos, no podemos esperar.

Hoy, al alimentar las máquinas en los centros de datos, estas se calientan. Esa energía —demasiado a menudo generada a un coste climático significativo— se pierde para siempre. Luchar contra la resistencia es lo que hacen las personas cuando trabajan para mejorar la eficiencia del uso de la energía (PUE) en los centros de datos (como discutimos en el Capítulo 2). También es el motivo detrás del concepto de eficiencia operativa, que es de lo que hablaremos en este capítulo.

 Esos centros de datos superconductores podrían estar en el espacio (*https://oreil.ly/koG8*) porque eso podría resolver el problema del frío (los superconductores necesitan estar muy, muy fríos; frío espacial, no el frío que se va con un simple chaleco). Sin embargo, los centros de datos superconductores fuera del planeta están a un siglo de distancia. Demasiado tarde para resolver nuestros problemas inmediatos.

Durante las últimas tres décadas, hemos combatido el desperdicio de electricidad en los centros de datos (DC) mediante desarrollos en el diseño de CPU y otras mejoras en la eficiencia del hardware. Esto ha permitido a los desarrolladores lograr el mismo resultado funcional con cada vez menos máquinas y menos energía. Sin embargo, estas mejoras impulsadas por la ley de Moore ya no son suficientes para que podamos depender de ellas. La Ley de Moore se está desacelerando (*https://oreil.ly/aiuh7*). Incluso podría detenerse (aunque probablemente no lo hará).

Afortunadamente, la eficiencia del hardware no es la única arma que tenemos para luchar contra la resistencia. La eficiencia operativa es la manera en que los expertos en DevOps o SRE verdes, como Sarah, reducen el desperdicio de electricidad en sus centros de datos. Pero ¿qué es la eficiencia operativa?

La evolución de la calefacción

Ignorando la superconductividad por un momento, el calor debido a la resistencia, es el principal derivado físico no deseado al usar electricidad. Esto es algo negativo fuera de un radiador, y no verá muchos en un centro de datos moderno.

En un elemento calefactor, la resistencia no es indeseable. Es el mecanismo mediante el cual funcionan los radiadores eléctricos, y es 100 % eficiente en la generación de calor. En los viejos tiempos, 100 % de eficiencia solía ser mucho. Cómo han cambiado los tiempos. Ahora necesitamos mucho más rendimiento por vatio. Las bombas de calor, que hacen un uso inteligente de los refrigerantes para ser más del 400 % eficientes (!), han elevado nuestras expectativas. Las bombas de calor son asombrosas. Desafortunadamente, también son mucho más complicadas de diseñar, fabricar y operar que los radiadores simples e implican mucho más carbono incorporado.

A medida que su uso se expande, esperamos mejorar en la producción y operación de bombas de calor, pero no sucederá sin problemas de un día para otro. De hecho, son una gran demostración de los costes iniciales y las compensaciones involucradas en cualquier transición a una nueva tecnología de mayor eficiencia.

Se han hecho enormes inversiones en bombas de calor, y se requerirá aún más. Estas ilustran cómo el cambio climático tiene pocas soluciones triviales; la mayoría aún requiere una gran cantidad de trabajo para convertirlas en productos básicos. No obstante, las soluciones existen, y necesitamos ponernos manos a la obra con su comercialización, lo que es solo otra forma de decir que necesitamos hacerlas de cien a mil veces más eficientes para construir, instalar y operar a gran escala. Las cosas que no puedan ser convertidas en productos básicos probablemente no sobrevivirán a la transición energética.

Nota: También es importante mencionar que el calor liberado debido a la resistencia eléctrica de cada dispositivo eléctrico en el mundo no hace una contribución significativa al calentamiento global. Es nuestro sol combinado con las propiedades físicas de los gases de efecto invernadero lo que en realidad está causando el calentamiento en el cambio climático. También es el sol el que en última instancia proporciona el calor entregado por las bombas de calor, que es cómo logran una eficiencia superior al 100 %. La electricidad simplemente ayuda a las bombas de calor a obtener esa energía solar.

En un futuro lejano, si logramos una creación de energía casi ilimitada a partir de la fusión o de matrices solares basadas en el espacio, podríamos tener que preocuparnos por el calentamiento directo. Sin embargo, ese es un problema para otro siglo. Sería excelente llegar a ese punto. Esto significará que la humanidad sobrevivió a este desafío.

Punto clave

La eficiencia operativa se enfoca en lograr el mismo resultado funcional, rendimiento y la resiliencia para la misma aplicación o servicio; con el uso de menos recursos de hardware como servidores, discos y CPU. Eso significa que requiere menos electricidad, disipa menos calor, necesita menos refrigeración para manejar ese calor, y emite menos carbono como parte de la creación y disposición del equipo.

La eficiencia operativa puede no ser la opción más glamurosa. Tampoco puede tener el mayor potencial teórico para reducir el desperdicio de energía. Sin embargo, en este capítulo intentaremos convencerlo a usted de que es un paso práctico y alcanzable que casi todos pueden tomar para construir software más verde. Y no solo eso, sino que argumentaremos que, en muchos aspectos, supera con creces a las alternativas energéticas.

Técnicas

Como discutimos en la introducción, AWS estima que una buena eficiencia operativa puede reducir las emisiones de carbono de los sistemas entre cinco y diez veces (*https://oreil.ly/I0Rkp*). Eso no es algo para tomárselo a la ligera.

"¡Espere un momento! ¿No dijo que la eficiencia del código podría reducirlas cien veces? ¡Eso es 10 veces mejor!"

En efecto. Sin embargo, el problema con la eficiencia del código es que puede chocar de frente con algo que a la mayoría de los negocios les importa mucho: la productividad de los desarrolladores. Y tienen razón al preocuparse por eso.

Nosotras estamos de acuerdo en que la eficiencia operativa es menos efectiva que la eficiencia del código, pero tiene una ventaja significativa para la mayoría de las organizaciones. Con un esfuerzo comparativamente bajo y usando herramientas que no requieren adaptación y que ya están disponibles en el mercado, usted puede lograr grandes mejoras en la eficiencia operativa. Es un fruto mucho más accesible, y es donde la mayoría de nosotros necesitamos comenzar.

La eficiencia del código es asombrosa, pero su desventaja es que también requiere un gran esfuerzo y, con frecuencia, una alta personalización (esperemos que eso se esté abordando, pero aún no hemos llegado a ese punto). Usted no querrá hacerlo a menos que vaya a tener muchos usuarios. Incluso, también necesitará primero experimentar para comprender sus requerimientos.

 Usted podría notar que mejoras operativas de 10× más 100× de eficiencia del código lo llevarán a 1000× de lo que realmente nosotras deseamos. En cinco años necesitaremos ambas a través de herramientas y servicios estándar, es decir, plataformas verdes.

En contraste, una mejor eficiencia operativa ya está disponible a partir de bibliotecas estandarizadas y servicios comunes. Así que, en este capítulo, nosotras podemos incluir ejemplos de buenas prácticas ampliamente aplicables que no pudimos darle en el anterior.

Pero antes de comenzar a hacerlo, retrocedamos un paso. Cuando hablamos de eficiencia operativa moderna, ¿en qué conceptos de alto nivel nos basamos?

Nosotras creemos que se reduce a una noción fundamental: la utilización de máquinas.

Utilización de máquinas

La utilización de máquinas, densidad de servidores o empaquetado binario. Hay muchos nombres para la idea, y probablemente hemos omitido algunos, pero el motivo detrás de todos ellos es el mismo. La *utilización de máquinas* consiste en concentrar trabajo en una sola máquina o en un clúster de tal manera que se maximice el uso de recursos físicos como CPU, memoria, ancho de banda de red, E/S de disco y energía.

Una gran utilización de máquinas es al menos tan fundamental como la eficiencia del código para ser verde.

Por ejemplo, supongamos que usted reescribe su aplicación en C y reduce sus requerimientos de CPU en un 99 %. ¡Hurra! Eso fue doloroso y le llevó meses. Hipotéticamente, ahora lo ejecuta en el mismo servidor que antes. Por desgracia, todo ese esfuerzo de reescritura no le ahorrará tanta electricidad. Como discutiremos en el Capítulo 6, una máquina parcialmente utilizada consume una gran proporción de la electricidad de una totalmente utilizada, y el impacto del carbono incorporado del hardware es el mismo.

En resumen, si no reduce el tamaño de su máquina (denominado *redimensionamiento* o *dimensionamiento correcto*) al mismo tiempo que reduce el tamaño de su aplicación, entonces la mayoría de sus esfuerzos de optimización de código habrán sido en vano. El problema es que el *dimensionamiento correcto* (*rightsizing*, en inglés) puede ser complicado.

Dimensionamiento correcto

Operacionalmente, una de las acciones verdes más económicas que puede tomar es evitar sobreaprovisionar sus sistemas. Eso implica reducir el tamaño de las máquinas que son más grandes o robustas de lo necesario. Como ya hemos mencionado (y vale la pena repetirlo), una mayor utilización de las máquinas significa que la electricidad se utiliza de manera más eficiente y se reduce el impacto de carbono incorporado. Las técnicas de ajuste de tamaño se pueden aplicar tanto en instalaciones on-premises como en la nube.

Desafortunadamente, existen problemas para asegurarse de que sus aplicaciones se estén ejecutando en máquinas que no sean ni demasiado grandes ni demasiado pequeñas (llamémosla la Zona Goldilocks o —zona habitable— de DevOps): el sobreaprovisionamiento se hace con frecuencia por razones válidas.

El sobreaprovisionamiento es una técnica común y exitosa de gestión de riesgos. A menudo, es difícil predecir cuál será el comportamiento de un nuevo servicio o las demandas que se le impondrán. Por lo tanto, un enfoque perfectamente sensato es colocarlo en un clúster de servidores que sean mucho más grandes de lo que se considera necesario. Esto al menos debería asegurar que no se enfrente a limitaciones de recursos. Asimismo, reduce la probabilidad de condiciones de incidentes difíciles de depurar. Sí, costará un poco más de dinero, pero su servicio es menos propenso a fallar, y para la mayoría de las empresas, esa compensación es obvia. Todos tenemos la intención de volver más tarde y redimensionar nuestras máquinas virtuales, pero rara vez lo hacemos debido al segundo problema con el ajuste de tamaño: nunca hay tiempo para hacerlo.

La solución obvia es el escalado automático. Por desgracia, como estamos a punto de ver, este tampoco es perfecto.

Escalado automático

También conocido como autoescalado, es una técnica que se utiliza con frecuencia en la nube, pero también se puede aplicar en instalaciones on-premises. La idea detrás de esta técnica es ajustar de forma automática los recursos asignados a un sistema en función de la demanda actual. Todos los proveedores de la nube tienen servicios de escalado automático, y también está disponible como parte de Kubernetes. En teoría, es increíble.

El problema está en la práctica. El escalado automático puede enfrentar problemas similares al sobreaprovisionamiento manual. Escalar hacia arriba hasta el máximo está bien, pero reducir el escalado nuevamente es mucho más arriesgado y genera temor, por lo que a veces no se configura para que ocurra de forma automática. Usted podría reducir el escalado manualmente, pero ¿quién tiene tiempo para hacer algo manual? Esa fue la razón por la que usted decidiría usar el autoescalado en primer lugar. En conclusión, el escalado automático no siempre resuelve su problema de subutilización.

Afortunadamente, existe otra solución potencial y está disponible en las nubes públicas. Las instancias de rendimiento ampliable (*burstable*, en inglés) ofrecen un compromiso entre resiliencia y compromiso verde o sostenible. Están diseñadas para cargas de trabajo que no requieren un rendimiento de CPU constantemente alto, pero que en ocasiones necesitan un rendimiento ampliable para evitar que el servicio colapse.

Las instancias ampliables tienen un rendimiento por defecto a nivel de CPU, pero cuando la carga de trabajo lo exige, pueden "estallar" a un nivel más alto durante un periodo limitado. La cantidad de tiempo que la instancia puede mantener el rendimiento ampliable está determinada por los créditos de CPU acumulados. Cuando la carga de trabajo vuelve a la normalidad, la instancia regresa a su nivel de rendimiento por defecto y comienza a acumular créditos de CPU nuevamente.

Hay múltiples ventajas en el uso de instancias de rendimiento ampliable:

- Son más baratas (entiéndase más eficientes para los proveedores de la nube) que los tipos de instancias que ofrecen un rendimiento constante y alto de la CPU.

- Son más sostenibles, ya que permiten que sus sistemas manejen picos ocasionales de demanda sin tener que aprovisionar más recursos de los que normalmente necesita. Además, se contraen de forma automática.

- Lo mejor de todo es que hacen que la gestión de la densidad del servidor sea un problema para el proveedor de nube, en lugar de ser un problema para usted.

Por supuesto, siempre hay aspectos negativos:

- La cantidad de tiempo que su instancia puede aumentar el rendimiento está limitada por los créditos de CPU que tiene. Aún podría tener problemas si usted se queda sin créditos.

- Si su carga de trabajo requiere un alto uso constante de CPU, sería más barato utilizar simplemente un tipo de instancia grande.

- No es tan seguro como elegir una instancia sobredimensionada. El rendimiento de las instancias de rendimiento ampliable puede ser variable, lo que dificulta predecir el nivel exacto que obtendrá. Si hay suficiente demanda de estas instancias, es de esperar que mejore con el tiempo, ya que los hiperescaladores seguirán invirtiendo para optimizarlas.

- Gestionar los créditos de CPU añade complejidad a su sistema. Necesita hacer seguimiento de los créditos acumulados y planificar los picos de carga.

En resumen, ajustar el tamaño de las instancias está genial, pero no hay una manera trivial de hacerlo. Usar la energía de manera eficiente evitando el sobredimensionamiento requiere una inversión inicial en tiempo y nuevas habilidades, incluso con el escalado automático o las instancias de rendimiento escalable.

Una y otra vez, se ha demostrado que Kermit la Rana tenía razón. Nada es fácil cuando se trata de ser verde, o ya lo estaríamos haciendo. Sin embargo, además de ser más sostenible, evitar el sobredimensionamiento puede ahorrarle mucho dinero, por lo que vale la pena revisarlo. Tal vez manejar las dificultades de ajustar el tamaño sea una razón para iniciar un proyecto de infraestructura como código o GitOps...

Infraestructura como código

Infraestructura como código (IaC, por sus siglas en inglés) es el principio de definir, configurar y desplegar infraestructura usando código en lugar de hacerlo manualmente. La idea es propender por una mejor automatización y repetibilidad, además de control de versiones. Mediante el uso de lenguajes específicos de dominio y archivos de configuración, usted describe cómo quiere que sean tus servidores, redes y almacenamiento. Esta representación basada en código se convierte entonces en la verdad absoluta de su infraestructura.

GitOps es una versión de IaC que utiliza Git como su sistema de control de versiones. Cualquier cambio, incluidos los relacionados con el aprovisionamiento, como el escalado automático, se gestiona a través de Git, y su configuración de infraestructura actual se reconcilia continuamente con el estado deseado y establecido en su repositorio. El objetivo es proporcionar una pista de auditoría de cualquier cambio en la infraestructura, lo que permite rastrear, revisar y revertir.

La buena noticia es que las comunidades de IaC y GitOps han comenzado a pensar en operaciones verdes, y el llamado GreenOps ya es un objetivo del Grupo de Sostenibilidad Ambiental de la Cloud Native Computing Foundation (CNCF) (*https://oreil.ly/2_SiW*). La CNCF vincula el concepto con técnicas de reducción de costes (también conocido como FinOps, del cual hablaremos más en el Capítulo 11, sobre los beneficios colaterales de los sistemas verdes), y la fundación tiene razón (ver Figura 4.1). Operativamente, ser más verde es más barato.

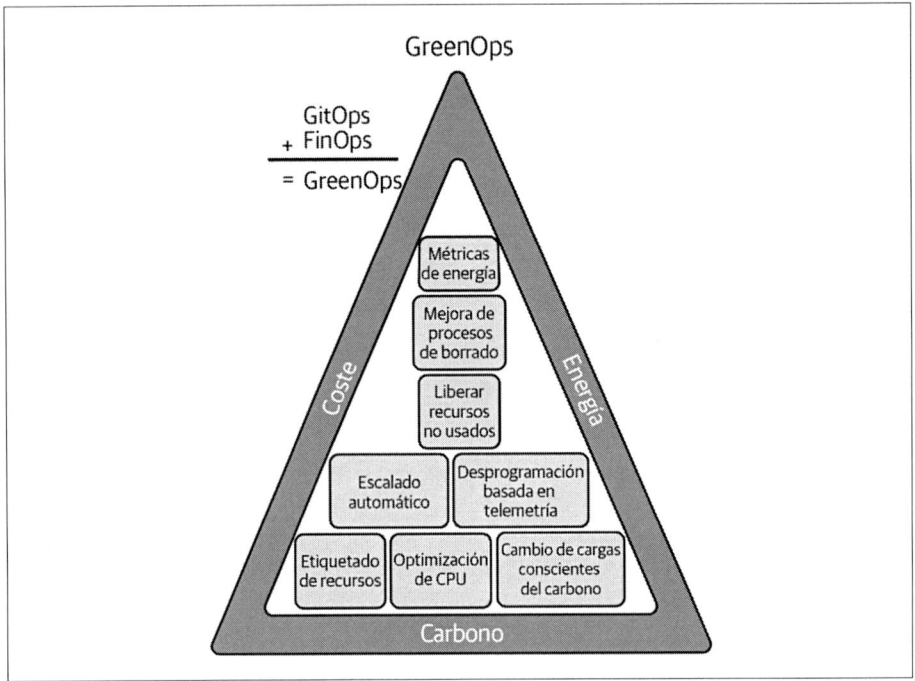

Figura 4.1 *Definición de la CNCF de GreenOps como GitOps + FinOps.*

Nosotras creemos que la implicación aquí es que comienzas en la parte superior del triángulo y trabajas hacia abajo, lo cual parece sensato, ya que lo que está en la parte inferior es ciertamente más complicado.

Cualquier cosa que automatice tareas de ajuste de tamaño y escalado automático hace que sea más probable que sucedan, lo que sugiere que IaC y GitOps deberían ser una buena opción para ser verdes. El hecho de que haya una comunidad de IaC en la CNCF impulsando GreenOps también es una excelente señal.

Mientras escribíamos este libro hablamos con Alexis Richardson, CEO de Weaveworks (*https://www.weave.works*), y parte del equipo más amplio. Weaveworks acuñó el término GitOps en 2017 y estableció los principios principales junto con FluxCD, una implementación amigable de Kubernetes. La empresa ve como un próximo gran desafío para GreenOps el seguimiento automatizado de emisiones de gases de efecto invernadero. Estamos de acuerdo, y es un problema que discutiremos en el Capítulo 10.

Planificación de clústeres

Técnicas operativas estándar como el dimensionamiento correcto (*rightsizing*) y el escalado automático (*autoscaling*) son útiles, pero si realmente se quiere ser ingenioso con la utilización de máquinas, usted también debería considerar un concepto más radical: la planificación de clústeres.

La idea detrás de la *planificación de clústeres* es que las cargas de trabajo pueden ser empaquetadas programáticamente en servidores de formas distintas, como piezas en un juego de Tetris DevOps (ver Figura 4.2). La meta es ejecutar la misma cantidad de trabajo en el clúster de máquinas más pequeño posible. Este es quizá el máximo exponente de la eficiencia operativa automatizada porque representa un cambio significativo respecto a la forma en que se solía aprovisionar sistemas. Tradicionalmente, cada aplicación tenía su propia máquina física o máquina virtual (VM). Con la planificación de clústeres, esas máquinas se comparten entre aplicaciones.

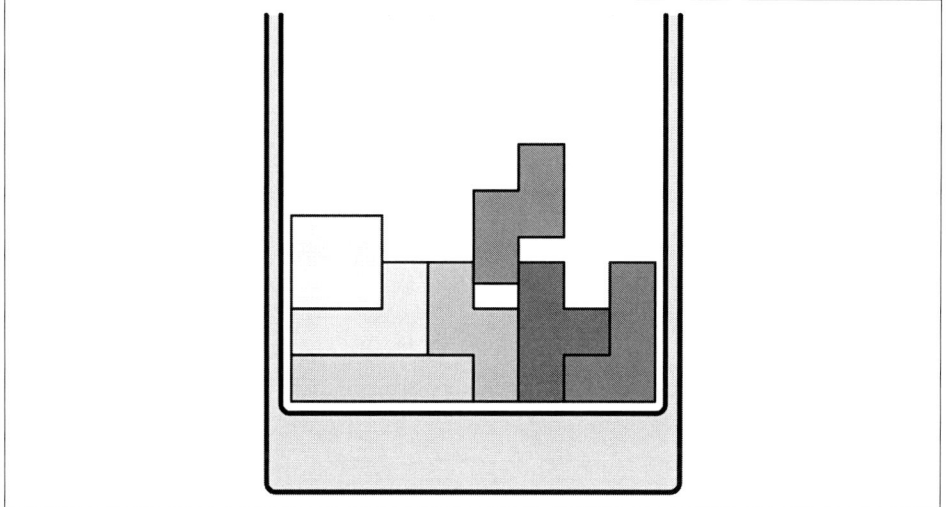

Figura 4.2 *Tetris DevOps.*

Por ejemplo, imagine que tiene una aplicación con una alta demanda de E/S y una baja necesidad de CPU. Un planificador de clústeres podría ubicar su trabajo en el mismo servidor que una aplicación intensiva en procesamiento pero que no requiere mucha E/S. El objetivo del planificador es siempre hacer el uso más eficiente de los recursos locales mientras garantiza que sus trabajos se completen dentro del tiempo requerido, así como la calidad y disponibilidad esperadas.

La buena noticia es que existen muchas herramientas y servicios de planificación de clústeres, normalmente como parte de las plataformas de orquestación. El más popular es un componente de la plataforma de código abierto Kubernetes, y es una versión mucho más simplificada del planificador de clústeres interno de Google, llamado Borg. Como mencionamos en la introducción, Borg ha estado en uso en Google durante casi dos décadas.

Para probar la planificación de clústeres, podría usar el planificador de Kubernetes u otro como Nomad de HashiCorp en su centro de datos on-premises. Alternativamente, usted podría usar un servicio de Kubernetes gestionado en la nube como EKS, GKS o AKS (de

AWS, Google y Azure, respectivamente) o una opción no basada en Kubernetes como el AWS Container Service (ECS). La mayoría de los planificadores de clústeres ofrecen funcionalidades similares, por lo que es probable que utilice el que venga con la plataforma operativa que usted haya seleccionado; es poco probable que sea un factor diferenciador para elegir una plataforma sobre otra. Sin embargo, la falta de una funcionalidad de optimización del uso de las máquinas podría indicar que la plataforma que está utilizando no es lo bastante verde.

La planificación de clústeres suena fantástica, y lo es, tal vez ofreciendo hasta un 80% de utilización de la máquina. Si estas herramientas no le están ahorrando dinero o reduciendo emisiones de carbono, probablemente no las esté usando de forma adecuada. No obstante, sigue habiendo un gran problema.

Falta de información. Para que estos planificadores de clústeres muevan trabajos de una máquina a otra y logren un empaquetado óptimo, requieren tres cosas:

1. Los trabajos necesitan estar encapsulados junto con todas sus bibliotecas requeridas, de modo que puedan ser movidos para un empaquetado máximo sin detenerse de repente porque falte una dependencia clave.

2. La herramienta de encapsulación debe soportar la creación rápida de instancias (es decir, debe ser posible apagar el trabajo encapsulado en una máquina y encenderlo en otra rápidamente). Si eso toma una hora (o incluso unos minutos), entonces la planificación de clústeres no funcionará, ya que el servicio podría estar no disponible demasiado tiempo.

3. Los trabajos encapsulados necesitan estar etiquetados para que el planificador sepa qué hacer con ellos (p. ej., si estos requieren una alta disponibilidad).

Las partes de encapsulación y creación rápida de la instancia se pueden lograr con el uso de una plataforma de contenedores como Docker o Containerd, y esa tecnología ya está ampliamente disponible. ¡Hurra!

 Internamente, muchos de los servicios de AWS utilizan máquinas virtuales ligeras como envoltorio (*wrapper*) alrededor de los trabajos, en lugar de contenedores. Eso está bien. El concepto es el mismo.

Sin embargo, toda esta ingeniosa tecnología aún se enfrenta a la necesidad de información. Cuando un planificador entiende las cargas de trabajo que está planificando, este puede utilizar los recursos de manera más efectiva. Si no tiene dicha información, no puede hacer bien su trabajo.

En Kubernetes, el planificador puede actuar en función de las restricciones especificadas en la definición del *pod* (cápsula) de la carga de trabajo, particularmente las solicitudes de CPU y memoria (mínimos) y los límites (máximos), pero eso significa que es necesario especificarlas. El problema es que esto puede ser complejo.

Según Ross Fairbanks, un veterano practicante de GreenOps (*https://oreil.ly/rJgW8*), "el problema tanto con la escalabilidad automática como con la definición de restricciones es que establecer estas restricciones es difícil". Afortunadamente, ahora existen algunas herramientas para facilitarlo. Fairbanks considera que "el Vertical Pod Autoscaler de Kubernetes (VPA) (*https://oreil.ly/wdjzS*) puede ser útil. Tiene un modo de recomendación para que usted pueda acostumbrarse a usarlo, así como un modo automatizado. Si está utilizando Kubernetes y desea mejorar la utilización de la máquina, es un buen punto para comenzar".[1]

¿Qué pasa en la nube? Si sus sistemas están alojados en la nube (incluso si no está ejecutando un orquestador de contenedores como Kubernetes), generalmente estará obteniendo el beneficio de cierta planificación de clústeres, ya que los proveedores de la nube operan sus planificadores propios.

Usted puede comunicar las características de su carga de trabajo eligiendo el tipo de instancia adecuado en la nube, y los planificadores de la nube utilizarán su elección para optimizar la utilización de sus máquinas. Por tanto, desde una perspectiva verde, es fundamental no sobreespecificar los requerimientos de recursos o disponibilidad (p. ej., solicitando una instancia dedicada cuando una instancia ampliable o incluso una no dedicada sería suficiente).

De nuevo, esto requiere reflexión, planificación y observación. Las nubes públicas son bastante buenas detectando cuando se ha aprovisionado de más y están utilizando de manera encubierta algunos de esos recursos para otros usuarios (también conocido como sobresuscripción —*oversubscription*—), pero la forma más eficiente de utilizar una plataforma siempre es como fue diseñada. Si una instancia ampliable es lo que necesita, la manera más eficiente de utilizar la nube es eligiendo una.

Cargas de trabajo mixtas. La planificación de clústeres es más efectiva (puede obtener una densidad de empaquetado realmente alta) si tiene tareas amplias, variables y bien etiquetadas para planificar en muchas máquinas físicas grandes. Desafortunadamente, esto significa que es menos efectiva —o incluso completamente ineficaz— para configuraciones más pequeñas, como ejecutar Kubernetes en on-premises para un puñado de nodos o para un par de máquinas virtuales dedicadas en la nube.

---

[1] Ross Fairbanks, comunicación personal.

Sin embargo, puede ser excelente para los hiperescaladores. Estos tienen una variedad de trabajos amplia que gestionar para lograr un empaquetado óptimo, y en parte, esto explica los altos índices de utilización de servidores que informan. Los porcentajes de utilización que AWS menciona implican que AWS requiere menos de una cuarta parte del hardware que usted usaría en un entorno on-premises para la misma carga de trabajo. Las cifras reales son difíciles de obtener, pero la estimación de AWS es más que plausible (posiblemente sea una subestimación de sus ahorros potenciales).

Ese menor número de servidores significa mucho menos consumo de electricidad y carbono embebido. Como resultado, el paso más sencillo que puede dar hacia la sostenibilidad es a menudo mover sus sistemas a la nube *y usar bien sus servicios, incluyendo toda la gama de tipos de instancias*. Solo utilizando sus servicios y planificadores optimizados puede lograr esas cifras. No migre y opere en servidores dedicados esperando obtener un enfoque verde representativo, incluso si está usando Kubernetes como un profesional.

Como nosotras hemos dicho antes, la escala y la eficiencia van de la mano. Los hiperescaladores pueden conllevar una inversión enorme en ingeniería para ser hipereficientes porque es su negocio principal. Si su empresa vende seguros, nunca tendrá el incentivo financiero para construir una sala de servidores en on-premises altamente eficiente, incluso si eso fuera posible. De hecho, no estaría actuando en su mejor interés al hacerlo porque no sería un factor diferencial.

Cambio de tiempo e instancias puntuales

Si añadimos el tiempo a la mezcla, los planificadores mencionados con anterioridad, adquieren una dimensión adicional de flexibilidad. Las arquitecturas que reconocen y son capaces de gestionar trabajos de baja prioridad o postergables son particularmente operables bajo una elevada utilización de las máquinas (ampliado en el próximo capítulo). Dichas arquitecturas son vitales para la conciencia sobre el carbono. Según el experto en tecnología verde Paul Johnston, "el encendido activo es insostenible".

Lo que nos lleva a un giro interesante en la programación de clústeres: el concepto de instancias puntuales (conocidas así AWS y Azure, mientras que en GCP se conocen un nombre más literal: instancias interrumpibles [*preemptibles*]) de la nube.

Las *instancias puntuales* o instancias spot (spot instances, en inglés) son utilizadas por los proveedores de nube pública para obtener una mejor utilización de las máquinas al aprovechar la capacidad sobrante. Usted puede poner su trabajo en una instancia puntual, y este podría completarse o no. Si usted sigue intentándolo, probablemente se completará en algún momento, sin garantía de cuándo. En otras palabras, los trabajos deben ser altamente postergables en el tiempo. A cambio de este enfoque laissez faire —dejar hacer, dejar pasar— para la planificación, los usuarios obtienen un 90 % de descuento sobre el precio estándar de alojamiento.

Una instancia spot combina varios de los conceptos inteligentes de planificación que acabamos de discutir. Es una forma de:

- Encapsular su tarea en una máquina virtual (VM).

- Etiquetarla como insensible al tiempo.

- Permitir que su proveedor de la nube la planifique donde y cuando quiera.

Potencialmente (es decir, dependiendo de los factores que influyen en las decisiones de planificación de la nube), utilizar instancias spot podría ser una de las formas más sostenibles de operar un sistema. Nos encantaría ver a los grandes proveedores de la nube tener en cuenta la intensidad de carbono de la red local al programar cargas de trabajo en instancias spot, y esperamos que eso ocurra para 2025. Google ya está hablando sobre estos movimientos.

Estudio de caso: Ingeniería del caos (*chaos engineering*)

Skyscanner es un servicio de reservas de vuelos en el Reino Unido, y trasladó la mayor parte de sus operaciones a instancias spot de AWS hace varios años. Curiosamente, la empresa no estaba motivada principalmente por ser más verde o ahorrar dinero, aunque, como la mayoría de nosotros, a Skyscanner le importan mucho ambas cosas. La compañía lo hizo porque era seguidora del concepto de la ingeniería del caos.

La *ingeniería del caos* es la idea de que usted puede crear una mentalidad entre sus ingenieros orientada a que sus sistemas sean más robustos, asegurando que su plataforma de producción es poco fiable.

Contradictorio, ¿no? Pero funciona. Obliga a implementar estrategias de resiliencia.

Las instancias spot encajan perfectamente con el modelo de la ingeniería del caos. Dichas instancias podrían ser desechadas en cualquier momento, ya que no tienen garantías de disponibilidad en absoluto. Las instancias spot ayudaron a Skyscanner a lograr la robustez alta que se habían planteado para el sistema y, como efecto secundario agradable, no solo ahorraron a la empresa una gran cantidad de dinero en sus facturas de alojamiento, sino que redujeron drásticamente sus emisiones de carbono. Según Stuart Davidson, director de ingeniería, "se produce una sensación agradable cuando se logra hacer sus sistemas más resilientes, reducir tus costes de alojamiento y disminuir las emisiones de carbono al mismo tiempo".[2]

Este es un gran ejemplo de cómo a menudo hay ventajas adicionales al elegir una arquitectura verde o sostenible. En este caso: resiliencia y ahorro de costes.

---

[2] Stuart Davidson, comunicación personal.

Multitenencia

En un capítulo sobre la eficiencia operativa, sería un error no mencionar la multitenencia.

La *multitenencia* es cuando una sola instancia de un servidor es compartida entre varios usuarios. Esta es fundamental para alcanzar una alta utilización de los recursos de la máquina. Básicamente, cuanto más diversos sean sus usuarios (también conocidos como *tenants*), mejor será la utilización.

¿Por qué esto es cierto? Bueno, consideremos el caso contrario. Si todos sus usuarios fueran minoristas de comercio electrónico, todos necesitarían más recursos durante el Black Friday y en los días previos a la Navidad. Ellos también demandarían procesar más solicitudes por la tarde y a la hora del almuerzo (los momentos de mayor demanda para las compras en línea). Esta demanda correlacionada es perjudicial para su uso.

Usted no querrá tener que aprovisionar suficientes máquinas para manejar la demanda navideña y, después de eso, dejarlas inactivas el resto del año. Eso mostraría muy poca conciencia verde. Sería más eficiente (desde el punto de vista de los recursos), si el minorista pudiera compartir sus recursos de hardware con alguien con muchas cargas de trabajo que procesar y cuyo procesamiento no fuera sensible al tiempo como las compras (p. ej., el entrenamiento de modelos de ML). Aún mejor sería compartir esos recursos con alguien cuya demanda fuera en diferentes fechas o en otros momentos del día. De hecho, otra forma en la que las nubes públicas alcanzan sus altos índices de utilización es mediante una amplia mezcla de clientes.

Servicios serverless

Los servicios serverless, como AWS Lambda, Azure Functions y Google Cloud Functions, son multitenencia. Estos también cuentan con tareas encapsuladas, prestan atención a la rápida inicialización y ejecutan dichas tareas que son lo suficientemente breves y simples como para que un planificador sepa qué hacer con ellas (ejecutarlas lo más rápido posible y luego olvidarse de ellas). Estas tareas tienen la justificación suficiente para que valga la pena que los proveedores de nubes públicas inviertan el esfuerzo necesario para hiperoptimizar estos servicios.

Por lo tanto, los servicios serverless tienen un potencial enorme para ser económicos y ecológicos. En la actualidad, están avanzando en esa dirección, pero creemos que tienen margen para mejorar significativamente. Lo más probable es que cuantas más personas los utilicen, más eficientes serán.

Hiperescaladores y beneficios

No hay ningún secreto mágico para ser verde en tecnología. Se trata en su mayoría de ser mucho más eficiente y menos despilfarrador, lo cual coincide con los deseos de cualquier persona que quiera gestionar de forma adecuada sus costes de alojamiento.

Según Adam Jackson, quien era responsable de las relaciones con desarrolladores (ex-DevRel, en inglés) de Azure, "un secreto, no tan secreto de los proveedores de nubes públicas, es que cuanto más barato es un servicio, mayores son los márgenes de ganancia. Los proveedores de nubes quieren que usted elija la opción más económica porque ahí es donde ellos obtienen más beneficios".

Estos servicios son baratos porque son eficientes y operan a gran escala. Como señaló el economista Adam Smith en el siglo XVII: "No es por la benevolencia del carnicero, del cervecero y del panadero que esperamos contar con nuestra cena, sino por la consideración de sus propios intereses." De manera similar, los proveedores de hipercloud hacen que sus sistemas sean eficientes por su propio beneficio. Sin embargo, en este caso, también es en nuestro beneficio, porque, aunque la eficiencia no es un reflejo exacto de la sostenibilidad, esta no está nada mal.

Reducir sus facturas de hosting usando los servicios más baratos, eficientes y estandarizados que pueda encontrar no solo está en su propio interés y en el del planeta, sino también en el interés de su proveedor. Ellos ganarán más dinero como resultado, y eso es algo positivo. Ganar dinero no es incorrecto; ser ineficiente en el uso de la energía en medio de una crisis climática impulsada por la energía sí lo es. Esto también destaca la razón por la que la eficiencia operativa podría ser la forma ganadora de eficiencia: puede generar mucho dinero para los operadores de centros de datos. Está alineado con sus intereses, y usted debería elegir aquellos que tengan la conciencia para ver eso y el capital para respaldarlo.

El servicio serverless AWS Lambda es un excelente ejemplo de cómo la eficiencia de un servicio mejora cuando se hace evidente que hay suficiente demanda para justificar una inversión. Cuando Lambda se lanzó por primera vez, utilizaba muchos recursos. Definitivamente no era verde. Sin embargo, a medida que la demanda latente se hizo evidente, AWS invirtió y construyó la plataforma de código abierto Firecracker (*https://oreil.ly/YW99e*) para Lambda, que utiliza máquinas virtuales más ligeras para la separación de trabajos y también mejora los tiempos de creación de instancias y planificación. Mientras haya demanda sin explotar, es probable que esta estandarización continúe, lo que lo hará más barato, verde y también más rentable para AWS.

Prácticas SRE

La ingeniería de fiabilidad de sitio (*site reliability engineering* [SRE]) es un concepto que originalmente vino de otro hiperescalador centrado en la eficiencia: Google. Los ingenieros SRE son responsables de diseñar, construir y mantener sistemas fiables y robustos que puedan soportar alto tráfico y seguir operando sin problemas.

La buena noticia es que las operaciones verdes están alineadas con los principios de SRE, y si usted tiene una organización SRE, ser verde debería ser más fácil.

Las prácticas de SRE incluyen:

- Monitorización (que debería incluir emisiones de carbono; consulte el Capítulo 9 para conocer nuestras opiniones sobre la medición de emisiones de carbono y el Capítulo 10 para saber cómo usar esas mediciones).

- Integración continua y entrega continua (CI/CD) (lo que puede ayudar a reducir y probar la reducción de emisiones de carbono de manera más rápida y segura).

- Automatización (p. ej., infraestructura como código [IaC], que ayuda con la adecuación del tamaño de los recursos).

- Contenedorización y microservicios (que son más automatizables y permiten que su sistema no esté forzado a funcionar bajo demanda, lo que ayuda a tener más consciencia sobre las emisiones de carbono).

Este no es un libro sobre las mejores prácticas y principios de SRE, por lo que no vamos a profundizar en ellos, aunque discutimos más sobre esto en el Capítulo 11.

LightSwitchOps

Hasta ahora, la mayoría de lo que hemos tratado han sido conceptos técnicos avanzados. Sin embargo, existen algunas ideas sencillas sobre la eficiencia operativa que cualquiera puede implementar, y una de las más inteligentes que hemos escuchado proviene de Holly Cummins, de Red Hat. Denominado en inglés LightSwitchOps (*https://oreil.ly/sDxOT*) (ver Figura 4.3).

Figura 4.3 *LightSwitchOps según lo ilustra Holly.*

Clausurar las *cargas de trabajo zombi* (término de Cummins para aplicaciones y servicios que ya no hacen nada) debería ser una obviedad para ahorrar energía.

En un experimento reciente de la vida real, un importante proveedor de máquinas virtuales que reubicó uno de sus centros de datos descubrió que dos terceras partes de sus servidores estaban ejecutando aplicaciones que ya casi no se utilizaban. Efectivamente, estos eran cargas de trabajo zombi.

Según Martin Lippert, líder de Spring Tools y embajador de sostenibilidad en VMware, "En 2019, VMware consolidó un centro de datos en Singapur. El equipo quería mover todo el centro de datos y, por consiguiente, investigó qué exactamente necesitaba una migración. El resultado fue algo sorprendente: el 66% de todas las máquinas host eran zombis".[3]

Este tipo de desperdicio ofrece un enorme potencial para el ahorro de carbono. La triste realidad es que muchas de sus máquinas podrían estar ejecutando aplicaciones y servicios que ya no aportan valor.

El problema es, ¿cuáles son exactamente esos servicios?

Existen varias formas de determinar si un servicio sigue siendo importante para alguien. La más efectiva es llamada prueba de grito (*scream test*, en inglés). Dejaremos al lector la tarea de deducir cómo funciona. Otra opción es que los recursos tengan una vida útil fija. Por ejemplo, podría intentar aprovisionar únicamente instancias que se apaguen de forma automática después de seis meses, a menos que alguien solicite activamente que sigan funcionando.

Estas son ideas geniales, pero hay una razón por la que la gente no las pone en práctica. Temen que, si apagan una máquina, puede que no sea tan fácil volver a encenderla, y aquí es donde toma relevancia LightSwitchOps.

Para lograr operaciones verdes, es fundamental que pueda apagar las máquinas con la misma confianza con la que apaga las luces del pasillo: es decir, con la seguridad de que cuando vuelva a encenderlas, funcionarán. El consejo de Holly Cummins es asegurarse de estar en una posición en la que pueda apagar cualquier cosa. Si usted no está seguro de esto, y aunque su servidor no forme parte de la comunidad de los muertos vivientes hoy, puede estar seguro de que algún día hará parte de ella.

El practicante de GreenOps, Ross Fairbanks, sugiere que un buen punto de partida con LightSwitchOps es apagar de forma automática sus sistemas de prueba y desarrollo por la noche y los fines de semana.

Apocalipsis zombi

Además de ahorrar carbono, existen razones de seguridad para apagar esos servidores zombis. Ed Harrison, exjefe de seguridad en Metaswitch Networks (ahora parte de Microsoft), nos dijo: "Algunos de los mayores incidentes de ciberseguridad recientes han surgido de sistemas que nadie conocía y que nunca deberían haber estado encendidos."

---

[3] Martin Lippert, comunicación personal.

Continuó diciendo: "Los equipos de seguridad siempre están tratando de reducir la superficie de ataque. El equipo de sostenibilidad será su mejor aliado si su enfoque es apagar sistemas que ya no son necesarios."[4]

Localización, localización, localización

Hay un aspecto increíblemente importante del que debemos hablar. Es una medida que potencialmente es más sencilla que LightSwitchOps, y que podría ser el punto de partida adecuado (especialmente si está trasladándose a un nuevo centro de datos):

Usted necesita elegir el proveedor y la región correctos.

La realidad es que, en algunas regiones, los centros de datos son más fáciles de alimentar con electricidad de baja emisión de carbono que en otras. Por ejemplo, Francia cuenta con una gran flota nuclear, y Escandinavia dispone de energía eólica e hidroeléctrica. Los centros de datos en estas áreas son más limpios.

Y lo volvemos a repetir: elija sus regiones sabiamente. Si tiene dudas, consulte con su proveedor.

La publicación global de negocios en línea *Financial Times* es un buen ejemplo de cómo un cambio de ubicación puede llevar a una infraestructura más verde. El equipo de ingeniería de *Financial Times* pasó gran parte de una década trasladándose a regiones de la nube predominantemente sostenibles en la Unión Europea, desde centros de datos on-premises y sin propósitos de sostenibilidad.

Anne habló con *Financial Times* en 2018 (cuando la compañía estaba al 75% del camino en la transición) sobre el impacto que estaba teniendo en sus propias metas de sostenibilidad operativa (*https://oreil.ly/M66nt*). En ese momento, el resultado fue que aproximadamente el 67 % de su infraestructura estaba, por tanto, en servidores "neutros en carbono", y la compañía esperaba que esto aumentara a casi el 90 % cuando se trasladara completamente a la nube en 2020 (lo cual sucedió).

Aunque el término "neutro en carbono" pudo haberse dejado de usar, ahora *Financial Times* hereda el propósito de AWS (*https://oreil.ly/lXaEF*) de alimentar sus operaciones con energía 100 % renovable para 2025, lo cual es excelente. La lección aquí es que elegir proveedores con propósitos sólidos de sostenibilidad y comprometidos (es decir, plataformas verdes) elimina ese trabajo arduo de sus manos: simplemente sucederá bajo sus pies.

---

[4] Ed Harrison, comunicación personal.

¡Oh, no! ¡La resistencia contraataca!

Desafortunadamente, la eficiencia y la resiliencia siempre han tenido una relación incómoda. La eficiencia añade complejidad y, por ende, fragilidad a un sistema, y eso es un problema.

Eficiencia versus resiliencia

En la mayoría de los casos, no se puede hacer un servicio más eficiente sin también realizar esfuerzos para que sea más resiliente, o acabará fallando. Desafortunadamente, esto pone de nuevo a la eficiencia en conflicto con la productividad de los desarrolladores.

Por ejemplo:

- Los planificadores de clústeres son herramientas complicadas que pueden ser difíciles de configurar y utilizar exitosamente.

- Hay muchos modos de fallo en la multitenencia: la privacidad y la seguridad se convierten en problemas, y siempre existe el riesgo de que un problema de otro tenant en su máquina se extienda y afecte a sus propios sistemas.

- Incluso apagar cosas no está exento de riesgos. La prueba de grito de la que nosotras hablamos antes hace exactamente lo que dice.

- Para terminar de completar, el sobreaprovisionamiento es una forma probada y comprobada de agregar robustez a un sistema de manera económica en términos de tiempo de desarrollo (incluso a costa de aumentar las facturas de alojamiento, pero la mayoría está dispuesta a aceptar ese trade-off).

En resumen, la eficiencia representa un desafío para la resiliencia.

Hay algunos contraargumentos. Aunque un planificador de clústeres es bueno para la eficiencia operativa, también tiene beneficios de resiliencia. Una de las principales razones por las que se utiliza un planificador de clústeres es para reiniciar de forma automática los servicios ante fallos de un nodo, el hardware o la red. Si un nodo falla o se vuelve inaccesible por alguna razón, un planificador puede trasladar de forma automática las cargas de trabajo afectadas a otros nodos del clúster. No solo se obtiene una utilización eficiente de los recursos, sino también una mayor disponibilidad, siempre y cuando no sea el propio planificador el que cause la caída.

Sin embargo, la realidad es que ser más eficiente puede ser una actividad arriesgada. Gestionar sistemas más complejos requiere nuevas habilidades. En el caso de Microsoft, no fue simplemente mejorar la eficiencia de Teams durante la pandemia de COVID-19, sino también mejorar su capacidad de prueba adoptando técnicas de ingeniería del caos en producción para detectar los errores de su nuevo sistema.

Al igual que Microsoft, si usted realiza mejoras de eficiencia directamente, probablemente tendrá que realizar más pruebas y correcciones. En el ejemplo de Skyscanner, el uso de instancias spot aumentó la resiliencia de sus sistemas, redujo sus facturas de alojamiento y mejoró su sostenibilidad, pero, asimismo, toda la motivación de la empresa por adoptar las instancias spot se vio forzada por la necesidad de realizar pruebas adicionales de resiliencia de dichos sistemas.

La eficiencia suele ir de la mano de la especialización y es más eficaz a gran escala, pero la escala también tiene sus peligros. La Unión Europea teme que estemos poniendo todos nuestros "huevos computacionales" en las cestas de unos pocos hiperescaladores estadounidenses, lo que podría llevar a un mundo frágil. La UE tiene razón, y por eso formó la Alianza para la Infraestructura Digital Sostenible (Sustainable Digital Infrastructure Alliance [SDIA] [*https://sdialliance.org*]) para intentar combatir ese riesgo.

Por otra parte, sabemos que esa misma concentración resultará en menos máquinas y menos electricidad utilizada. Será difícil para los proveedores más pequeños que conforman la SDIA alcanzar las eficiencias de escala de los hiperescaladores, incluso si se alinean con las opciones tecnológicas de código abierto recomendadas por la SDIA.

Es posible que no nos guste la idea de los enormes centros de datos que en la actualidad están siendo construidos por Amazon, Google, Microsoft y Alibaba, pero casi con certeza serán mucho más eficientes que mil centros de datos más pequeños, aunque estos estén calentando unas cuantas piscinas municipales o distritos, como en la actualidad exige la UE (*https://oreil.ly/QrSaO*).

Note que nos encantan los nuevos mandatos de la UE sobre la transparencia en las emisiones (*https://oreil.ly/3kW0_*). No estamos menospreciando a la UE, aunque por alguna pequeña razón ninguno de nosotros viva allí en la actualidad. No obstante, preferiríamos ver centros de datos ubicados cerca de turbinas eólicas o granjas solares, donde podrían utilizar el exceso inesperado de energía en lugar de competir con los hogares por la preciada electricidad en las áreas urbanas de la red.

Herramientas y técnicas operativas verdes

Tomando perspectiva, revisemos los pasos clave de eficiencia operativa que usted puede tomar. Algunos son difíciles, pero la buena noticia es que muchos son sencillos, especialmente en comparación con la eficiencia del código. Recuerde que todo se relaciona con la utilización de las máquinas.

- Apague dispositivos y sistemas mientras no se estén utilizando, así como los que no tenga en uso, como los sistemas de prueba los fines de semana (LightSwitchOps de Holly Cummins).

- No sobreaprovisione (use dimensionamiento correcto, escalado automático e instancias de rendimiento ampliable en la nube). Recuerde escalar hacia abajo, así como hacia arriba, o solo será útil la primera vez.

- Reduzca sus facturas de alojamiento tanto como sea posible utilizando, por ejemplo, AWS Cost Explorer (*https://oreil.ly/_2XAe*) o análisis de costes de Azure (*https://oreil.ly/OR3Me*), o un servicio que no sea hiperescalable como CloudZero (*https://www.cloudzero.com*), ControlPlane (*https://controlplane.com*), o Harness (*https://www.harness.io*). Una simple auditoría también puede identificar servicios zombis. Más barato es casi siempre más verde.

- Las arquitecturas de microservicios con contenedores que reconocen tareas de baja prioridad y/o postergables se pueden operar con una mayor utilización de las máquinas. No obstante, aumentar la complejidad arquitectónica usando demasiados microservicios puede dar como resultado un sobreaprovisionamiento. Aún necesita seguir las mejores prácticas de diseño de microservicios, así que, por ejemplo, lea *Building Microservices* (O'Reilly) de Sam Newman.

- Si está en la nube, los tipos de instancias dedicadas no tienen conciencia sobre carbono y baja utilización de las máquinas. Elegir tipos de instancias que otorguen más flexibilidad al proveedor aumentará la utilización y reducirá las emisiones de carbono y los costes.

- Sáquele provecho a la multitenencia, desde máquinas virtuales compartidas hasta plataformas de contenedores gestionadas.

- Use servicios en la nube y tipos de instancia eficientes, de gran escala y preoptimizados (como instancias de rendimiento ampliable, bases de datos gestionadas y servicios serverless). Asimismo, use productos equivalentes de código abierto con un compromiso por ser verde y aplicar prácticas eficientes, así como una comunidad activa que los obligue a cumplir dicho compromiso a la escala necesaria para cumplirlos de manera realista.

- Recuerde que las instancias spot en AWS o Azure (instancias interrumpibles en GCP) son geniales —baratas, eficientes, verdes y, además, fomentan que sus sistemas sean resilientes.

- Nada de esto es fácil, pero los principios de SRE pueden ayudar: CI/CD, monitorización y automatización.

Desafortunadamente, nada de esto está libre de trabajo. Incluso ejecutar menos o apagar cosas requiere tiempo y atención. Sin embargo, lo bueno de volverse verde es que al menos le ahorrará dinero. Así que el primer sistema a enfocar desde una perspectiva verde debería ser también el más fácil de justificar a su gerente o líder: el más costoso.

Dicho esto, cualquier cosa que no sea libre de trabajo, incluso si ahorra mucho dinero, será difícil de vender. Será más fácil obtener la inversión si puede alinear su transición hacia operaciones verdes de entrega más rápida o con ahorro de tiempo para desarrolladores o la operación en el futuro, dado que esas ideas son atractivas para los negocios.

Eso significa que los pasos más efectivos sugeridos son los últimos cinco. Examine los principios de SRE, la multitenencia, los servicios gestionados, las bibliotecas de código abierto verdes y las instancias spot. Todos ellos están diseñados para ahorrar tiempo de desarrollo, de operación a largo plazo y escalables. Además, son baratos y sostenibles porque están lo suficientemente comercializados. No luche contra la máquina. Volverse verde sin destruir la productividad del desarrollador consiste en elegir plataformas verdes.

Para sobrevivir a la transición energética, nosotras creemos que todo tendrá que volverse mil veces más eficiente en términos de carbono y mediante una combinación inicial de eficiencia operativa, cambio de demanda y, eventualmente, eficiencia del código, todo logrado mediante plataformas verdes. Suena ambicioso, pero debería ser posible. Se trata de liberar del hardware la capacidad de más que usamos (y que ha servido para mantener la productividad del desarrollador durante los últimos treinta años), manteniendo el mismo nivel de productividad.

Podría llevar una década, pero sucederá. Su trabajo es asegurarse de que todos sus proveedores de plataformas ya sean de nube pública, código abierto o código cerrado, tengan una estrategia creíble para lograr ser verde. Esta es la pregunta que debe hacerse constantemente: "¿Es esta una plataforma verde?".

CAPÍTULO 5

Conciencia sobre el carbono

El concepto de "computación consciente del carbono" es algo que todo practicante
o profesional de software verde debería conocer.

—Tus autoras favoritas

Aprendimos en el Capítulo 2 que no toda la electricidad es la misma. Algunas se consideran "sucias" porque se generan a partir de recursos con alta emisión de carbono, como el petróleo o el carbón, mientras que otras se consideran "limpias" porque se producen a partir de fuentes renovables o de bajo carbono, como la hidroeléctrica o la nuclear. La idea de hacer más en nuestra aplicación cuando la electricidad es limpia y hacer menos cuando la electricidad es sucia es lo que llamamos *"computación consciente del carbono"*.

La computación consciente del carbono es una tendencia y novedad genial que está ganando terreno en el campo de la ingeniería de software. Según el Informe sobre el Estado del Software Verde 2023 de Green Software Foundation (*https://stateof.greensoftware.foundation*), "el software consciente del carbono es fundamental para la descarbonización" (*https://oreil.ly/fJ9JV*). Aunque en la actualidad apenas el 8 % de los participantes de la encuesta practica técnicas conscientes del carbono en su desarrollo, otro 46 % de ellos estaba ansioso por comenzar a practicarlas.

También deberíamos dar un reconocimiento masivo a los proveedores de nube pública no sólo por liderar con el ejemplo, sino también porque han comunicado y publicado sus grandes avances en este campo. Por ejemplo, Microsoft anunció que Windows Update se volvió consciente del carbono (*https://oreil.ly/SUYgi*) a partir de Windows 11 en septiembre de 2022. Similarmente, Google ha estado usando enfoques conscientes del carbono en todos sus servicios (*https:// oreil.ly/Ctfqb*) desde mayo de 2021.

Así que en este capítulo presentaremos otra forma de lograr ser verde dentro de nuestro sistema de software: aplicar técnicas conscientes del carbono. Comenzaremos por abordar cómo determinar si la electricidad es limpia o sucia y qué podemos hacer en nuestras aplicaciones con esta nueva información. Luego pasaremos a nuestro tema favorito de discusión: los inconvenientes que debe considerar, y estar preparado totalmente para responder a cualquier pregunta sobre el tema con nuestra frase favorita: "Depende". Finalmente, cerraremos el capítulo examinando algunos ejemplos del mundo real para que se sienta inspirado a iniciar su camino para ser consciente del carbono de inmediato.

Intensidad de carbono de la electricidad

Donde sea o donde estemos, siempre que necesitemos electricidad para alimentar algo, normalmente conectamos nuestros aparatos electrónicos a un enchufe de pared, y ahí termina la historia. Esta suposición despreocupada de que toda la electricidad es limpia, y por lo tanto de bajo carbono, proviene en su mayor parte del hecho de que no percibimos olor o suciedad cuando usamos un enchufe. (¿Quizá las excursiones escolares a las centrales eléctricas de combustibles fósiles deberían existir?)

¿Cómo puede usted, como usuario final de la electricidad, saber si esa energía es limpia o sucia? Antes de compartir cómo puede averiguarlo, revisemos rápidamente la distinción entre los dos estados y cómo diferenciarlos.

No es solo el sector del software, sino básicamente todos los sectores los que ahora son los principales usuarios de una métrica llamada intensidad de carbono. Esta mide cuánto dióxido de carbono equivalente (CO_2e) se emite por cada kilovatio-hora (kWh) de electricidad consumida.

Si recuerda lo que hablamos en el Capítulo 2, el término *carbono* es una forma conveniente de referirnos a todos los gases de efecto invernadero (GEI). La unidad estándar de medida para la intensidad de carbono es gramos de carbono equivalente por kilovatio-hora (gCO_2e/kWh). Y con esta estandarización, ahora podemos diferenciar los impactos ambientales del uso de la electricidad.

Supongamos que usted puede conectar su portátil directamente a un parque eólico; la intensidad de carbono de la electricidad que recibiría sería técnicamente cero (¡sin considerar el impacto de los materiales que componen el parque eólico, por supuesto!). Sin embargo, en realidad no es posible que nadie utilice electricidad directamente de un parque eólico.

La mayoría de nosotros no tenemos opción en cuanto a lo que obtenemos de la red eléctrica; simplemente recibimos una mezcla de lo que esté disponible en ese momento. (¿Electricidad a base de carbón con un toque de energía eólica, tal vez?) La intensidad de carbono de la electricidad para nuestro uso cotidiano es una mezcla de todos los recursos energéticos disponibles en la red nacional de un país, que incluye fuentes de menor y mayor emisión de carbono.

Las redes eléctricas son un tema complicado, especialmente en cuanto a cómo operan en diferentes países y cómo las diferencias en las operaciones pueden afectar el mercado eléctrico de una región y, por ende, el mercado global. Si desea más información sobre estos fascinantes temas, le recomendamos que consulte los recursos de la Agencia Internacional de Energía (IEA, por sus siglas en inglés) (*https://oreil.ly/j7UK3*).

En última instancia, la métrica de intensidad de carbono es lo que la mayoría de nosotros, simples mortales, necesitamos entender para diferenciar entre electricidad "sucia" y "limpia". Tomemos como ejemplo Google Cloud; etiqueta una región como "baja en carbono" (*https://oreil.ly/qb6w_*) cuando la intensidad de carbono de la red se mantiene por debajo de los 200 gCO_2e/kWh.

Entender esta métrica no solo tiene que ver con la eficiencia del software, sino que establece un modelo mental que nos impulsa hacia un objetivo más amplio: ¡la utilización eficiente e inteligente de electricidad con baja emisión de carbono!

Variabilidad de la intensidad de carbono

Probablemente ya esté familiarizado con el hecho de que la intensidad de carbono de la electricidad tiene una variabilidad asociada. Es una métrica que se ve afectada por la ubicación geográfica y la hora del día.

Como puede observar en la Figura 5.1, algunas regiones, como Taiwán o el Reino Unido, tienen la ventaja geográfica de disfrutar de un clima ventoso durante todo el año; por lo tanto, la electricidad generada por el viento es fácilmente accesible. De hecho, se informó de que (*https://oreil.ly/uOqdX*) las granjas eólicas superaron en la generación de electricidad a las plantas de energía de gas, por primera vez en el Reino Unido, durante los tres primeros meses de 2023.

En contraste, la mayoría de los países nórdicos tienen la energía hidroeléctrica como su principal fuente de energía renovable, ya que gozan de abundantes recursos hídricos (principalmente de los ríos) durante todo el año.

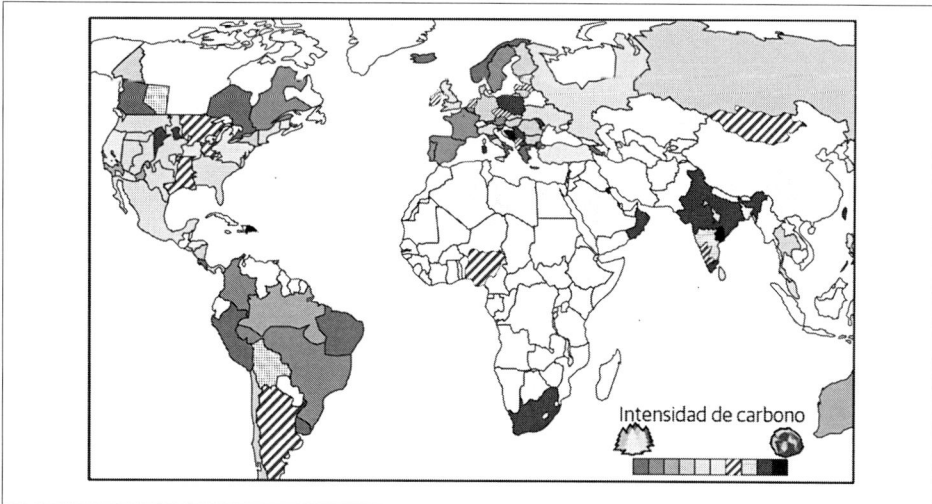

Figura 5.1 *Mapa que muestra la variabilidad geográfica de la intensidad de carbono de la electricidad, donde los árboles indican energía más limpia y los carbones indican energía más contaminante.*

Sin embargo y aunque usted se encuentre en una región con la última tecnología en energías renovables, cubierta por completo con paneles solares relucientes que cubren todo su techo, aún podría necesitar encontrar fuentes alternativas de electricidad cuando el sol decida tomarse un largo descanso y retener sus rayos, o cuando el viento deje de soplar.

Como se muestra en la Figura 5.2, debido a la naturaleza impredecible de las condiciones climáticas independientemente de donde se esté, la intensidad de carbono de la electricidad está sujeta a fluctuaciones a lo largo del tiempo.

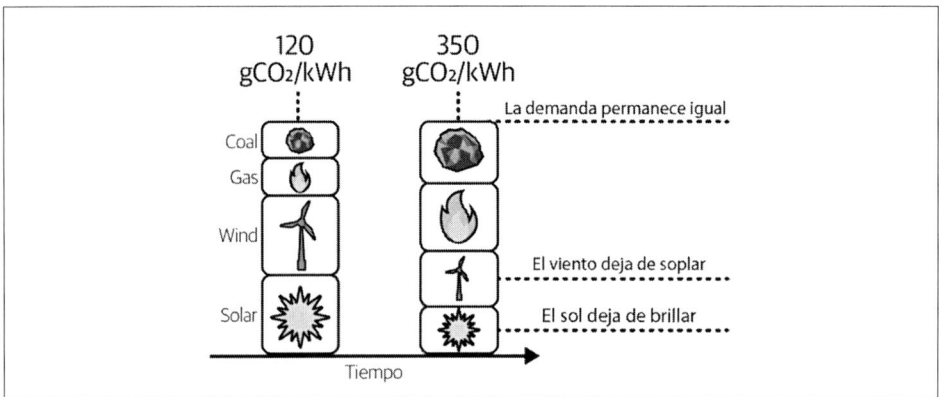

Figura 5.2 *Este gráfico demuestra la naturaleza variable de las fuentes de energía renovable. Cuando disminuyen los suministros de viento y energía solar, aumentan los de carbón y gas, por lo que se mantiene un suministro constante.*

Hoy en día, la expectativa de un suministro constante de electricidad está profundamente arraigada en la sociedad moderna, donde cualquier interrupción menor, como los cortes de energía, se consideran excepciones en lugar de la norma. En otras palabras, casi todos nosotros esperamos tener acceso a la energía en todo momento y en la mayoría de los lugares.

Entonces ¿cómo gestionan las redes eléctricas del mundo la naturaleza impredecible de los suministros de energía renovable mientras apoyan las demandas de sus minúsculos tiranos, los clientes? En la siguiente sección, cubriremos brevemente el funcionamiento de las redes eléctricas y algunos de los factores clave que contribuyen a la formación de los mercados energéticos.

Demanda de la electricidad

La demanda de electricidad cambia a lo largo de todo el día, y el suministro siempre debe satisfacer esa demanda. En general, el difícil trabajo de mantener un servicio fiable recae en la red nacional de cada país. Esta es responsable de asegurar que se mantenga un equilibrio cuidadoso entre la cantidad de electricidad que entrega y la cantidad de electricidad que solicitan sus clientes.

Las redes eléctricas nacionales requieren la capacidad de detener e iniciar la generación de energía en un momento dado para cumplir con este propósito, lo cual en general es mucho más fácil de lograr con combustibles fósiles debido a su suministro habitual (aunque todas nosotras vimos lo que sucedió durante la crisis energética en Europa en 2022 [*https://oreil.ly/IJp0v*]).

Por ejemplo, si la necesidad de electricidad aumenta o disminuye de repente, podemos depender de las estaciones de carbón para incrementar la cantidad necesaria, simplemente quemando más carbón o detener con rapidez el suministro al detener la quema. El término *despachabilidad* se refiere a la capacidad de una fuente de generación de energía para ajustar con rapidez su producción de energía.

Caídas de tensión versus apagones

¿Qué sucede cuando el suministro de electricidad no cubre la demanda actual? En eso casos, ocurre una *caída de tensión* (*brownout*), que es una caída del voltaje eléctrico en las líneas de energía debido a un aumento en la demanda.

Un *apagón* es una falla total de energía eléctrica (es decir, no hay electricidad). Esto puede suceder cuando hay más electricidad de la requerida, lo que provoca que la red dispare sus interruptores para evitar que la infraestructura se sobrecargue.

En contraste con los combustibles fósiles, las fuentes renovables, como el viento o el sol, son menos controlables. No podemos controlar el clima (por más que lo deseemos), por lo que a veces desperdiciamos electricidad renovable porque hay demasiada en un momento dado, y queremos evitar un apagón. A esta reducción intencional del suministro de electricidad se le llama *recorte* (*curtailment*).

Energía marginal

La demanda de más electricidad en algún momento determinado no necesariamente considera un aumento en la producción de todas las plantas de energía, ya sean fuentes renovables, bajas en carbono o no renovables. En vez de eso, la energía requerida la proporciona la planta de energía más barata con capacidad excedente, ya que las plantas de energía se despachan de acuerdo con los costes crecientes. La planta de energía que satisface la demanda adicional se conoce comúnmente como la *planta de energía marginal*.

Considere un escenario donde su red de electricidad esté compuesta por un 50% de fuentes solares y un 50 % de carbón. Si necesita adquirir electricidad extra en un momento determinado, lo más probable es que el aumento inmediato en la producción provenga de las plantas de carbón, porque, como se señaló con anterioridad, las fuentes basadas en combustibles fósiles tienen mayor despachabilidad. Para cubrir algún aumento repentino de la demanda, en general intervienen las plantas de energía de combustibles fósiles, lo que genera emisiones adicionales conocidas como *emisiones marginales*.

La imagen que queremos transmitir aquí es que equilibrar las demandas de electricidad y el mercado de la energía es complicado. Como practicantes y profesionales del software verde, debemos ser conscientes de estos conceptos para estar al tanto del uso de electricidad de nuestros sistemas y sus emisiones de carbono finales.

Ponerlo en práctica

Imagine que despierta en un día extremadamente caluroso en Hsinchu, Taiwán, antes de que el sol siquiera se levante. Aturdido y desorientado, se dirige a su aire acondicionado en la oscuridad, con la esperanza de subir la máquina para detener el exceso de sudoración. Lo hace sin pensarlo demasiado, ya que supone que la sofisticada red nacional de Taiwán puede gestionar el aumento de la demanda de electricidad en este tipo de clima.

Sin embargo, usted no es el único que ha sentido este calor insoportable. Todos sus vecinos ya han puesto sus máquinas al máximo para mantenerse frescos.

En un día típico y no tan caluroso, la demanda de electricidad es relativamente estable. Por consiguiente, las redes nacionales mantienen un equilibrio delicado entre la electricidad que suministran y la cantidad de esta que sus clientes solicitan.

Sin embargo, como ya habrá podido darse cuenta, la situación puede cambiar con rapidez, sobre todo durante los escenarios sin precedentes provocados por el cambio climático. El rápido aumento de la demanda por parte de todos puede llevar fácilmente a apagones parciales o totales. La red nacional necesita responder con rapidez para evitar tales situaciones.

Durante este pico matutino, cuando la mayoría de las personas todavía están en casa preparándose para ir al trabajo, se requiere recurrir a plantas con alta capacidad de despachabilidad, como las que queman gas. Estas plantas aumentan con rapidez su generación de energía al quemar más gas. En este escenario, la planta que quema gas se convierte en la planta marginal, ya que es la primera en despachar electricidad, lo que desafortunadamente genera emisiones marginales de carbono adicionales.

A medida que pasa la mañana y la gente se va al trabajo una por una, la demanda de electricidad vuelve a un nivel constante, por lo que la red nacional puede mantener su compromiso de sostenibilidad utilizando más recursos renovables.

Dado que es un día en el que el sol está a pleno rendimiento y la demanda de electricidad está controlada, ahora recibimos demasiada energía solar. Como resultado, parte del exceso de electricidad se descartará mediante el proceso de recorte.

Herramientas útiles

Hemos pasado algún tiempo entendiendo la intensidad de carbono de la electricidad, su naturaleza fluctuante y, lo más importante, los factores que contribuyen a la escala de su intensidad. ¿Qué tipo de herramientas están disponibles para ayudarnos a asimilar esta información y, aún mejor, consumirla y actuar en tiempo real?

Para las personas que viven en el Reino Unido, hay acceso a información relacionada a través de la API de Intensidad de Carbono (*https://carbonintensity.org.uk*), la cual es el resultado de una asociación entre la Red Nacional del Reino Unido, varias organizaciones no gubernamentales (ONG) e instituciones académicas. Esta interfaz de programación de aplicaciones (API) está respaldada por modelos aprendizaje automático (ML) para prever la intensidad de carbono al menos con 96 horas de anticipación para cada región en Gran Bretaña.

Esto permite a los usuarios de la API programar su consumo de electricidad para minimizar las emisiones de carbono a nivel regional. Los esfuerzos del equipo de la API de Intensidad de Carbono han llevado a varias historias de éxito, en las que sus socios han utilizado el producto para regular sus dispositivos en función de la limpieza de la energía actual, contribuyendo así significativamente a la reducción de carbono.

Para los ingenieros fuera del Reino Unido, también les tenemos buenas noticas, ya que existen varios marcos que pueden ayudarles en este aspecto. En primer lugar, tenemos los famosos Electricity Maps (*https://app.electricitymaps.com/map*). ¿Por qué famosos? Electricity Maps se ha asociado con varios actores líderes del software, como AWS, Google y Salesforce, para proporcionar a sus clientes cobertura en tiempo real y a nivel global sobre la intensidad de carbono de la electricidad.

Google usa los datos para cambiar la ubicación de sus cargas de trabajo según el nivel de electricidad verde actual (más sobre esto más adelante) y en sus informes sobre energía libre de carbono (*carbon-free energy* [CFE]) 24/7. Con esta colaboración, Google está en camino de ser el primer proveedor de la nube en operar con CFE 24/7.

 CFE 24/7 hace referencia a nuestra capacidad para alinear constantemente cada kWh de consumo de electricidad con generación libre de carbono, las 24 horas del día, los siete días de la semana, y en cada ubicación. Según las Naciones Unidas, lograr esto representa el objetivo final para un "sistema eléctrico totalmente descarbonizado" (*https://oreil.ly/7cw53*).

Electricity Map prueba "datos de consumo y producción de electricidad en términos de carbono cada hora para más de 50 países a nivel global (y más de 160 zonas)". Los datos están disponibles en tres marcos temporales distintos: histórico, en tiempo real y como predicción para las próximas 24 horas.

¡SDK, por favor!

Dado que los desarrolladores de software, algunas veces somos notoriamente perezosos, alguien ha hecho el trabajo difícil y ha creado un kit de desarrollo de software (SDK) de código abierto sobre otra API de intensidad de carbono (WattTime [*https://www.watttime.org*]) para facilitar la integración de técnicas conscientes del carbono en el mercado. (¡Yupi!)

El kit de desarrollo de software de conciencia sobre el carbono (Carbon Aware SDK, *https://oreil.ly/QsPmh*) de Green Software Foundation (GSF) fue la estrella del espectáculo durante el primer hackatón de la GSF el año pasado, donde los participantes pudieron utilizar el kit de herramientas como una API de aplicaciones web (WebApi) y CLI para integrar la información sobre la intensidad de carbono en sus soluciones.

Hubo más de 50 proyectos finalizados en el hackatón, desde extensiones de Kubernetes hasta ajustes de diseño de interfaz de usuario. Consulte la sección "Ejemplos del mundo real" en la página 86 para ver lo que más llamó la atención de las autoras.

La intensidad de carbono es uno de los ingredientes más cruciales a la hora de calcular la huella de carbono total de una pieza de software o sistema. Nosotras presentaremos un análisis más detallado de las herramientas en el Capítulo 9, considerando sus fortalezas y debilidades.

Cambio de la demanda

Ahora que hemos establecido que no toda la electricidad se genera de la misma manera, pasemos a la pregunta del millón: ¿cómo respondemos a esta nueva información (es decir, a la métrica)?

Una vez más, la computación consciente del carbono consiste en responder a las fluctuaciones en la intensidad de carbono. En su esencia, la estrategia implica postergar o reubicar su aplicación a otro momento o lugar en respuesta a cambios en un punto de referencia crítico.

El balanceo de carga (LB) y las redes de distribución de contenido (CDN) son técnicas bien conocidas que la industria tecnológica utiliza para redirigir el tráfico hacia las áreas mejor equipadas para manejar las demandas de solicitudes basadas en la situación actual.

Si su caso de uso permite flexibilidad en cuanto al cuándo y dónde se ejecuta su software, puede considerar mover su carga de trabajo en consecuencia.

Por ejemplo, si su tarea no es sensible al tiempo (es decir, no necesita estar activa el 99.99% del tiempo, sino solo una o dos veces al mes, como en el caso del entrenamiento de un modelo de ML), entonces debería considerar entrenar su modelo de lenguaje grande (LLM) cuando la electricidad sea lo más limpia posible.

Si las jurisdicciones lo permiten, también podría considerar entrenar el modelo en un lugar con una intensidad de carbono mucho más baja. Pero hablaremos más sobre esto en el Capítulo 8, donde nosotras reflexionamos sobre la aplicación del cambio de tiempo y de ubicación a las prácticas de IA verde (Green AI), y también examinamos qué consideraciones se necesitan en cada etapa del ciclo de vida de un modelo de ML.

El cambio de la demanda (*demant shifting*) se puede desglosar en cambio de tiempo y de ubicación, siendo el primero en general considerado más fácil de ejecutar que el segundo. Esto no solo se debe a que puede ser necesario modificar la implementación y el despliegue, sino también porque la legislación local podría ser un obstáculo difícil de superar en lo que respecta a los datos (más sobre esto más adelante).

Cambio de tiempo

La intensidad de carbono varía a lo largo del día. Como verá en la Figura 5.3, sigue una curva de campana invertida entre la medianoche y las 8:00 a.m., por lo que, si podemos retrasar la carga de trabajo del ejemplo una hora, podríamos potencialmente ahorrar casi 100 gramos de CO_2e/kWh. Esta técnica de postergación se llama *cambio de tiempo* (*time shifting*), que, en nuestra firme opinión, es una de las oportunidades más fáciles de aprovechar para cualquier persona en el negocio de reducir la huella de carbono de su software.

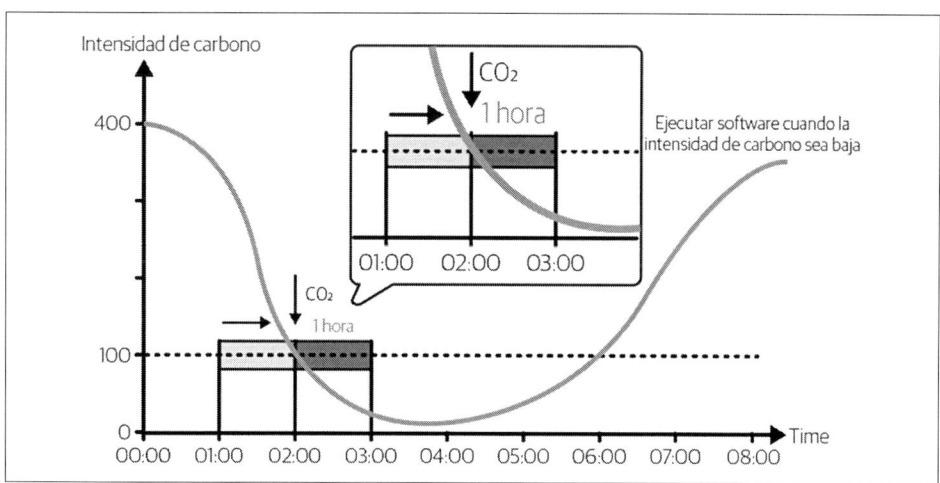

Figura 5.3 *Una curva de campana invertida que describe la variabilidad de la intensidad de carbono mientras demuestra las oportunidades de cambio de tiempo para reducir el carbono que puede presentar.*

Hay muchas circunstancias en las que puede tomar ventaja un cambio de tiempo para lograr la reducción de carbono. Por ejemplo, como se mencionó con anterioridad, la etapa de entrenamiento de un modelo de ML puede beneficiarse enormemente de ejecutarse en el momento del día con la energía más limpia. Investigadores de la University College

Dublin respaldan esto. Ellos reportaron (*https://oreil.ly/EZkbi*) que la práctica de metodologías de cambio de tiempo para modelos de ML puede resultar en reducciones de carbono relacionadas con el software que pueden estar entre un 45 % y un 99 %.

Otro escenario que puede beneficiarse enormemente del cambio de tiempo es el procesamiento por lotes. Un trabajo por lotes es un tipo de carga de trabajo que agrupa múltiples tareas y las ejecuta una tras otra sin la intervención en tiempo real de un usuario. Por ejemplo, las actualizaciones de software y las copias de seguridad del sistema pueden ocurrir casi en cualquier momento dentro de un periodo determinado. Microsoft ha estado planificando las actualizaciones de Windows de esta manera, lo que ha resultado en una reducción del 99 % de las emisiones de carbono.

El último ejemplo que queremos señalar se refiere a usted como usuario final de la transmisión de vídeo o los videojuegos. Todos somos conscientes de cuánta electricidad consumen estas actividades. ¿Ha considerado ejercitar una visualización flexible de manera que pause su transmisión 4D cuando la intensidad de carbono de la red es alta? ¿O en lugar de ver películas bajo demanda, descargar sus series favoritas durante un periodo de energía limpia? Ambos hábitos pueden reducir la huella de carbono en general del uso de Internet. Sin embargo, esta es una acción individual, y sabemos que lo que necesitamos es un cambio sistémico. Sería mucho mejor si esto ocurriera de forma automática, y la buena noticia es que esto es posible.

Como nosotras discutimos en el Capítulo 7, los servicios de transmisión o streaming de vídeo ya utilizan cachés en ubicaciones como las redes de distribución de contenido (CDN) para fomentar que los datos se transfieran mientras Internet está con baja demanda. Nos encantaría ver que los programas favoritos de los clientes se descarguen de forma automática a las CDN o a los hogares en un momento en que la electricidad sea más limpia. Entonces podríamos disfrutar de nuestros programas más queridos día y noche con una clara conciencia ambiental. Y, por supuesto, también existe el potencial de obtener ahorros económicos y mejorar el rendimiento de la aplicación.

Cambio de ubicación

En cuanto a la segunda categoría de cambio de demanda, el cambio espacial puede resumirse citando las palabras del famoso rapero británico Dave, quien cantó: "Si tú me envías la ubicación, entonces yo estaré allí".

De manera similar al compromiso de Dave en la canción, podemos responder con rapidez y dirigirnos adonde se nos necesite tras recibir una ubicación. Si movemos nuestras aplicaciones a otra ubicación física en respuesta a un cambio en la intensidad de carbono, se llama *cambio espacial*.

El cambio espacial puede ser un ejercicio fructífero para reducir las emisiones de carbono en general (ver Figura 5.4). Por ejemplo, si tenemos una aplicación de larga ejecución desplegada en las ubicaciones asiáticas de Google Cloud Platform (GCP), y si la latencia (u otra preocupación) no es un problema, moverla a una región que naturalmente tenga fuentes de energía de menor intensidad de carbono puede reducir considerablemente la huella de carbono de la aplicación.

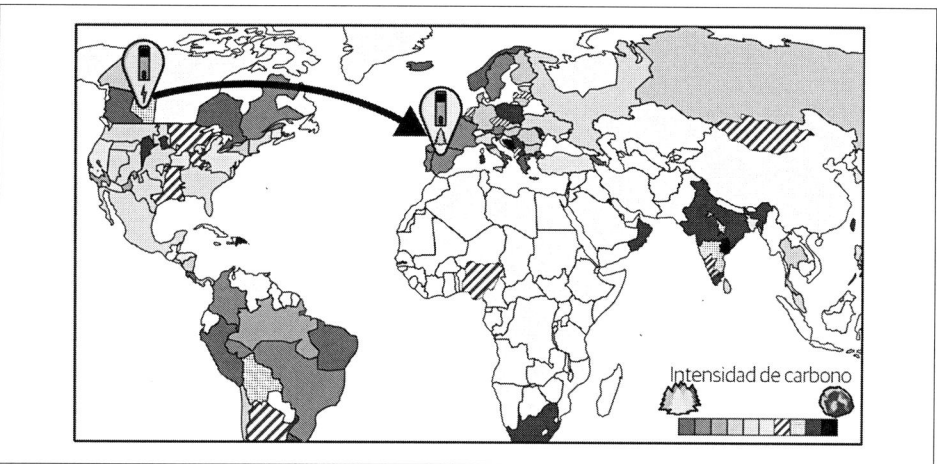

Figura 5.4 *Un mapa global que muestra las intensidades regionales de carbono con sugerencias para mover aplicaciones de una región con alta intensidad de carbono a una con menor intensidad.*

Los programas informáticos de corta duración y que no requieren procesamiento en tiempo real, como el procesamiento de datos a gran escala y la generación de animaciones en 3D, también pueden beneficiarse del cambio de ubicación. Este tipo de escenarios típicamente suelen limitarse a completar la tarea, como el renderizado de gráficos en el caso de la animación 3D, antes de producir el resultado final, que es lo que le interesa a la mayoría de los usuarios. La ubicación, en estos casos, es irrelevante.

Adaptación de la demanda

Con las estrategias previas de cambio de la demanda al ajustar el tiempo o la ubicación de una aplicación, seguimos asumiendo que existe un suministro constante de electricidad. Sin embargo, como ya hemos explorado, el suministro de energía renovable nunca es en realidad estable o ilimitado. Por lo anterior, nos animamos a introducir otra estrategia dentro de la familia de soluciones conscientes del carbono para abordar este escenario: la *adaptación de la demanda*.

La adaptación de la demanda no es nueva en el mundo de la informática. La idea detrás de esta práctica se ha utilizado muchas veces para cumplir con diversos requerimientos. Por ejemplo, aplicaciones de videollamadas como Zoom y Google Meet utilizan conceptos similares para manejar un ancho de banda de red inestable y fluctuante.

Durante una llamada, si el ancho de banda de la red se ve afectado, la aplicación reducirá de forma automática la calidad del vídeo. Esto da prioridad a preservar la capacidad de la red para el audio, asegurando que pueda seguir teniendo una conversación, que es el objetivo principal de una llamada de videoconferencia.

Otro ejemplo que nosotras queremos destacar es cómo las aplicaciones web progresivas (PWA) abordan eficazmente los problemas de ancho de banda de la red mediante varios métodos. Por ejemplo, la técnica de carga progresiva, también llamada carga diferida (*lazy loading*), permite que las aplicaciones se carguen gradualmente por etapas. Este enfoque mejora significativamente el rendimiento de la aplicación en redes lentas al evitar la carga simultánea de todos los recursos.

 Hablamos más sobre la historia de la adaptación de la demanda en el Capítulo 7.

En contraste con el ejemplo anterior (donde la telemetría de interés es el ancho de banda de la red), en las soluciones conscientes del carbono, lo que más preocupa a la adaptación de la demanda es la cantidad de CO_2e emitida como subproducto de la generación de electricidad.

Como se puede ver en la Figura 5.5, si disminuye la intensidad de carbono, deberíamos apuntar a hacer más en nuestros sistemas de software, y si la intensidad de carbono aumenta de forma significativa, deberíamos hacer menos. Esto podría suceder de dos maneras: primero, podríamos automatizarlo; segundo, podríamos permitir que los clientes de la aplicación decidan.

La primera opción debería ser familiar para la mayoría de los desarrolladores de software, ya que esta técnica es bien conocida por ingenieros que tienen que lidiar con redes inestables u otros indicadores, como los recursos de CPU o memoria, en el modo de computación bajo demanda en la nube.

La última opción está estrechamente ligada a un concepto clave de sostenibilidad: la reducción del consumo. Nosotras creemos firmemente que podemos lograr mucho siendo más eficientes con los recursos, pero en algún momento es posible que todas las personas necesiten empezar a consumir menos (al menos hasta que la transición energética esté completa). Sin embargo, este es un libro sobre software, por lo que no iniciaremos un debate filosófico entre tribus.

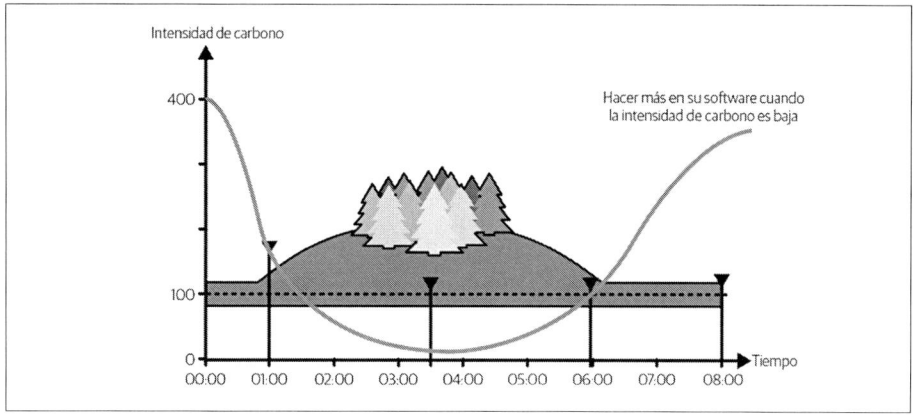

Figura 5.5 *Una campana más oscura superpuesta sobre una curva de campana invertida más clara para indicar que se debe realizar más actividad en una aplicación cuando la intensidad de carbono es baja, y viceversa.*

No obstante, como practicantes o profesionales del software verde, tenemos la oportunidad y la capacidad de influir en cómo los usuarios utilizan nuestras aplicaciones, por lo que definitivamente les podemos presentar opciones que les permitan cancelar un proceso o detener la transmisión en vivo cuando la intensidad de carbono es alta.

¿Alguna objeción a esto?

Como en todo lo relacionado con el software, hay una línea delicada que debemos seguir cuando consideramos rediseñar una aplicación para que sea más consciente del carbono. De las secciones anteriores, concluimos que nuestra carga de trabajo puede ser consciente del carbono de dos maneras: mediante la adaptación de la demanda o el cambio de demanda, donde el cambio puede darse tanto en el tiempo como en el espacio. Ambos enfoques son valiosos para reducir las emisiones de carbono del software. Sin embargo, es necesario aplicar una consideración cuidadosa según los casos de uso y los requerimientos.

El cambio de ubicación puede ser complicado

Antes de que nosotras discutamos los pros y los contras del cambio de ubicación, queremos desmentir los argumentos presentados en contra de este enfoque. La gente ha expresado su preocupación de que, al mover todas sus cargas a una región con baja intensidad de carbono, como Francia, sobrecargaría dicha región, lo que provocará no solo aumentos en la latencia de las aplicaciones, sino también que una región sea más propensa a interrupciones de servicio, degradando potencialmente el rendimiento de un servicio gestionado con limitaciones, entre otros problemas.

Sin embargo, estamos muy lejos de esta realidad. Mover incluso un solo microservicio de un sistema de software entre regiones puede ser difícil, no solo desde el punto de vista de la implementación técnica, sino también en otras áreas, como las restricciones y regulaciones legales para almacenar datos (¡esas molestas leyes de privacidad!).

De manera que esto nos lleva al punto que queremos destacar sobre mover aplicaciones a una región diferente para lograr la reducción de carbono al aplicar la computación consciente del carbono: es necesaria una revisión cuidadosa.

Por ejemplo, uno de los aspectos más críticos de una aplicación es su fiabilidad. Los acuerdos de nivel de servicio (SLA, por sus siglas en inglés) nunca deberían incumplirse, incluso a expensas del medio ambiente. No obstante, revisar los SLA no es algo inusual por diversas razones, como cambios en los requerimientos comerciales o en el ecosistema tecnológico.

Un *acuerdo de nivel de servicio (SLA)* es un contrato entre un proveedor de servicios, como Azure, y un cliente, como usted, un desarrollador de aplicaciones. Este documenta el nivel de servicio que el proveedor se compromete a entregar a sus clientes. Los SLA suelen cubrir áreas como el tiempo que una aplicación debe estar en funcionamiento (disponibilidad), el tiempo de respuesta de una aplicación ante una solicitud (latencia) y cuánto tiempo debe tardar en resolverse un incidente. Hay muchos libros brillantes que describen los SLA con gran detalle; le recomendamos encarecidamente que consulte *Site Reliability Engineering de O'Reilly*.

La disponibilidad de recursos también puede generar complicaciones; si la región a la que estamos trasladando nuestra carga de trabajo no tiene suficientes recursos, el traslado no podrá completarse. Por supuesto, podemos implementar suficiente monitorización para asegurarnos de hacer un seguimiento tanto de la intensidad de carbono como de la disponibilidad de recursos para garantizar una transición fluida.

Cualquier trabajo adicional puede incrementar las responsabilidades de un equipo, incluida la configuración de métricas adicionales, lo que puede llevar a un aumento en el coste de la nube.

Por último, como se ha mencionado muchas veces, el aspecto regulatorio podría ser el mayor obstáculo, dado que cada país tiene diferentes requerimientos y leyes sobre cómo debe ser gobernado todo lo relacionado con el software.

En nuestra opinión, el enfoque alternativo al cambio de ubicación, el cambio de tiempo, puede ser más fácil de lograr. Esto se debe a que, con el cambio de tiempo, muchas de las preocupaciones ya mencionadas no son válidas.

Por ejemplo, no necesitamos preocuparnos por mover datos entre países y tratar de cumplir con las normativas en una nueva región. Tampoco necesitamos preocuparnos tanto por el rendimiento y la latencia. Por último, los costes deberían ser más bajos, ya que no se requieren recursos adicionales ni costes de transferencia. De hecho, las cargas de trabajo que no son sensibles a la latencia pueden ser mucho más económicas cuando se opera con ellas (p. ej., ejecutándolas en instancias de spot, como se describe en el Capítulo 4).

El último aspecto que debemos considerar es el coste de una electricidad más verde. En la actualidad, esto se aplica en la mayoría de los países (aunque no en todos: España y algunos países del norte de Europa ya han introducido precios dinámicos de electricidad basados en energías renovables). Pero hay algunos cálculos complicados que se llevan a cabo tras bambalinas, basados en el mercado de la electricidad y el precio de la energía limpia. Los precios dinámicos llegarán tarde o temprano a todos nosotros. No deje que lo tome por sorpresa. En el futuro, la conciencia sobre el carbono ahorrará mucho dinero.

Ejemplos del mundo real

¡Qué afortunados somos! Podemos ser testigos de las increíbles innovaciones que están ocurriendo en todo tipo de empresas de software en el ámbito de la computación consciente del carbono. Nosotras hemos visto casos de uso que van desde teléfonos móviles hasta centros de datos. Además, el Carbon Hack 2022, organizado por GSF, atrajo más de 50 proyectos terminados con casi 400 participantes para mostrar sus ideas sobre la conciencia sobre el carbono. ¿Por qué no exploramos la siguiente sección sobre implementaciones reales conscientes del carbono?

Google

Comencemos con el esfuerzo de Google. Empezó su recorrido hacia la conciencia del carbono en 2020 con la técnica de cambio de tiempo. Cada día, cada centro de datos de Google realiza un cálculo basado en directrices horarias que ayudan a alinear las tareas computacionales con momentos de baja intensidad de carbono en el suministro de electricidad. Esto se hace comparando dos tipos de pronósticos para el día siguiente.

El primer pronóstico proporcionado por su socio, Electricity Maps, predice cómo variará la intensidad de carbono promedio por hora, de la red eléctrica local a lo largo del día.

Luego, Google crea su propio pronóstico interno de uso de energía para sus centros de datos en el mismo periodo, complementando los datos proveídos por su socio.

Google reportó resultados excelentes de este piloto. Dicho piloto aumentó efectivamente el consumo de energía con una menor huella de carbono al alinear la carga con los periodos de baja intensidad de carbono.

Este resultado fue un hito porque demostró que el cambio de tiempo es una táctica fructífera. Luego, en 2021, Google se embarcó en una misión de cambio de ubicación (*https://oreil.ly/ikeTC*), en la que también reportó haber movido con éxito tareas computacionales que se pueden ejecutar desde prácticamente cualquier lugar hacia ubicaciones con energía más limpia.

Inicialmente, Google comenzó este esfuerzo en su dominio de procesamiento de medios, donde codificaba, analizaba y procesaba millones de archivos multimedia para YouTube, Google Photos, etc. Y, por supuesto, ninguno de esos esfuerzos afectó la forma en que debía ejecutarse cada aplicación, lo que significa que no hubo incumplimiento de los SLA ni de los objetivos de nivel de servicio (SLO) para dichas aplicaciones.

Xbox

En 2023, las consolas Xbox también incursionaron en el cambio de tiempo (*https://oreil.ly/_U6k6*) después de que las actualizaciones de Windows conscientes del carbono permitieran que se convirtiera en la primera consola de videojuegos con conciencia sobre el carbono.

Xbox ahora planifica las actualizaciones de juegos, aplicaciones y sistemas operativos en un momento específico durante su ventana de mantenimiento nocturno, en lugar del encendido aleatorio que se realizaba entre las 2:00 a.m. y las 6:00 a.m. La consola se encenderá a una hora particular cuando la electricidad de la red sea más limpia (siempre que la consola esté conectada y tenga acceso a Internet).

Xbox también anunció un nuevo modo de ahorro de energía, llamado Shutdown (*https://oreil.ly/sT6Q-*), que puede reducir el consumo de electricidad ¡hasta 20 veces! Esta nueva función ahorra electricidad cuando la consola está apagada, sin afectar la experiencia del usuario final en términos de rendimiento o capacidad de la consola

iPhone

Apple también tiene su parte en esta tendencia de conciencia sobre el carbono. Con iOS 16.1, los usuarios de iPhone ahora pueden cargar sus dispositivos utilizando electricidad de baja huella de carbono, como se muestra en la Figura 5.6.

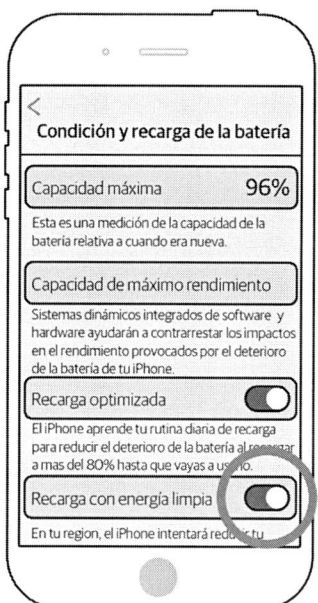

Figura 5.6 *Un boceto de la función de recarga con energía limpia de un iPhone para iOS 16.1 y versiones posteriores.*

Carbon Hack 22

La hackatón de carbono "Carbon Hack 22" (*https://oreil.ly/i2xv4*) de GSF atrajo muchos proyectos innovadores enfocados en la conciencia sobre el carbono, sobre todo en relación con abordar los inmensos requerimientos de energía para entrenar un modelo de ML. Lowcarb (*https://oreil.ly/b_ZA8*), el ganador de la hackatón, se propuso específicamente abordar este desafío. La solución fue un complemento para Flower (*https://flower.dev*), un marco de aprendizaje federado popular que permite a sus usuarios programar trabajos de entrenamiento sobre clientes en diferentes regiones geográficas.

El ganador evaluó su solución con un problema de clasificación de imágenes, demostrando una impresionante reducción del 13 % en las emisiones de carbono asociadas con el entrenamiento, sin comprometer la "velocidad de entrenamiento, precisión final o la imparcialidad en la selección de clientes", un requisito esencial en una configuración de aprendizaje federado.

 El aprendizaje federado es una metodología descentralizada de entrenamiento de modelos ML donde el entrenamiento del modelo ocurre sobre datos de múltiples ubicaciones sin que los datos abandonen sus respectivos lugares. Debido a la naturaleza descentralizada del aprendizaje federado, preservar la imparcialidad en la selección de clientes es de suma importancia para la precisión y eficiencia del modelo.

Otra idea destacada del hackatón (*https://oreil.ly/JqGqF*) que nosotras queríamos resaltar fue la que se centró en las brechas existentes en los mercados actuales de conciencia sobre el carbono. Aunque muchos ejemplos ya han sido probados y verificados, la adopción global del cambio y adaptación de la demanda está todavía por debajo del nivel ideal.

Una de las dificultades principales radica en el incremento de responsabilidades que enfrentará el equipo de desarrollo. Ahora debe reinstrumentar su aplicación, determinar cómo implementar y mantener esta nueva funcionalidad y, lo más importante, monitorizar este nuevo concepto sin comprometer los objetivos de nivel de servicio (SLO) del sistema.

Para ayudar, se propuso en la hackatón una solución consciente sobre el carbono a nivel del tráfico web. En lugar de instrumentar sus aplicaciones web ya construidas con un SDK para reaccionar a la intensidad de carbono, los participantes de la hackatón introdujeron características conscientes sobre el carbono a nivel de balanceo de carga (LB) o DNS.

Supongamos que su aplicación es multirregión y está desplegada en múltiples ubicaciones. En este caso, usted podría emplear fácilmente esta idea para redirigir su tráfico de forma preferencial hacia la región con menor intensidad de carbono sin mucha fricción (siempre que se cumplan otros requerimientos de balanceo de carga).

Adicionalmente, en muchas empresas, un equipo de redes centralizado podría tomar la carga de implementar características conscientes sobre el carbono para toda la firma. De esta manera, el equipo de aplicaciones podría disfrutar de los beneficios sin ninguna complicación.

Usted es consciente del carbono

Esperamos que ahora también sea fan de las prácticas conscientes del carbono y que sienta el impulso de agarrar un gran tazón de palomitas para ver cómo esta idea está causando revuelo en todos los rincones de la ingeniería de software.

También esperamos haberle inspirado para que se embarque en su propia aventura de inmediato. No solo ya entiende los diferentes enfoques conscientes del carbono, sino que también está equipado con los recursos para debatir las ventajas y desventajas de cada estrategia a su antojo.

Por último, no olvidemos una solución simple y rápida que todos deberíamos considerar: cambiar el momento en el que se ejecutan las aplicaciones que no necesitan funcionar a una hora específica.

CAPÍTULO 6

Eficiencia del hardware

Es el hardware el que hace que una máquina sea rápida. Es el software el que hace
que una máquina rápida sea lenta.

—Craig Bruce[1]

¿Eficiencia del hardware? Pero un momento, pensé que este era un libro sobre software. Después de todo, mencionamos "software" dos veces en el título. Sí, es un punto válido, pero, no obstante, el software se ejecuta en un hardware, y vale la pena profundizar un poco más. No importa si usted es un genio experimentado en hardware que aprendió a codificar en ensamblador o alguien que solo ve el hardware como un medio para un fin, este capítulo tiene algo para usted.

Hardware, en el contexto de este libro, hace referencia a cualquier dispositivo que se pueda utilizar para ejecutar un software. Esto abarca una amplia variedad y tipo de dispositivos. En especial, dado que algunas personas ingeniosas incluso implementaron el juego *Doom* en una prueba de embarazo (*https://oreil.ly/d5RGS*) (afortunadamente, no se controla con el método de entrada original). En este capítulo nos centraremos en los dos grupos de dispositivos de hardware más utilizados: los servidores y los dispositivos de consumo como teléfonos, ordenadores de escritorio y portátiles. Dejaremos la discusión sobre la eficiencia del carbono en las pruebas de embarazo para otra ocasión.

Como hemos visto en capítulos anteriores, el principal problema que podemos abordar en los centros de datos como practicantes o profesionales del software verde es el consumo de electricidad. Sin embargo, para los dispositivos de consumo, el carbono incorporado es el mayor problema, ya que representa una mayor parte de la huella de carbono total del dispositivo a lo largo de su vida útil. De hecho, en los teléfonos inteligentes, el coste de fabricación representa entre el 85 % y el 95 % de la huella de carbono anual del teléfono. Sin olvidar también que estamos utilizando cada vez más de estos dispositivos.

Por ejemplo, la Encuesta de Conectividad y Tendencias Móviles de Deloitte de 2022[2] encontró que el hogar promedio en Estados Unidos tiene 22 dispositivos conectados.

---

[1] Sitio web personal del Dr. Craig S. Bruce, *The Wayback Machine*, consultado el 16 de enero de 2024, *https://oreil.ly/ZoSBH*.

[2] "Consumers Benefit from Virtual Experiences, but Need Help Managing Screen Time, Security and Tech Overload," Deloitte, consultado el 16 de enero de 2024, *https://oreil.ly/x86sv*.

Por estas razones, es vital para nosotros, como creadores de software, utilizar menos hardware y hacer que lo que usemos dure más. No importa si está desplegando código en la nube, en un servidor en su centro de datos autohospedado o en un dispositivo de consumo, hay acciones concretas que puede tomar. Este capítulo le contará cómo asegurarse de que su software no sea la razón por la que los clientes desechen hardware que todavía funciona perfectamente y lo animará a utilizar su poder de consumo para hacer que los productores de hardware adopten prácticas más sostenibles y apoyen el hardware durante más tiempo. Nosotras también hablaremos de la longevidad de los dispositivos y cómo usted puede lograrla, por ejemplo, extendiendo la vida útil del hardware que esté bajo su control y utilizando hardware de segunda mano.

Otro tema fascinante es cómo construir mejor hardware o más sostenible. Pero no somos expertas en eso. Así que solo haremos una breve revisión tangencial y hablaremos un poco sobre lo que los grandes actores de la industria están haciendo, así como sobre el reciclaje y los desechos electrónicos.

Esperamos que al final de este capítulo, usted, al igual que nosotras, sienta que los desarrolladores de software podemos impactar (y de hecho lo hacemos) en el uso del hardware.

Carbono incorporado

El hardware viene con un coste de carbono ya pagado, que llamamos *carbono incorporado*. Fabricar dispositivos de hardware como servidores o teléfonos es un proceso bastante complicado. Los materiales necesitan ser extraídos en algún lugar, luego enviados por todo el mundo (posiblemente varias veces) para ser ensamblados—con frecuencia usando un procedimiento intensivo en energía—antes de que el dispositivo finalmente llegue a sus manos.

Este coste de carbono incorporado del hardware está compuesto de varios componentes, con circuitos integrados como la mayor fuente individual de emisiones[3]. En el Capítulo 2, usted vio ejemplos de lo elevado que puede ser este coste para los dispositivos de usuario final. En general, obtener los números exactos de carbono incorporado no siempre es fácil. En el Capítulo 9 le mostraremos cómo los proveedores de nube informan sobre los datos del hardware. El proyecto de orientación sobre intensidad de carbono del software (SCI) (*https://sci-guide.greensoftware.foundation*) de Green Software Foundation también mantiene una lista de conjuntos de datos que proporciona información sobre el carbono incorporado en diferentes tipos de dispositivos.[4]

---

[3] Jens Malmodin y Dag Lundén, "The Energy and Carbon Footprint of the Global ICT and E&M Sectors 2010–2015", *Sustainability* 10, no. 9 (2018): 3027, *https://oreil.ly/k88lj*.

[4] "Datasets", SCI Guidance, consultado el 16 de enero de 2024, *https://oreil.ly/N8eRG*.

Como practicantes o profesionales del software, tenemos poco control sobre el coste del carbono incorporado (excepto al usar nuestro poder adquisitivo). Como practicante o profesional del software verde, lo único que puede hacer es ser consciente de la deuda que llega a sus manos junto con su nuevo dispositivo brillante y planificar cómo amortizarla. Hay dos formas principales de reducir el coste del carbono incorporado de su software: aumentar la vida útil de su hardware o aumentar la utilización de dicho hardware. Esta sección cubrirá diferentes maneras de lograr estos dos objetivos, así como algunas cosas interesantes para que usted las considere tanto como usuario de una solución autohospedada o que se encuentre en la nube.

Longevidad de un dispositivo

¿Cuánta vida útil tienen los dispositivos de usuario final? Le daremos nuestra respuesta favorita: depende. En este caso, depende del tipo de dispositivo. De un smartphone, puede esperar solo de dos a tres años de vida útil[5]. Los teléfonos inteligentes también tienen un ciclo de lanzamiento rápido. Por ejemplo, Apple lanza aproximadamente un nuevo iPhone al año[6]. Mientras tanto, los principales fabricantes en la industria de los videojuegos lanzan nuevas consolas con una cadencia de ciclo de aproximadamente siete años. Eso significa que las diseñan para que usted pueda jugar videojuegos a gusto hasta que se lance el siguiente modelo, a veces incluso durante más tiempo. Por ejemplo, la Xbox One fue diseñada para durar diez años, y parece que esa predicción se está cumpliendo[7]. Para los servidores propiedad de un proveedor de nube pública, la vida útil es de cuatro a seis años. Microsoft anunció la extensión de la vida útil de los servidores de cuatro a seis años en julio de 2022[8]. Por otra parte, Alphabet anunció el cambio en la vida útil esperada de sus servidores y equipos de redes a seis años en enero de 2023[9], y AWS aumentó la vida útil esperada de sus servidores a cinco años en enero de 2022[10]. Estos números son las cifras de práctica financicra, y no podemos decir con certeza cuánto tiempo los proveedores de nube en realidad mantienen sus servidores. Damos la bienvenida a una mayor transparencia en estos datos por parte de los proveedores de nube (ver Figura 6.1 para la vida útil de diferentes dispositivos).

---

[5] "Average Lifespan (Replacement Cycle Length) of Smartphones in the United States from 2013 to 2027", Statista, consultado el 16 de enero de 2024, *https://oreil.ly/zZhpE*.

[6] "List of iPhone Models", Wikipedia, actualizado el 14 de enero de 2024, *https://oreil.ly/WaIgo*.

[7] Taylor Bauer, "How Long Will the Xbox One Last into Next-Gen?", Phenixx Gaming, 22 de julio de 2020, *https://oreil.ly/FT5XZ*.

[8] Brett Iversen, Satya Nadella, and Amy Hood, "Microsoft Fiscal Year 2022 Fourth Quarter Earnings Conference Call", Microsoft, 26 de julio de 2022, *https://oreil.ly/4Atut*.

[9] "Alphabet Announces Fourth Quarter and Fiscal Year 2022 Results", Alphabet Investor Relations, 2 de febrero de 2023, *https://oreil.ly/J5T4C*.

[10] "Amazon.com Announces Fourth Quarter Results", Amazon, 3 de febrero de 2022, *https://oreil.ly/CJETs*.

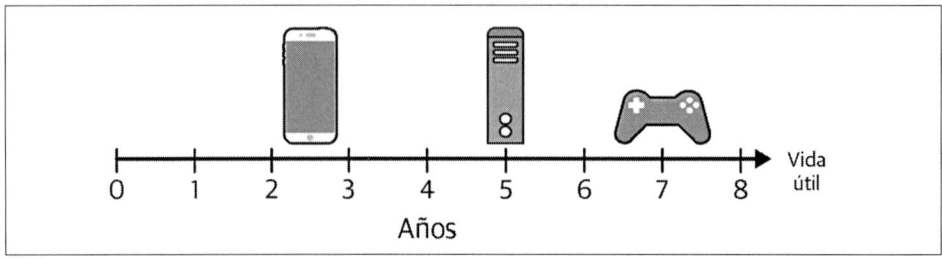

Figura 6.1 *Tiempos de vida útil de algunos dispositivos populares.*

¿Qué determina que usted solo pueda obtener dos años de vida útil de un smartphone nuevo mientras que de una consola de videojuegos puede esperar que dure tres veces más? No podemos dejar de lado el consumismo y el deseo del usuario final por dispositivos más delgados, mayor duración de la batería y mejor rendimiento. Los usuarios han puesto a los proveedores de teléfonos inteligentes en una situación en la que necesitan ofrecer más rendimiento para poder competir de forma adecuada por cuota de mercado. Esto podría estar cambiando a medida que los consumidores se vuelven más conscientes del medio ambiente. Un ejemplo es el creciente aumento en las ventas del smartphone modular y reparable de origen holandés Fairphone. Fairphone vendió alrededor de 120 000 dispositivos en 2022, frente a los 88 000 en 2021 y los 23 000 en 2018.[11]

Pero si volvemos a la vida útil de los dispositivos electrónicos y lo que la afecta, una de las razones por las cuales desechamos hardware, tal vez mucho antes de su fecha de expiración, es la ley de Moore[12].

La ley de Moore postula que el número de transistores en un microchip se duplica cada dos años, y otras formas de progreso significan que los dispositivos obtienen nuevas características, que los desarrolladores desean explotar en sus nuevos lanzamientos de aplicaciones. Los teléfonos móviles, por ejemplo, se han vuelto más rápidos, han evolucionado para tener GPU dedicados y chips de aprendizaje automático, y han adquirido más memoria. Las aplicaciones aprovechan este progreso, y eso es algo natural e inevitable. Lo mismo ocurre con los servidores, los ordenadores personales, las consolas de videojuegos y los extractores de cocina (sí, ahora vienen con aplicaciones).

Otro factor que impacta en la longevidad es el fallo de hardware, ya sea mecánico o eléctrico. De los dos, el mecánico es más común, simplemente porque las partes mecánicas sufren más desgaste que los componentes eléctricos. Para los dispositivos de usuario final, como profesional o practicante de software, usted tiene muy poca capacidad para evitar fallos de

---

[11] Natasha Lomas, "Fairphone Nabs $53M in Growth Capital for 'Sustainable' Consumer Electronics", Tech-Crunch, 31 de enero de 2023, https://oreil.ly/fYXOQ.

[12] Gordon E. Moore, "Cramming More Components onto Integrated Circuits", orig. pub. en *Electronics* 38, n.º 8 (19 de abril de 1965), The Wayback Machine, accedido 16 de enero de 2024, *https://oreil.ly/Wf1xv.*

hardware. Lo que la industria tecnológica necesita aquí es ver a los fabricantes de hardware asumir más responsabilidad en el diseño para la longevidad. Creemos que diez años de uso debería ser el nuevo estándar para la vida útil de los dispositivos.

Probablemente es poco lo que usted puede hacer para evitar fallos de hardware del lado del cliente, pero sí tiene influencia para evitar la obsolescencia provocada por software, que exploraremos a fondo en la siguiente sección.

Obsolescencia definida por software

La *obsolescencia definida por software* es la que ocurre cuando se deja de proporcionar soporte a un dispositivo. Este soporte podría incluir actualizaciones regulares, mejoras o correcciones (parches). Para fines de esta sección, consideremos tres escenarios diferentes en los que esto puede suceder con los dispositivos del cliente:

1. El fabricante del dispositivo deja de proporcionar soporte.

2. Un software favorito/insignia/importante/vital en el dispositivo que ya no recibe soporte.

3. Un software menor/adicional/agradable pero no esencial en el dispositivo que ya no recibe soporte.

En el primer escenario, usted, como desarrollador, sigue estando limitado por el soporte del fabricante del dispositivo. Por buenas razones, los usuarios no deberían seguir usando sus dispositivos una vez que estén fuera del soporte de seguridad. Como practicantes o profesionales del software, lo mejor que podemos hacer en este caso es presionar para que el fabricante extienda el soporte por más tiempo.

En lo que respecta a los teléfonos inteligentes, la empresa que tiene el soporte más prolongado del sistema operativo es Apple, donde el nuevo iOS 15 es compatible con teléfonos de hasta seis años de antigüedad[13]. En el caso de los teléfonos Android, el mercado es un poco más diverso; Google, Samsung y el fabricante de chips Qualcomm se han comprometido a proporcionar cuatro años de actualizaciones de seguridad para una gran selección de sus dispositivos, y Google promete cinco años para algunos de los teléfonos Pro. Si bien esto representa una mejora con respecto al pasado, todos los proveedores necesitan mejorar aún más, incluso Apple. La vida útil de los dispositivos debe ser mucho más larga que seis años para justificar el coste implícito del proceso de fabricación. Para comparar, las consolas de videojuegos proveen varios años más de vida útil esperada que los teléfonos inteligentes; están construidas para durar. Esto demuestra que los dispositivos pueden durar más si los fabricantes lo eligen.

---

[13] Jonny Evans, "WWDC: 12 Small but Important Improvements You May Have Missed", *Computerworld*, 15 de junio de 2021, *https://oreil.ly/sqauZ*.

Consideremos el segundo escenario: el software favorito de un usuario ya no es compatible con su dispositivo. Esto requiere, o al menos es una razón fuerte para el usuario, desechar el dispositivo y reemplazarlo por uno nuevo si lo que desea es seguir utilizando el software. El dispositivo en cuestión podría estar funcionando perfectamente bien para otros casos de uso, lo que pone una responsabilidad importante en el software (y, por extensión, en usted como su creador). Lo mismo puede decirse del tercer escenario, en el que un software que no es esencial o favorito para el usuario ya no está disponible en un dispositivo específico.

Cuando un dispositivo que funciona se desecha porque le falta una pieza de software y el consumidor compra un nuevo dispositivo, se genera una deuda de carbono. Por supuesto que como practicantes o profesionales del software verde, queremos evitar este coste adicional de carbono incorporado causado por el software. Lograrlo es simple de explicar, pero quizá requiere más trabajo para ponerlo en práctica. Lo más verde que se puede hacer es proporcionar compatibilidad retroactiva y no dejar que su software sea el clavo en el féretro de un dispositivo que aún funciona perfectamente.

Desde luego, ofrecer soporte para una gama más amplia de versiones de hardware, con capacidades técnicas muy diversas, aumenta los costes de mantenimiento y pruebas. Afortunadamente, en lo que respecta a los teléfonos inteligentes, tanto Android como iOS proveen algunas guías. Android cuenta con una guía para mantener la interfaz de usuario compatible con versiones anteriores, y esta guía incluye aprendizajes clave[14]:

- Abstraer las nuevas API.
- Adaptadores o proxies para las nuevas API.
- Crear una implementación con las API antiguas.
- Usar un componente consciente de la versión.

Tener una guía es, por supuesto, algo positivo, pero esto requerirá acción y trabajo adicional por parte de los desarrolladores de aplicaciones. La compatibilidad retroactiva en los teléfonos Android no es un problema nuevo. En 2010, el *Blog de Desarrolladores de Android* publicó un artículo en inglés "How to Have Your (Cup)cake and Eat It Too", que describe algunos pasos para lograr la compatibilidad retroactiva[15].

Aplicaciones y servicios en la nube

Cuando ejecuta su software en la nube, una de las cosas por las que paga es por no tener que preocuparse por la gestión de activos. Alguien más es responsable de los servidores instalados en la sala de servidores, incluyendo cómo gestionarlos, cuándo desmantelarlos

---

[14] "Create Backward-Compatible UIs", Developers, 27 de diciembre de 2019, *https://oreil.ly/-AY2F*.

[15] Adam Powell, "How to Have Your (Cup)cake and Eat It Too", *Android Developers Blog*, 12 de julio de 2010, *https://oreil.ly/xta81*.

y, en cierta medida, cómo organizar las cargas de trabajo que se ejecutan sobre ellos. Esto suele ser muy conveniente, ya que limita la cantidad de cosas de las que uno tiene que preocuparse, y también puede ser un argumento a favor de por qué trasladarse a la nube es una victoria en términos de sostenibilidad. Lo que la gente suele querer decir con esto es que los proveedores de nube a hiperescala son más eficientes que los centros de datos tradicionales[16]. Esto no es magia. Los proveedores de nube pública son más eficientes porque invierten más esfuerzo en hacer que sus centros de datos sean más eficientes. Después de todo, vender la nube es su negocio principal. Pero para la mayoría de las compañías, su negocio principal es otro por completo diferente (p. ej., vender ropa).

Para recoger los beneficios de todos los esfuerzos de eficiencia que su proveedor de nube ha realizado, usted necesita trabajar con la tecnología y no limitarla al utilizar la nube exactamente como lo haría con un centro de datos normal. ¿Por qué es esto importante? En el Capítulo 2, usted recibió información sobre la proporcionalidad energética de un servidor. Para un centro de datos, podemos extrapolar el mismo comportamiento, pero debido a la escala de los proveedores de nube pública, esto sería como la proporcionalidad energética en esteroides.

Factores como el PUE y los costes operativos incrementan masivamente el coste energético de los recursos infrautilizados. Por ejemplo, si usted paga por una máquina virtual grande, pero solo termina usando un pequeño porcentaje de ella, está enviando la señal a su proveedor de nube de construir más centros de datos, lo que a su vez significa elaborar más componentes de hardware intensivos en carbono como los semiconductores.

La planificación de la capacidad para los proveedores de nube es un juego a largo plazo, y los componentes de hardware vienen con un largo tiempo de entrega, algo que se hizo aún más evidente durante la escasez de semiconductores a principios de los años 2020[17]. Según Debra Bernstein (*https://oreil.ly/IB3UC*), tecnóloga principal de sostenibilidad en Intel, "las acciones que tomamos ahora asegurarán que dimensionamos correctamente nuestra industria para el futuro"[18]. El Capítulo 4, sobre eficiencia operativa, describió cómo ayudar a alcanzar este objetivo desde la perspectiva del software en mayor detalle, así que, si se saltó dicho capítulo, vaya allí para repasar después de terminar este.

También deseará usar la arquitectura más eficiente que su proveedor de nube pueda ofrecer para su carga de trabajo. Un ejemplo de esto puede ser usar las instancias basadas

---

[16] "Data Centres and Data Transmission Networks", IEA, consultado el 16 de enero de 2024, *https://oreil.ly/yMFhb*.

[17] Wassen Mohammad, Adel Elomri, y Laoucine Kerbache, "The Global Semiconductor Chip Shortage: Causes, Implications, and Potential Remedies", *IFAC-PapersOnLine* 55, n.º 10 (2022): 476-483, *https://oreil.ly/p3wbr*.

[18] Todas las citas de Debra Bernstein provienen de comunicaciones personales.

en el procesador AWS Graviton[19]. Estas están diseñadas exclusivamente para AWS y son una buena opción si ya está alojado en la nube de AWS. Las instancias basadas en el procesador Graviton consumen un 60 % menos de energía que las instancias basadas en otros procesados y comparables en AWS. Debido a que AWS Graviton implementa un conjunto de instrucciones Arm64, no todas las cargas de trabajo pueden ejecutarse allí. Sin embargo, un gran número de dichas cargas podrían ejecutarse y, en esos casos, una reducción del 60 % en energía por el precio de un cambio de configuración[20] de instancias es una victoria sin mucho esfuerzo.

Centros de datos autohospedados

Si usted no está escribiendo software para la nube pública, sino para su propio centro de datos (está perfectamente permitido llamar a una sala llena de servidores un centro de datos en el contexto de este capítulo), entonces tiene más opciones para ponerse del lado de la eficiencia del hardware.

Cuando tiene su propio hospedaje, usted gestiona sus propios activos. ¡Hurra por la completa libertad! ¿Hurra por la parálisis por análisis? Si está autoalojado, usted es dueño de su estrategia de sostenibilidad y eficiencia. Dueño por completo.

En teoría, esto significa que puede construir el centro de datos más optimizado y sostenible que el mundo haya visto. En la práctica, se requiere un esfuerzo de ingeniería significativo para tomar decisiones eficientes en cuanto a hardware. No pretendemos proporcionar el plano para el centro de datos perfectamente verde, pero esta sección le ofrecerá algunos consejos útiles para guiarlo en su camino hacia allí. Casi todo lo que se dijo sobre la eficiencia operativa en el Capítulo 4 es válido aquí también, ¡así que por favor no se salte ese capítulo!

Lo más importante es que, cuando usted está autohospedado, controla la vida útil de su hardware. Extender la vida útil es una de las mejores y más fáciles maneras de reducir el coste de carbono incorporado. Recuerde, la deuda de carbono de producir un servidor ya está pagada al medio ambiente, así que solo podemos amortizarla y retrasar el gasto adicional de carbono. Veamos un ejemplo de lo que esto podría significar.

Supongamos que el coste de carbono incorporado de un servidor nuevo es de 4000 kg de CO_2e, y usted originalmente planea mantener este dispositivo durante cuatro años. Entonces, el coste anual de carbono incorporado sería de 1000 kg de CO_2e por año. Ahora, si extiende la vida útil de un servidor de cuatro a cinco años, su coste anual de carbono incorporado se reduce a solo 800 kg de CO_2e por año, o un 20 % (vea la Figura 6.2 para ejemplos de esta amortización de costes).

---

[19] "AWS Graviton Processors", AWS, accedido el 16 de enero de 2024, *https://oreil.ly/cMkZC*.

[20] "Considerations When Transitioning Workloads to AWS Graviton Based Amazon EC2 Instances", GitHub, accedido el 16 de enero de 2024, *https://oreil.ly/EBEiJ*.

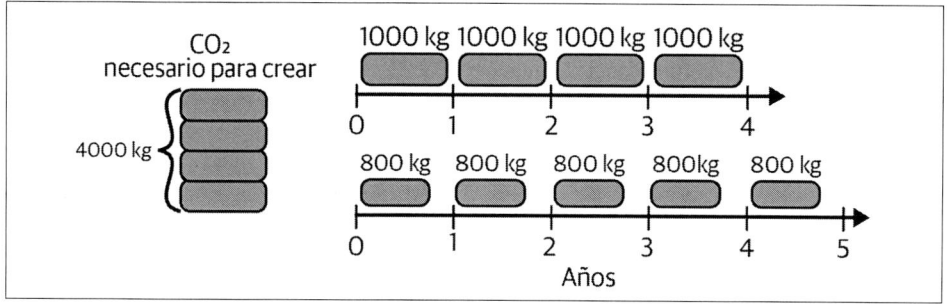

Figura 6.2 *Ejemplo de cómo se puede amortizar el coste de carbono incorporado de un servidor a lo largo del tiempo.*

Cuando está en un servidor dedicado o de metal desnudo (p. ej., en un servidor dedicado utilizado solo por usted, típicamente sin un sistema operativo o aplicaciones adicionales), o si está en un ambiente on-premises, puede entrar en detalles sobre el hardware. La ley de Ohm dicta que la potencia es el voltaje multiplicado por la corriente, o $P = V \times I$, y que la energía es la potencia a lo largo del tiempo, o $E = P \times t$. Tomadas juntas, estas dos ecuaciones muestran que un voltaje más bajo significa un menor gasto de energía. En la nube pública, usted no puede elegir el voltaje, pero en su propio entorno de metal desnudo, ¡sí puede! Esto es porque cualquier dispositivo dado tiene un intervalo de voltaje (V) en el que funcionará según lo previsto. Este intervalo de V es bastante ajustado y necesitará diferentes ajustes a lo largo del ciclo de vida del hardware. Esto significa que la optimización del voltaje no es en realidad algo que la persona promedio que trabaja en software debería o podría hacer, pero definitivamente es posible hacerlo y de hecho es una manera de reducir el consumo de energía a nivel de hardware. Nosotras prometimos ir a la esencia del asunto, ¿no es así?

Si usted es el propietario de su propio centro de datos, también posee el botón de apagado. Una de las principales ventajas de la nube es que esta nunca duerme, pero su software podría hacerlo. Por ejemplo, si su negocio no es de alcance global, seguramente tiene horas de demanda máxima y horas de poca o ninguna demanda. Durante esas horas de baja demanda, puede apagar por completo su hardware, ahorrando así una cantidad considerable de energía. "¡Necesitamos erradicar el miedo de entrar en estados de bajo consumo como industria! Algunos podrían evitar correr riesgo de apagar el hardware, pero desde una perspectiva de sostenibilidad, es el riesgo correcto a tomar", dice Debra Bernstein. El riesgo en el lado del hardware es doble, tanto el riesgo de no tener suficiente capacidad en caso de un aumento repentino de la demanda como el riesgo de fallo del hardware al arrancar. Estos dos conceptos se discutieron más en profundidad en el Capítulo 4, en la sección llamada "LightSwitchOps". La posible ganancia de sostenibilidad al apagar su hardware es el ahorro de energía al evitar tener esos servidores inactivos consumiendo energía.

 Lidiar con reparaciones es una de las partes más tediosas de la gestión de activos. Sin embargo, si tuviéramos que encontrar un lado positivo, sería que los fallos de hardware pueden darle a usted percepciones. Por ejemplo, ¿son siempre sus discos los que fallan primero? Esto es bastante probable si tiene discos mecánicos, ya que las partes mecánicas siempre son más propensas a fallar que los componentes eléctricos. Sabiendo esto, ¿podría cambiar su software para escribir menos en el disco antes de que este se rompa? Este tipo de cambio de software que impacta directamente en la longevidad de su hardware puede ser raro, pero para algunos podría ser una joya escondida.

Del lado de la creación de servidores, los fabricantes invierten recursos significativos para aumentar la fiabilidad y la vida útil de sus productos. Un ejemplo es Intel añadiendo "odómetros" de envejecimiento a los chips, lo que hará posible apagar la parte del chip más propensa a fallar, pero manteniendo operativo el resto del chip. Esto es bastante interesante, pero para cosechar los beneficios, el software necesita adaptarse. Por ejemplo, si 2 de las 64 vCPU están en riesgo, ¿qué capas de software necesitan estar involucradas para operar usando solo las 62 vCPU buenas? Si usted gestiona su propio hosting, esta es un área en la que puede trabajar conjuntamente con su proveedor de hardware para aumentar la vida útil de sus servidores.

Hardware especializado

Si damos un paso atrás desde los dispositivos del cliente por un momento, y volvemos a nuestro mundo de servidores y centros de datos, una cosa en la que reflexionar es si el hardware especializado es más verde que el hardware de propósito general. Con hardware especializado, nos referimos a cosas como circuitos integrados para aplicaciones específicas (ASIC), matrices de puertas lógicas programables en campo (FPGA) o unidades de procesamiento tensorial (TPU). Este tipo de hardware puede asumir típicamente el rol de unidades de procesamiento, pero también puede ser utilizado para otros fines.

Según Debra Bernstein, "en lo que respecta a la sostenibilidad y el hardware especializado versus el hardware de propósito general, no hay una respuesta definitiva que cubra todos los escenarios. El hardware especializado es bueno si entiende profundamente el espacio del problema y puede maximizar la utilización de su hardware, porque es más eficiente en términos de uso de la energía. También se vuelve más sostenible desde la perspectiva del carbono incorporado, si planea mantener el hardware por más tiempo".

Sin embargo, si usted tiene un espacio de problema más genérico o un espacio de problema más nuevo que aún no comprende por completo, entonces el árbol de decisión crece en ramas. Tendrá que considerar si tiene la experiencia en su organización para escribir software eficiente para su hardware especializado y si esto es algo en lo que puede hacer a largo plazo. Con el hardware de propósito general, siempre puede reutilizar el hardware más adelante para nuevos espacios de problema, aumentando así la vida útil y, por ende, obteniendo más beneficios por su inversión en carbono incorporado. Con el hardware especializado, esto es más difícil, y las ganancias de eficiencia energética a corto plazo podrían no compensar el coste del carbono incorporado a lo largo del tiempo, sobre todo si tiene que deshacerse de su hardware después de un periodo corto de tiempo.

Un ejemplo concreto del uso de ASIC que es más eficiente que el uso de CPU se puede encontrar en el campo de los cifrados por bloque. Los *cifrados por bloque* se utilizan para cifrar (o descifrar) grandes cantidades de datos, algo que algunas piezas de software hacen con bastante frecuencia. Por ejemplo, la seguridad de la capa de transporte (TLS), que se encuentra no solo en la suite IP, sino también en las unidades de procesamiento de datos (DPU) y el último procesador Xeon[21] es un protocolo criptográfico. En este campo, se ha descubierto que los ASIC son más rápidos y económicos que otros tipos de hardware[22].

¿Pero qué pasa con el hardware especializado para software especializado? Sí, aquí es donde hablamos de blockchains y criptografía y su uso de las GPU, así como de IA y ML y su uso de hardware especializado como aceleradores de IA. Aunque las GPU fueron diseñadas originalmente para procesar gráficos, resultaron ser ideales para las matemáticas de matrices involucradas en el aprendizaje automático y la criptografía. Y sí, aquí es donde mencionamos de nuevo la paradoja de Jevons, que quizá recuerde del Capítulo 3. La paradoja de Jevons es la observación histórica de que cuando nos volvemos más eficientes haciendo algo, se vuelve más barato y todos nosotros hacemos mucho más de lo mismo. Como mencionamos con anterioridad en este capítulo, el hardware especializado puede ser excelente en términos de eficiencia energética para casos de uso especializados. El meollo del asunto es que cuando algo se vuelve más eficiente (p. ej., más barato), lo utilizamos más.

Lo vimos en algunas aplicaciones de inteligencia artificial tempranas como el procesamiento de imágenes. Los chips se volvieron más eficientes, y así se realizó más procesamiento de imágenes, lo que llevó a una mayor producción de chips. Esto significa también más carbono incorporado, ya que las ganancias en eficiencia no equivalen a una reducción proporcional de carbono incorporado. En otras palabras, más chips equivalen a más carbono. Además de esta consideración, usted podría necesitar considerar más dimensiones. Por ejemplo, ¿su problema en realidad necesita esta solución de software especializado? Esta pregunta, particularmente para blockchains con permisos, ha

---

[21] "Intel® QuickAssist Technology—Envoy TLS Acceleration with Intel® QAT Solution Brief", Intel, 27 de enero de 2023, *https://oreil.ly/Au4x9*.

[22] Bahram Rashidi, "Efficient and High-Throughput Application-Specific Integrated Circuit Implementations of HIGHT and PRESENT Block Ciphers", *IET Circuits, Devices & Systems* 13, n.º 6 (septiembre de 2019): 731–740, *https://oreil.ly/ldO7a*.

fascinado a una de nuestras autoras, Sara, desde que estaba en la universidad, y ella escribió el primer artículo comparando el rendimiento de blockchains con permisos con el de bases de datos distribuidas[23].

En cuanto a la ética de construir hardware especializado para software especializado y su uso de energía, nosotras pospondremos esa discusión para otro momento.

Residuos electrónicos

Los *residuos electrónicos* se abrevian comúnmente a la expresión más de ciencia ficción y, en inglés, *e-waste*, o al término más formal, *residuos de aparatos eléctricos y electrónicos* (RAEE por sus siglas en español y WEEE por sus siglas en inglés). La iniciativa StEP define los residuos electrónicos como "un término utilizado para cubrir artículos de todo tipo de equipos eléctricos y electrónicos (EEE, por sus siglas en inglés) y sus partes que han sido descartados por el propietario como residuos y sin la intención de reutilización"[24]. Tenemos *montones* de residuos electrónicos. De hecho, es el flujo de residuos de más rápido crecimiento[25]. Según la ONU, el mundo produjo hasta 50 millones de toneladas de residuos electrónicos en 2019, y se proyecta que crezca hasta 120 millones de toneladas para 2050[26]. Para poner ese número en perspectiva, 50 millones de toneladas es más peso que todos los aviones comerciales fabricados. O si prefiere comparaciones con animales, 50 millones de toneladas es la misma masa que aproximadamente 250 000 ballenas azules (ver Figura 6.3).

La producción de residuos electrónicos tiene múltiples consecuencias para el clima y nuestro planeta. En 2019, solo el 20 % de los residuos electrónicos fue reciclado formalmente, a pesar de que contienen materiales preciosos como oro, platino y cobalto[27]. El reciclaje inseguro o informal de residuos electrónicos, que ocurre principalmente en países en desarrollo, presenta altos riesgos de causar daños tanto al medio ambiente como a las personas que trabajan allí. Los residuos electrónicos contienen materiales tóxicos como plomo, cadmio, mercurio y arsénico (peligrosos tanto

---

[23] Sara Bergman, Mikael Asplund, y Simin Nadjm-Tehrani, "Permissioned Blockchains and Distributed Databases: A Performance Study", *Currency and Computation Practice and Experience* 32, n.º 12 (2020), *https://oreil.ly/jkOYf*.

[24] "What Is E-waste?", StEP, consultado el 16 de enero de 2024, *https://oreil.ly/zw70N*.

[25] Olanrewaju S. Shittu, Ian D. Williams, y Peter J. Shaw, "Global E-Waste Management: Can WEEE Make a Difference? A Review of E-Waste Trends, Legislation, Contemporary Issues and Future Challenges", *Waste Management* 120, n.º 1 (febrero de 2021): 549-563, *https://oreil.ly/ubO35*.

[26] "UN Report: Time to Seize Opportunity, Tackle Challenge of E-Waste", UN Environment Programme, 4 de enero de 2019, *https://oreil.ly/6XRre*.

[27] *Ibid.*

para el planeta como para las personas[28]). Por supuesto, los residuos electrónicos también son una indicación directa de cuántos dispositivos nuevos necesita producir el mundo. Nuestra sociedad depende cada vez más de los dispositivos eléctricos, y son raros los casos en que un dispositivo se desecha sin ser inmediatamente reemplazado por algo nuevo. El resultado son más emisiones de carbono incorporado. Considerando que el coste de fabricación representa el 85-95 % de la huella de carbono anual de los teléfonos inteligentes (*https://oreil.ly/UgB_V*), incluso si el teléfono de reemplazo es más eficiente en términos energéticos, reemplazarlo no favorece el enfoque verde.

Residuos electrónicos en 2019   250.000 ballenas azules   Todos los aviones comerciales alguna vez fabricados

Figura 6.3 *Una comparación del volumen de residuos electrónicos con 250.000 ballenas azules y todos los aviones comerciales que se han fabricado.*

Bueno, el mundo descarta una gran cantidad de equipos eléctricos. Por supuesto, no todo esto es causado por la industria del software. Dispositivos que tradicionalmente no se consideran como portadores de software como refrigeradores, televisores y lavadoras, también cuentan como equipo eléctrico. Con el Internet de las Cosas y los hogares inteligentes, estos dispositivos tradicionalmente "tontos" se están volviendo más inteligentes, gracias al software. Esto es, de nuevo, bueno e inevitable, pero resalta aún más la responsabilidad que los profesionales y practicantes del software tienen sobre el ciclo de vida del hardware. No solo deberíamos considerar los servidores y portátiles dentro de nuestro ámbito de influencia, sino que, si un consumidor desecha su lavavajillas perfectamente funcional para obtener la capacidad de controlar su nuevo lavavajillas a través de una aplicación, entonces el software está causando directamente más residuos electrónicos.

---

[28] "Cleaning Up Electronic Waste (E-Waste)", EPA, actualizado el 15 de noviembre de 2023, *https://oreil.ly/yv9gU*.

Eso fue quizá un poco desolador. Nosotros tendemos a enfocarnos en soluciones en este libro, así que hablemos de soluciones por un momento. ¿Qué se está haciendo para combatir esto y cómo usted puede ayudar? Quizá lo haya adivinado, pero la clave aquí es aplicar las cosas de las que hemos hablado con anterioridad en este capítulo: usar sus propios dispositivos durante más tiempo y asegurarse de que sus clientes puedan hacer lo mismo.

Gobiernos de todo el mundo también están haciendo su parte para ayudar a reducir esta enorme corriente de desechos. En marzo de 2023, la Comisión Europea adoptó una propuesta que incluye el derecho a reparar bienes de consumo[29]. Esta propuesta ha sido aprobada por el Parlamento Europeo y ahora solo necesita ser aprobada por el Consejo Europeo para hacerla realidad. Esto envía una señal clara a la industria: reparaciones sobre reemplazos. Si esta propuesta se aprueba tal como está, significará garantías legales para poder reparar bienes si es técnicamente posible. En diciembre de 2022, Nueva York fue el primer estado en Estados Unidos en aprobar un proyecto de ley similar, exigiendo a los fabricantes reparar equipos electrónicos[30]. En India, las nuevas normas de gestión de residuos electrónicos del gobierno entraron en vigor en abril de 2023, proporcionando a los clientes el derecho a reparar equipos eléctricos[31]. Para usted, como ingeniero de software, esto probablemente (¡esperamos!) significará que veremos dispositivos de clientes antiguos permanecer en el mercado durante más tiempo. Esto, a su vez, hace que la compatibilidad hacia atrás sea aún más importante para sus clientes.

Hay también soluciones más innovadoras propuestas por nuestra industria. Una de ellas es el concepto de un centro de datos "chatarra", que utiliza teléfonos inteligentes descartados como recurso informático[32]. Este proyecto de investigación demostró que, para ciertas cargas de trabajo, es más verde (¡y económico!) utilizar conjuntos reutilizados de teléfonos inteligentes en comparación con servidores tradicionales, sobre todo desde una perspectiva de carbono incorporado.

Menos innovador es el robusto mercado de segunda mano que existe para servidores y equipos de salas de cómputo. Esto puede ser una gran opción tanto para ahorrar costes como para reducir el carbono incorporado.

---

[29] "Right to Repair: Commission Introduces New Consumer Rights for Easy and Attractive Repairs", Comisión Europea, 22 de marzo de 2023, *https://oreil.ly/E8qrq*.

[30] Senate Bill S4104A, New York State Senate, 2021-2022 Legislative Session, *https://oreil.ly/Z2v0f*.

[31] Divya J. Shekhar, "Right to Repair: When Can We Stop Shopping and Start Repairing?", *Forbes India*, 3 de mayo de 2023, *https://oreil.ly/KRnKS*.

[32] Jennifer Switzer, Gabriel Marcano, Ryan Kastner, y Pat Pannuto, "Junkyard Computing: Repurposing Discarded Smartphones to Minimize Carbon", arXiv, 25 de octubre de 2022, *https://oreil.ly/eE_7w*.

¿Qué están haciendo los productores de hardware para hacer sus operaciones más verdes?

¿Recae todo el peso sobre nosotros como desarrolladores de software? ¿No deberían los productores de hardware desempeñar un papel en esto? Sí deberían. Afortunadamente para nosotros y el planeta, muchos ya han establecido objetivos.

La empresa Taiwan Semiconductor Manufacturing Company Limited (TSMC) es la empresa de semiconductores independiente más grande del mundo y ha establecido varios objetivos[33] para hacer sus operaciones más verdes. Estos objetivos incluyen impulsar la fabricación de bajo carbono, así como reducir las emisiones de gases de efecto invernadero por unidad de producción en un 40 % para 2030, usar energía renovable, aumentar la eficiencia energética ahorrando 5000 GWh acumulativamente entre 2016 y 2030, y fortalecer la resiliencia climática.

Otra de las figuras de peso pesado en la industria de semiconductores es Intel. También ha establecido varios objetivos climáticos para hacer más verdes sus operaciones[34]. Los objetivos de sostenibilidad de Intel para 2030 incluyen alcanzar un saldo hídrico positivo, no enviar residuos a vertederos y utilizar electricidad 100 % renovable en todas sus operaciones globales. Para sus emisiones de gases de efecto invernadero de alcance 1 y 2, el objetivo para 2030 es reducir un 10 % para alcanzar finalmente cero neto en 2040. La subsidiaria de Intel, Intel Resale Corporation, también trabaja para ayudar a minimizar los residuos electrónicos[35].

Arm es una empresa británica de diseño de semiconductores y software cuyo negocio principal es la arquitectura, diseño y concesión de núcleos de CPU que implementan la familia de conjuntos de instrucciones de la arquitectura Arm[36]. Arm se compromete a adoptar un enfoque alineado con la ciencia para reducir las emisiones absolutas, de todos los alcances, en al menos un 50 % para lograr cero emisiones netas de carbono para 2030 desde una línea base del año fiscal 2019[37]. Entre otras cosas, esto incluye obtener energía 100 % renovable, reducir el consumo de energía e invertir en proyectos de eliminación de carbono basados en tecnología.

Apple también tiene varios objetivos climáticos[38] para la fabricación de sus dispositivos de consumo. Estos incluyen la producción de todos los dispositivos de Apple utilizando

---

[33] "Climate Change and Energy Management", TSMC, consultado el 16 de enero de 2024, *https://oreil.ly/kI_Xs*.

[34] "Steadfastly Committed to a Sustainable Future", Intel, consultado el 16 de enero de 2024, *https://oreil.ly/zbYSY*.

[35] "Intel Resale Corporation", Intel, consultado el 16 de enero de 2024, *https://oreil.ly/LYiDI*.

[36] "Building the Future of Computing", Arm, consultado el 16 de enero de 2024, *https://oreil.ly/aQdPT*.

[37] "Our Sustainability Vision", Arm, consultado el 16 de enero de 2024, *https://oreil.ly/BQ8f_*.

[38] "Environment", Apple, consultado el 16 de enero de 2024, *https://oreil.ly/BA2Wi*.

energía 100 % renovable para 2030 y el aumento del uso de materiales reciclados y renovables hasta eventualmente producir nuevos dispositivos solo con materiales reciclados y renovables.

Microsoft se ha propuesto ser cero residuos para todas sus operaciones directas, productos y embalajes[39] para 2030, y ya cuenta con programas para la compra de dispositivos reacondicionados[40] como Surface y Xbox, así como un esquema de reciclaje[41].

Dado que el mercado de dispositivos de consumo es bastante grande, nosotras no cubriremos todos los productores y sus objetivos, pero esperamos que esto le haya suscitado la suficiente curiosidad como para explorar más a fondo a su fabricante favorito.

Nosotras queremos decir que establecer un objetivo ambicioso no es lo mismo que alcanzar dicho objetivo, así que nosotros, los del software, todavía no estamos exentos de responsabilidad. Colectivamente, la industria del software y los profesionales que la componen (sí, ahora estoy hablando de usted) tienen un poder de consumo masivo sobre la industria del hardware. Puede influir en los productores de hardware para asegurar que el hardware se produzca de manera eficiente y sostenible, así como para impulsar la facilidad de reparaciones y reciclaje.

¡Eso es todo!

No importa qué tipo de software escriba usted y su organización, este se ejecuta sobre hardware. En este capítulo, espero que haya podido adquirir algunas herramientas para ser más verde en su utilización del hardware. No todo se aplicará a todos, pero si tuviera que darle un resumen de nuestras herramientas más importantes de este capítulo, serían las siguientes:

- Asegúrese de que su software no sea la razón por la que los clientes desechen hardware perfectamente funcional.

- Use su poder de consumidor para hacer que los productores de hardware vuelvan verdes sus operaciones y apoyen el hardware por más tiempo.

- Extienda la vida útil del hardware bajo su control.

- Considere usar hardware de segunda mano.

---

[39] Brad Smith, "Microsoft Commits to Achieve 'Zero Waste' Goals by 2030", *Official Microsoft Blog*, 4 de agosto de 2020, *https://oreil.ly/_77RY*.

[40] "Microsoft Certified Refurbished", Microsoft, consultado el 16 de enero de 2024, *https://oreil.ly/PAUxz*.

[41] "End-of-Life Management and Recycling", Microsoft, consultado el 16 de enero de 2024, *https://oreil.ly/HQHkZ*.

CAPÍTULO 7

Redes

Jamás hubo una historia más trágica que la de Julieta y su Romeo.
—Shakespeare

¿Cuántas muertes se han evitado gracias a la invención del TCP/IP?

 El protocolo de control de transmisión sobre el protocolo de Internet (TCP/IP, la forma más inútil del mundo de detallar un acrónimo), es el conjunto de reglas de red simples, o el protocolo, que respalda gran parte de las comunicaciones modernas. Una de las suposiciones fundamentales del TCP/IP es que es mala idea asumir que el destinatario objetivo siempre ha recibido su mensaje. Si Julieta hubiera aplicado los principios de comunicación fiable, entonces su historia habría tenido un desenlace muy distinto. En su defensa, las comunicaciones usando estas normas son lentas y a menudo inviables si usted no está transmitiendo sus mensajes a través de cables.

En el mundo desarrollado, las comunicaciones fiables son la base de nuestras vidas. ¿Importa en realidad si son verdes o no? Algunos podrían argumentar que las telecomunicaciones son el uso de energía más importante de la humanidad y que deben mantenerse y ampliarse a cualquier coste.

¿Tienen razón?

¿Son lo suficientemente verdes las redes?

Dado que nuestro libro es uno de los primeros sobre el tema de la construcción de tecnología verde, planteamos tantas preguntas como respuestas ofrecemos, y eso está bien. Aún estamos en la etapa de averiguar cómo debe responder la industria tecnológica a la transición energética, y hay pocas decisiones obvias. Usualmente, tenemos que pensarlo detenidamente y decir, "Depende". Desafortunadamente, este capítulo es otro ejemplo de esa clase de evasivas o ambigüedades.

No obstante, aunque no podamos responder fácilmente a la pregunta, "¿Son ya suficientemente verdes las redes?", todavía hay mucho que podemos aprender sobre ello debido a que están más avanzadas que el resto del sector tecnológico en cuanto a dos técnicas que son vitales para la transición energética: la adaptación de la demanda y el cambio de la demanda. Esto se debe a que los desarrolladores de Internet siempre han tenido que manejar el problema de depender de un recurso disponible de manera variable, en su caso, el ancho de banda.

Mirando el panorama completo

En este capítulo, nosotras vamos a presentar una visión amplia de las redes e Internet y hablar de todo lo que interviene en la conexión de un dispositivo con otro, ya sea un teléfono, un portátil, una máquina virtual en un centro de datos, o un centro de datos con otro. Esto significa que, además de los cables de fibra óptica y otras formas de "cable", hablaremos de servicios como las redes de entrega (o distribución) de contenido (CDN), que almacenan contenido de Internet para que los usuarios finales puedan acceder a ellos con rapidez.

Hay una buena razón por la que nosotras ampliamos nuestra definición. Para la mayoría de las empresas, no hay mucho que se pueda hacer respecto a los cables y protocolos que sustentan sus comunicaciones porque la forma en que funciona Internet es una caja negra para sus usuarios, sobre todo en lo que respecta al enrutamiento. Eso está bien. Funciona. Pero eso significa que no es un buen plan empezar a meter mano bajo el capó. Sin embargo, aún hay muchas elecciones que puedes hacer sobre cómo, dónde y cuándo conectarte a Internet. Algunas de esas son verdes y otras definitivamente no lo son.

En el Capítulo 3, dijimos que no debía cuestionar su compilador. En general, tampoco es buena idea cuestionar su enrutamiento: hay riesgos (*https://oreil.ly/CWLNS*) incluso si usted es un experto.

Una cosa que nosotras podemos decir con seguridad es que el 6G verde (*https://oreil.ly/Zn5yg*) no nos va a salvar. Incluso si resulta ser milagroso, no podemos esperar tanto tiempo. Dado que el 5G aún no está bien implementado, el 6G podría tardar aún una década o más en ser de uso masivo. Tenemos que actuar hoy para ser más verdes y más resilientes a las interrupciones de infraestructura relacionadas con el clima. La buena noticia es que podemos hacerlo.

Cuando sea necesario, nosotros, como comunidad global de consumidores y proveedores de Internet, podemos responder con rapidez para gestionar el uso de nuestros recursos. La prueba de ello es cómo Internet soportó el aumento súbito y sin precedentes en la demanda causado por los confinamientos de la pandemia de 2020. Entonces, Internet no sobrevivió por la instalación de nuevos cables. No había tiempo suficiente para eso. En lugar de ello, se mantuvo vivo utilizando las mismas técnicas de cambio y adaptación de la demanda que describimos en el Capítulo 5.

Antes de discutir todo eso, necesitamos definir lo que entendemos por Internet y qué partes son verdes y cuáles no.

Definiendo Internet

La respuesta estándar a la pregunta "¿Qué es Internet?" es cables, procesamiento y almacenamiento. La buena noticia es que ser eficiente en energía es fundamental.

Dado que la electricidad es una gran parte de los costes operativos de cualquier red, las personas que construyen equipos de telecomunicaciones utilizan la intensidad energética o vatios por bit (*https://oreil.ly/eURWU*) como una métrica clave y se centran en su mejora continua.

A pesar de esto, todavía hay muchas mejoras en eficiencia y conciencia sobre el carbono que se pueden realizar para Internet.

Probablemente solo que no están donde usted piensa que están.

¿Qué son estos cables?

Los llamados cables de Internet se dividen tradicionalmente en tres áreas: troncal (*backbone*), metropolitana (metro) y de última milla. En cada una de estas etapas, el nivel de agregación disminuye (es decir, cada conexión transporta tráfico para un menor número de personas). Algunas veces, cuando nosotras hablamos de cables en el contexto de Internet, nos referimos literalmente a los de cobre, pero usualmente estamos describiendo cables de fibra óptica u ondas de radio.

El área *troncal* (*backbone*) es por donde Internet transporta los paquetes de millones de usuarios a largas distancias e incluye la mayoría de los cables submarinos del mundo. Es principalmente de fibra óptica y muy eficiente (de hecho, esto representa el mayor interés de quienes lo construyen, por lo que procuran asegurarse de su eficiencia). Usted podría debatir si enviar paquetes de televisión en streaming o juegos en línea a través del Atlántico es un buen uso de la energía, pero como se hace a través de cable de fibra óptica, resulta al menos eficiente.

El área *metropolitana* cruza ciudades y centros urbanos para transportar el tráfico de miles de usuarios urbanos. También suele ser de fibra óptica y eficiente.

El área de *última milla* es la parte que le entrega a un usuario individual sus paquetes personales en su hogar, mientras está sentado en una cafetería, o mientras está de pie en un tren viendo YouTube en su teléfono. En realidad, la "última milla" podría cubrir 50 millas o 50 pies, dependiendo de dónde viva usted. Podría ser de cables de cobre, cables de fibra óptica u ondas de radio en forma de 3G, 4G o 5G. Incluso podría llegar desde la órbita terrestre baja (LEO) a través de sistemas de satélites como Starlink (*https://www.starlink.com*), OneWeb (*https://oneweb.net*) o el proyecto Kuipe de Amazon (*https://oreil.ly/EHpbS*).

¿Qué es el cableado más verde?

Esa es una pregunta compleja. Depende de lo que usted necesite.

Si solo observamos el área de última milla (donde todos los tipos de cable se representan cara a cara realizando trabajos algo comparables), la fibra es consistentemente la manera más eficiente (*https://oreil.ly/r-hnV*) de transportar tráfico de red. A continuación está el cobre, seguido por 5G, que es significativamente mejor que 4G, que es mucho más eficiente que 3G. El Wi-Fi es más eficiente que todas las conexiones móviles pero menos eficiente que una conexión cableada.

Los estándares de Wi-Fi y móviles contemplan diferentes escenarios. Si el Wi-Fi se ajusta a sus necesidades de comunicación —digamos que usted está usando su portátil en casa—, úselo porque será la opción más eficiente en cuanto a menos emisiones de carbono. Sin embargo, según nuestro experto en redes Jon Berger, "Si los dispositivos de los usuarios están al aire libre, en movimiento o en un lugar con mucha interferencia, probablemente necesitarán estar en conexiones móviles". Esta razón refleja el reciente cambio del metro de Londres de Wi-Fi a 5G (*https://oreil.ly/WY7Qv*) para tener conectividad durante todo el viaje.

En conclusión, es más eficiente elegir la opción que mejor se adapte al trabajo. Si ese trabajo vale el coste de carbono o no es una pregunta política más que técnica. Este no es un libro político. Si quiere discusiones como esa, Anne le recomendaría a usted que lea sus novelas de ciencia ficción (*https://oreil.ly/0UVGY*).

¿Cómo se relacionan el procesamiento y el almacenamiento?

Durante años, el procesamiento y el almacenamiento han desempeñado un papel significativo en la reducción de la carga sobre el cableado de las redes y en la mejora de la eficiencia. Lo hacen proporcionando compresión de datos, transcodificación inteligente y almacenamiento en caché, entre otras técnicas. Nadie sabe cuántas CPU están haciendo este trabajo como parte de Internet, pero muchos expertos calculan que una estimación plausible es cien mil millones.

Cien mil millones también es la estimación habitual para el número de neuronas en un cerebro humano, cuántas estrellas hay en la galaxia, y cuánta riqueza personal de Elon Musk en dólares. Eso podría ser una coincidencia universal, algún tipo de conspiración existencial, o una pista de que cien mil millones es el número que los humanos elegimos cuando queremos decir, "¿Eh... mucho?".

La persona en la calle también añade su propio procesamiento y almacenamiento a Internet a través de las capacidades de sus teléfonos inteligentes, portátiles y otros dispositivos. Sin embargo, la mayoría reside ya sea en centros de datos o en minicentros de datos "de borde" (*edge* DC) ubicados cerca de donde se generan los datos o cerca de los usuarios (los centros de datos de borde están diseñados para mejorar los tiempos de respuesta y requieren que menos datos se transmitan en las redes en horas pico, lo que representa servicios más rápidos y económicos).

Ahora entendemos los componentes que conforman Internet: cables, procesamiento y almacenamiento, pero ¿cómo se relacionan entre sí?

Una pregunta que usted podría hacerse es: ¿siempre es mejor optar por procesamiento adicional—por ejemplo, para hacer compresión—por menos transmisión de datos a través del cableado? Como de costumbre, la respuesta es "depende".

Como resultado de que las redes y los dispositivos de red se vuelvan continuamente más eficientes, menos del 10 % de la factura de electricidad (*https://oreil.ly/y7oKZ*) de un centro de datos moderno y bien diseñado se gasta en operar el cableado, los routers y los switches (aunque en un centro de datos más antiguo, esa proporción podría ser mucho mayor). Básicamente, las redes de fibra se han vuelto más eficientes que el procesamiento. El resultado es que, en un centro de datos moderno, a veces podría ser mejor enviar datos sin comprimir. Sin embargo, si sus datos son fácilmente comprimibles, si los está enviando en un momento de mucho tráfico, o si se benefician de hardware de compresión como los chips de codificación de vídeo (*https://oreil.ly/EFsOW*), entonces debería comprimirlos.

Como siempre, use la opción de compresión más adecuada para el trabajo. Hay muchas opciones, por lo que vale la pena investigar un poco. Desafortunadamente, muchos algoritmos de compresión, que son esencialmente tecnología verde, tienen altos costes de patente (*https://oreil.ly/InCPi*). Las opciones de compresión verde de bajo coste podrían ser el tema de un libro entero, y sería agradable ver uno.

¿El todo es más que la suma de sus partes?

Internet no es una cosa homogénea. Es una red de redes.

A lo que nosotras nos referimos como Internet son en realidad miles de diferentes redes conectadas entre sí. A menudo operan sobre múltiples centros de datos y son controladas internamente con sus propios routers y switches usando una variedad de protocolos de red. Estas redes discretas más pequeñas, que a menudo pertenecen y son gestionadas por compañías privadas (*https://asrank.caida.org*), se llaman sistemas autónomos (*https://oreil.ly/Yp4J3*). Puede que nunca haya oído hablar de los sistemas autónomos, pero son la base de Internet público.

Aunque algunos sistemas autónomos existen solo para enrutar datos, muchos también actúan como centros de datos ordinarios que proveen servicios informáticos comunes a las empresas que los operan.

Si usted tiene su propio router Wi-Fi para su red doméstica (intentaremos no recordarle las angustiosas horas que pasó configurándolo), entonces, en casi todos los casos, esa red es parte de un sistema autónomo perteneciente a su proveedor de servicios de Internet (ISP). Probablemente usted desconoce el enorme sistema autónomo del cual su casa es una diminuta pieza.

Independiente del tamaño, todas estas redes utilizan electricidad y tienen carbono incorporado en su cableado, routers físicos y conmutadores, así como en sus servidores y equipos de almacenamiento (ver Figura 7.1). Hay redes que potencialmente podrían tener menos carbono incorporado, por ejemplo, los sistemas de satélites como Starlink de SpaceX. Pero ¿son estos sistemas parte de la solución o parte del problema?

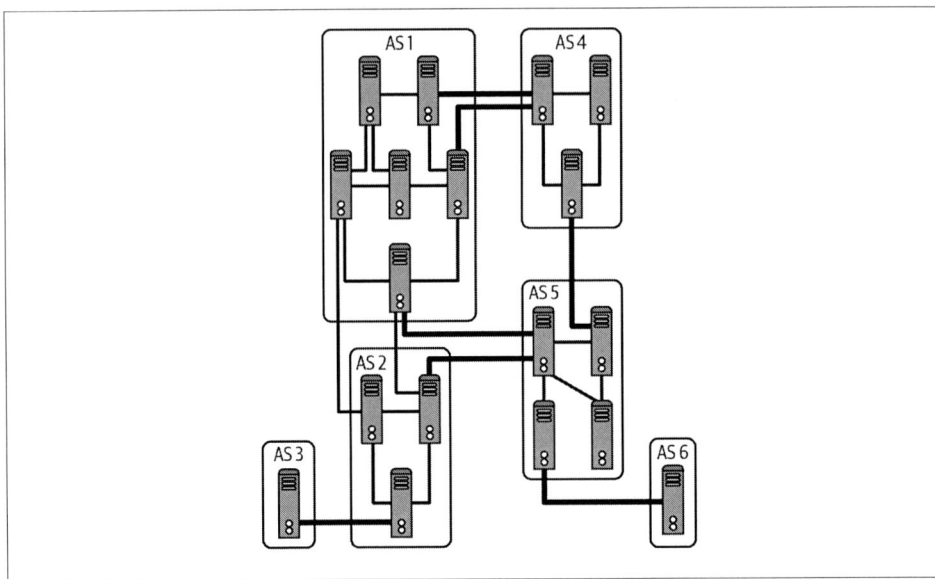

Figura 7.1 *Internet es una red de sistemas autónomos conectados.*

¿Son buenos o malos los satélites de Internet?

Starlink (*https://www.starlink.com*), el sistema de comunicaciones de SpaceX de Elon Musk, proporciona conectividad a Internet desde la órbita terrestre baja (LEO) a través de una flota de satélites en órbita. Independiente del sentimiento de amor u odio que despierte Starlink, este es una lata de gusanos éticos y verdes. Afortunadamente, nos encanta abrir esas latas.

Dejando de lado si nos gusta Musk o no (no todo gira siempre en torno a usted, Elon), consideremos los pros y contras de usar satélites para extender Internet a partes del globo donde las conexiones terrestres no pueden llegar (o no llegan). Es una idea que presenta un caso extremo de los compromisos de la red, la tecnología, el uso de la energía y las prioridades últimas de la humanidad. Así que tal vez le apetezca tomar algo para picar.

Cuando Sara trabajaba en el departamento de operaciones de una compañía de telecomunicaciones, la empresa tenía algunas estaciones en el extremo norte de Suecia. Ella recuerda: "Vaya, fue un *dolor* cuando una de estas se dañó. Fácilmente, cambiar una pieza defectuosa podría ser un viaje de un día entero más una buena caminata para el pobre ingeniero de soporte. Y si el daño incluía escalar, debían ir dos personas. Esto era costoso incluso para algo que podría ser una pieza rota muy barata." Las compañías de telecomunicaciones se refieren a estos como "desplazamientos de camión" (servicio de campo), y son algo que todo proveedor de servicios de Internet (ISP) quiere evitar, y de hecho es una de las razones por las que no todos los lugares tienen una gran conectividad a Internet.

LEO: Desventajas

Hay algunos inconvenientes significativos al tener un _enorme número de satélites_ (*https://oreil.ly/9iNtW*) en la órbita terrestre baja (LEO), y en realidad podríamos estar hablando de un enorme número de satélites.

El problema es que cada satélite solo puede servir a un conjunto limitado de usuarios debido a la interferencia de ondas (*https://oreil.ly/9iNtW*), consecuencia de esas molestas leyes de la física.

Para un reemplazo completo de Internet, no necesitaríamos cien mil millones de satélites, pero sí muchos más que los 12 000 inicialmente propuestos por SpaceX para Starlink, o incluso más que los 42 000 (*https://oreil.ly/yLhOH*) a los que ha aumentado este recuento. En realidad, debido a las cantidades colosales requeridas, algo como Starlink no va a reemplazar a Internet y todo su carbono incorporado en un futuro cercano. Sin embargo, incluso sin tales ambiciones elevadas, 42 000 satélites son muchos y probablemente solo sea el comienzo.

Los aspectos negativos de tener un alto número de satélites orbitando incluyen:

- El carbono incorporado en esos sofisticados equipos, los cuales tienen una vida orbital útil limitada.

- Riesgo potencial de colisiones, incluso resultando en una situación donde LEO se convierta en un campo de satélites destrozados o escombros inutilizables —un llamado síndrome de Kessler (*https://oreil.ly/DnkJV*). Esto no es precisamente un problema verde, pero sí es una gran preocupación.

- Fotografías de observaciones astronómicas arruinadas (*https://oreil.ly/P8TYi*) desde la Tierra.

- Energía gastada en lanzamientos (*https://oreil.ly/Qwybu*). Incluso si el combustible del cohete es hidrógeno (que puede ser intensivo en carbono al producirlo).

En 1978, el científico de la NASA Donald Kessler expresó la preocupación de que, si los satélites empezaban a chocar entre sí, podría desencadenarse un bucle de retroalimentación donde cada choque genera más escombros, haciendo más probable otro choque con dichos escombros más probable, hasta que todos los satélites en una órbita estuviesen destruidos y hubiese tantos residuos allí que no se pudiera utilizar la órbita o quizá ni siquiera pasar por ella. Esto se conoce como el síndrome de Kessler.

Un síndrome de Kessler en LEO no sería (con suerte) apocalíptico porque todavía hay suficiente arrastre atmosférico (*https://oreil.ly/2be8t*) allí arriba por lo que la mayoría de los fragmentos eventualmente caerían a la Tierra y se desintegrarían. En otras palabras, se limpiaría por sí solo en unas pocas décadas. Eso es aproximadamente el mismo tiempo que tarda el metano en descomponerse en la atmósfera —otra de esas coincidencias cósmicas.

Usted podría argumentar que LEO es, por lo tanto, un lugar *relativamente* seguro para perfeccionar la ingeniería requerida para evitar colisiones. De todos modos, esto es más seguro que arriesgarse a un evento Kessler en una órbita más alta, fuera de la atmósfera de la cual la Tierra nunca se recuperaría naturalmente —los residuos espaciales resultantes permanecerían allí para siempre.

Aun así, la pérdida de LEO durante veinte años seguiría siendo menos que ideal (una subestimación británica). Además de esto, debido a colisiones a gran velocidad, algunos de los escombros inevitablemente serían impulsados a órbitas más altas y peligrosamente permanentes.

LEO: Ventajas

En el otro lado de la balanza, los sistemas de satélites LEO podrían potencialmente proporcionar conectividad a Internet a lugares que serían difíciles de conectar de otra manera. Esto incluye muchas partes de África (*https://oreil.ly/RKATO*). Los satélites también requieren menos infraestructura terrestre de última milla (por lo tanto, menos carbono incorporado) y pueden ser alimentados directamente por paneles solares. Si pudiéramos hacer que funcionaran y reducir los costes, dichos satélites podrían, por lo tanto, ser una herramienta verde en algunas situaciones.

El acceso universal a Internet es una parte importante de los objetivos de desarrollo sostenible de la ONU (*https://oreil.ly/uRiPt*) para la humanidad, y hay razones morales, filosóficas y prácticas por las cuales los beneficios de conectar a todos en la Tierra podrían superar los riesgos y problemas verdes. Además de ser un deber ético, el acceso universal a Internet es un elemento importante en la educación global que, de acuerdo con Project Drawdown (*https://oreil.ly/uScpL*), es vital para la transición energética. Alejarse de los combustibles fósiles será muy, muy difícil, y cuantos más cerebros educados de todas partes del mundo podamos tener trabajando en el problema y ocupando empleos verdes, habrá mayor probabilidad de éxito.

Bill Gates extiende este argumento de equidad y capital humano en su libro *Cómo evitar un desastre climático* (*https://www.amazon.com/Evitar-Desastre-Clim%C3%A1tico-Climate-Disaster/dp/B09GD7CTHG*) al sugerir que los países del África subsahariana deberían obtener un pase libre para las emisiones de carbono hasta que puedan alcanzar un estado razonable con respecto a la seguridad alimentaria y energética, así como en educación. Nosotras podemos ver el punto que Bill Gates está resaltando.

Desafortunadamente, sin embargo, incluso con satélites (y no son la única opción), la conectividad universal no está dada. Por ejemplo, Starlink en la actualidad es demasiado costoso para que se vuelva ubicuo en toda África. Además, como ha señalado el instituto Tony Blair (*https://oreil.ly/i2XxI*), LEO podría estar lleno de satélites baratos y aun así no garantizaría un Internet verdaderamente global porque la tecnología no es la parte más complicada de ese problema. El coste de los teléfonos inteligentes, la falta de alfabetización y habilidades digitales, y la falta de accesibilidad son barreras mayores para el acceso universal a Internet (y no solo en el África subsahariana; hay barreras incluso en el Reino Unido).

Así las cosas, ¿son los satélites verdes o no?

Es difícil prever si los satélites de Internet resultarán ser una tecnología verde, pero sabemos que un sistema verde eficiente a gran escala requeriría inevitablemente una gran cantidad de satélites en órbita. Eso sugiere que el éxito dependerá bastante de si todos chocan entre sí y arruinan a LEO para una generación. Sin embargo, sabemos que "¡Conectaremos África!" no es una respuesta irrefutable a todas las objeciones a los satélites porque, por sí solos, los satélites no son suficientes para lograrlo.

El rol del software

Dando un paso atrás, ¡este libro no trata sobre hardware, conciencia sobre el espacio o política global! Se supone que es un libro sobre software y cómo esto puede hacer que Internet sea más verde. La buena noticia es que tenemos múltiples opciones allí, aunque sean menos de ciencia ficción y más terrenales.

El software tiene roles importantes en cuanto a hacer verdes las redes:

- Puede usarse para reducir la cantidad de tráfico transmitido por el cableado de red, lo que significa que se necesita menos infraestructura, reduciendo el carbono incorporado y el uso de electricidad.

- Puede distribuir la carga de tráfico, asegurando que los dispositivos y cables tengan una utilización de vida útil más alta, lo que reduce de nuevo los requerimientos de infraestructura y, además, ofrece un mejor retorno de inversión (ROI) en carbono incorporado.

- Podría hacer que los cables, el procesamiento y el almacenamiento de Internet sean mucho más conscientes del carbono (es decir, hacer más trabajo cuando y donde la electricidad tiene una intensidad de carbono baja y menos cuando la intensidad de carbono es elevada, es decir, cambio de la demanda).

¡Hurra! ¡Eso suena genial!

Lo es. Sin embargo, necesitamos tener cuidado sobre cómo abordamos la concienciación sobre el carbono en Internet dentro de las redes. Hay peligros, pozos sin fondo y distracciones, y hay una gran diferencia en cuán arriesgado o efectivo puede ser el cambio de demanda dependiendo de dónde ocurra esto en la pila de red.

Por ejemplo, ¿estamos hablando de técnicas predecibles, bien establecidas y entendidas a nivel de aplicación o de intervenciones de bajo nivel como enrutar el tráfico de manera diferente?

¿Por qué no podemos simplemente hacer que el enrutamiento sea más verde?

Los paquetes de datos de Internet público pasan de A a B a través de routers físicos que eligen por qué canal enviar cada paquete. Por desgracia, esa es una elección genuinamente difícil.

Protocolo de puerta de enlace de frontera (BGP)

Incluso si usted está navegando por la Estación Espacial Internacional o en algún lugar igualmente limitado en sus conexiones, todavía hay un número asombroso de diferentes caminos que un paquete desde Facebook o X (o como se llame hoy) podría tomar para llegar a usted. Los routers de Internet público intentan elegir el mejor usando algo llamado el protocolo de puerta de enlace de frontera o BGP (*https://oreil.ly/OhDVF*).

Los routers BGP no calculan rutas de extremo a extremo para los paquetes. Eso sería imposible de operar a la escala de Internet porque el número de rutas potenciales es demasiado grande. En cambio, BGP adopta un enfoque más simple: calcula por qué router viajará su paquete a continuación en lo que *debería* ser la ruta óptima a su destino, o al menos una suficientemente buena.

Las decisiones de un router BGP se basan en una combinación de cosas, incluyendo:

- Intentar minimizar el número de sistemas autónomos transitados por el paquete.

- Tomar en cuenta las reglas de política y los arreglos comerciales entre el operador de ese router y los sistemas autónomos a los que está conectado.

Fundamentalmente, BGP solo está interesado en el siguiente "salto" en la ruta. No sabe mucho sobre el viaje de extremo a extremo del paquete (y no puede garantizarlo).

Así las cosas, dado que los cálculos de ruta de BGP ya se basan en varios factores, ¿no podría convertirse el enfoque verde en uno de ellos? Por ejemplo, si estuviera enrutando un paquete entre lugares en lados opuestos del mundo (como de Londres a Sídney), ¿no podría BGP enviarlo por la ruta que estuviera más al sol —y por lo tanto alimentada por energía solar— incluso si la ruta más oscura fuera más rápida?

Esa es la cuestión que nosotras intentaremos responder a continuación.

Los riesgos y recompensas de cambiar el BGP

Técnicamente, el BGP podría tener en cuenta factores de sostenibilidad cuando enruta. El BGP es solo código y, en teoría, todo es técnicamente posible. Sin embargo, ¿sería la mejor manera de reducir las emisiones de carbono?

Aunque la red de bajo nivel ya está optimizada, hay una enorme cantidad de tráfico (incluso si la red solo representa el 10% del uso total de energía de Internet, eso aún podría ser 30 TW al año). Por lo tanto, la recompensa potencial de enrutarlo a través de redes alimentadas por electricidad generada de forma renovable es significativa.

Sin embargo, no está claro que cambiar o reemplazar el enrutamiento BGP sea la forma adecuada de lograr este beneficio. Hay varios problemas con este enfoque:

- El BGP es increíble, pero su relevancia implica que también es el eslabón más débil en la estabilidad de Internet. Cada vez que ocurre un apagón masivo de Internet, solemos pensar: "¡Apuesto a que es una mala configuración de BGP!" y, en general, tenemos razón (a menos que sea el DNS). El BGP es complejo, crítico y depende del grado de confianza y de que los administradores de ISP nunca cometan un error grave. Hasta donde nosotras podemos decir, hay poco interés entre los expertos de la red para añadir más complejidad, y tienen excelentes razones para esa actitud. Su principal prioridad es un Internet estable y, hasta ahora, el BGP en su forma actual lo ha proporcionado. Las interrupciones parciales ocurren, pero Internet, como un todo, permanece activo.

- Los incentivos comerciales para los propietarios de sistemas autónomos son complejos, y no es sencillo alinearlos con nuestra agenda verde usando BGP. Algunos sistemas autónomos ganan dinero dando un salto en Internet y pueden querer tráfico activamente. Otros proporcionan su sistema autónomo como una contribución necesaria para Internet, pero estarían muy contentos si menos tráfico pasara por él porque ese tráfico es solo un coste para ellos. Si ser una ruta más verde generara más tráfico, eso sería un incentivo para que algunos sistemas autónomos sean verdes, pero un desincentivo para otros. Por lo tanto, no está claro que un enrutamiento basado en un enfoque verde sea el camino óptimo de animar a todas las redes a ser verdes. Los resultados podrían ser impredecibles.

Experimentar con el BGP (*https://oreil.ly/7Nz91*) para permitir que los datos sigan el sol o se enruten alrededor de regiones intensas en carbono es, por lo tanto, algo con lo que nosotras, las autoras, no querríamos involucrarnos ni con un palo de 3 metros. Nuestra firme sospecha es que los riesgos y problemas con un enrutamiento BGP más verde superarían los beneficios.

La realidad es que, aunque hay problemas con el BGP, la calidad subyacente del enrutamiento no es uno de ellos. Si alguien envía un paquete de datos desde Nueva York a París, una vez que sale del centro de datos en su extremo, el BGP lo enrutará de manera eficiente más o menos directamente a su destino. A menos que algo salga terriblemente mal, todos podemos estar confiados en que no acabará dando 20 vueltas alrededor de la Tierra y, lo que es igualmente importante, llegará a donde se dirige. No deberíamos dar por sentada esa confianza porque fue difícil de conseguir.

No podemos ser tan optimistas sobre lo que nuestros sistemas de software podrían hacer con los datos dentro del centro de datos antes de que salgan de allí. Podrían ser divididos y pasar por cientos de microservicios utilizando una variedad de mallas de servicios intensiva en energía. Podrían ser guardados innecesariamente en medios de almacenamiento intensivos en carbono o podrían ser duplicados en múltiples regiones para un nivel de alta redundancia que no es en realidad necesario.

Hay pocas maneras de que los usuarios de la red (es decir, nosotros, los desarrolladores de software) podamos arruinar en realidad el envío de un paquete. Podríamos enviar más datos de los necesarios, o menos, o incluso los datos incorrectos, pero esos son problemas a nivel de aplicación, no de enrutamiento. Es mucho más probable que la arquitectura de software haga que Internet sea más ineficiente que el BGP.

Algún día, el BGP tendrá que ser reemplazado porque no es lo suficientemente escalable. Sin embargo, actualizarlo será una tarea importante que durará décadas y posiblemente el desafío más difícil que Internet haya enfrentado hasta ahora. Como señala Jon Berger: "El comportamiento de la red de Internet es más emergente de lo que nos imaginamos. Cambiar un componente tan fundamental como el BGP no será fácil ni seguro."

Mejorar radicalmente la sostenibilidad de Internet es algo que tenemos que hacer ahora. Revolucionar el BGP también es necesario, pero es un proyecto a largo plazo.

Nosotras, las autoras, preferiríamos desacoplar estos dos problemas muy difíciles y, afortunadamente, podemos hacerlo. Cambiar el BGP no es un tema menor, cuando se trata de hacer verde a Internet y, además, no es un asunto bloqueante. Las mejoras a nivel de aplicación están bien comprendidas, son más impactantes, más seguras y rápidas de implementar. También tienen múltiples beneficios adicionales. Como estamos a punto de escuchar, algunos se demostraron durante la pandemia de COVID-19...

Hacer verde el Internet desde arriba hacia abajo

Es complejo saber si la sociedad en su conjunto aprendió mucho de los confinamientos de 2020, pero la industria tecnológica sí, y lo aprendimos justo al principio —en los primeros meses o incluso semanas.

La buena noticia es que esos aprendizajes son extremadamente relevantes para la transición energética, aunque la mayoría de nosotros no lo hayamos percibido en ese momento.

Lecciones del confinamiento

Al inicio de los confinamientos por la COVID-19, Internet tuvo que manejar un aumento masivo en la demanda, ya que miles de millones de personas en todo el mundo cambiaron sus interacciones cara a cara por conferencias virtuales. Todo esto se hizo sin añadir ninguna infraestructura de red adicional.

Según John Graham-Cumming, CTO de la red de distribución de contenido (CDN) Cloudflare: "Es difícil imaginar que otro servicio (digamos electricidad, agua o gas) pueda hacer frente a un aumento repentino y continuo de la demanda del 50 %."

Como resultado de esta necesidad sin precedentes de ancho de banda, los ingenieros de software tuvieron que aprender sobre la gestión de recursos de forma apresurada. Específicamente, ellos tuvieron que comprender con rapidez los conceptos de:

- Cambio y adaptación de la demanda utilizando arquitecturas inteligentes (a menudo en la nube) como las CDN.
- Degradaciones de servicio controladas.
- Mejoras de eficiencia (que nosotras cubrimos en el Capítulo 2).

125

Cambio de la demanda

Como discutimos en el Capítulo 5, una característica fundamental de la energía renovable es que no siempre está disponible. El sol no siempre brilla y el viento no siempre sopla. Una de las maneras de lidiar con esta variabilidad es realizar el trabajo solo cuando hay energía limpia disponible para ello, incluso si esto no está sincronizado temporalmente con la demanda de dicho trabajo. Lograrlo se denomina cambio de la demanda o desplazamiento temporal, y un ejemplo de ello lo proporcionan las CDN. Las CDN manejan el ancho de banda limitado en lugar de la disponibilidad limitada de energía, pero los conceptos y técnicas son similares.

Por décadas, los tiempos de respuesta en Internet se han acelerado gracias a las CDN. Las primeras se comercializaron como formas para que los clientes de sitios web vieran imágenes o vídeos con más rapidez y lo lograron almacenando copias de los activos en todo el mundo, cerca de los usuarios que los solicitaban. Las CDN efectivamente realizaban un truco mágico: el activo parecía haber viajado al usuario más con rapidez, pero en realidad ya estaba cerca de él.

Las CDN utilizan la pretransmisión, el preprocesamiento y la precarga de activos de datos, todas conocidas como técnicas de cambio de la demanda.

 Cabe destacar que el "cambio de la demanda" es un término inadecuado en algunos casos, incluyendo el de las CDN. La demanda no se ha cambiado o desplazado, sino que el *trabajo* se ha trasladado a un punto diferente en el tiempo. Fundamentalmente, la desconexión del trabajo de la demanda es lo que tratamos de lograr con el cambio de la demanda.

El propósito de las CDN es mejorar la velocidad de acceso, y eso es excelente para la experiencia del usuario final. Sin embargo, cuando llegó la pandemia, fue su capacidad de gestión de recursos lo que demostró ser invaluable.

La premisa de una CDN es que hace un uso inteligente del almacenamiento. Una instancia de un gran activo digital se traslada a larga distancia desde el proveedor del activo hasta la CDN, donde se almacena en caché. Luego, copias del activo (digamos que es un vídeo de alta definición) se envían a distancias más cortas a sus destinos finales en los hogares de clientes que demandan acceso inmediato a la película de *Barbie* o tal vez incluso a *Oppenheimer*. El resultado es que la carga general en Internet se reduce en comparación con el escenario en el que todos esos grandes activos hubieran sido enviados de extremo a extremo.

Además, el tamaño de la copia del activo enviada desde la CDN puede ser ajustada para el consumidor final. Alguien con un teléfono podría recibir una versión de menor resolución y tamaño que alguien con un televisor 4K. De nuevo, esto reduce el tráfico de Internet.

Esa no es la única ganancia. Dado que los activos originales se trasladan a la CDN con antelación, estos pueden ser enviados cuando la red esté con tráfico moderado. Esto reduce las cargas máximas y mejora la utilización de todo el carbono incorporado en la red. Si usted sabe a qué activos van a querer acceder sus usuarios y cuándo (y a menudo lo sabe, para eso sirve el marketing), puede hacer que Internet sea más eficiente utilizando una CDN. Como nosotras discutimos con anterioridad, reducir el tráfico o suavizarlo para eliminar picos y mejorar la utilización es beneficioso para el medio ambiente. Se requiere menos electricidad para enviar los datos y construir menos infraestructura para transmitirlos.

A veces, ni siquiera se transporta el enorme activo a través de una red. Netflix (*https://oreil.ly/zomJx*) envía copias de sus películas a las CDN en camiones.

 Sí, camiones físicos. Como dijo sabiamente Andrew Tanenbaum (*https://oreil.ly/L8xeY*): "Nunca subestimes el ancho de banda de una furgoneta llena de cintas a toda velocidad por la autopista."

Las CDN son un ejemplo del mundo real sobre el concepto de cambio de la demanda y fueron una de las formas en que Internet sobrevivió a 2020. Sin embargo, no fueron la única solución.

Caídas de tensión y degradaciones controladas, así como adaptación de la demanda

Una forma de preservar un servicio es planear cómo no se va a preservar.

Una caída de tensión o brownout ocurre cuando se reduce la calidad de los servicios relacionados con la energía en un área debido a una escasez de energía. El nombre proviene de un síntoma histórico de la baja potencia de la red eléctrica, que es cuando las bombillas de filamento se vuelven más tenues y todo parece un poco turbio u oscuro.

Un brownout es un ejemplo físico de lo que se conoce como una degradación controlada: el mantenimiento de una funcionalidad limitada frente a problemas del sistema, en lugar de un fallo total (en este caso, un apagón completo o *blackout*). Ante la escasez de ancho de banda relacionada con la COVID-19, Netflix hizo su propia versión de un brownout. Como una degradación controlada, Netflix redujo su tráfico en la red al bajar la calidad de su servicio en la Unión Europea, cambiando sus codificaciones de vídeo de alta definición a baja (*https://oreil.ly/Xz9_v*). Nuestras películas durante el confinamiento quizá se vieron un poco más granulosas (aun así, pudimos verlas). Esto también fue un ejemplo *de adaptación de la demanda.*

Las empresas de videoconferencias (VC) como Zoom utilizaron degradaciones de su servicio para lograr un efecto similar. La VC es un ejemplo clásico de cómo se pueden realizar un equivalente a los brownouts en términos de ancho de banda. Según el experto en la industria de redes Christopher Liljen-stolpe (https://oreil.ly/wEpPd), "los sistemas de VC actuales para el mercado masivo son muy tolerantes con el ancho de banda. Eso previno un colapso durante la pandemia".

Los servicios de VC hacen un uso intensivo de técnicas de calidad de servicio (QoS, por sus siglas en inglés) (*https://oreil.ly/TxIVp*) de monitorización y priorización para manejar la variabilidad del ancho de banda. Por ejemplo, el audio de alta calidad es vital para una llamada, pero relativamente barato en términos de uso de la red. El vídeo es mucho más intensivo en recursos, pero su calidad se puede reducir si es necesario sin que la llamada sufra demasiado. Por lo tanto, los datos de audio se etiquetan y priorizan sobre los datos de vídeo en las redes.

Los servicios de VC también utilizan trucos ingeniosos como los filtros de gatitos y los fondos virtuales, que reducen la cantidad de datos de vídeo que se deben enviar.

 En el caso de los cambios de codificación de alta definición (HD) a definición estándar (SD), el término "adaptación de la demanda" es de nuevo un término inexacto. No se cambió la demanda, sino que se redujo el nivel del servicio para mantener una calidad mínima. Sin embargo, los filtros de gatitos sí son un ejemplo claro de adaptación de la demanda. Los clientes eligen específicamente usar un filtro que, sin saberlo, reduce sus necesidades de ancho de banda. Por conveniencia, agrupamos ambos casos porque el efecto es similar: se reducen los requerimientos de ancho de banda.

No solo los servicios de VC pueden manejar la variabilidad del ancho de banda. La mayoría de las aplicaciones bien diseñadas tienen algún mecanismo para lidiar con redes inestables porque (incluso sin fallos del BGP) algunas veces Internet es poco fiable.

Por eso, el enfoque de Internet está por delante del resto del sector tecnológico en términos de cambio y adaptación de la demanda. Como arquitectos de software, necesitamos idear nuestros propios trucos ingeniosos para gestionar los momentos en los que la energía será inexistente o muy cara. Proporcionamos algunas ideas en el Capítulo 5.

El invierno se acerca

Las tarifas dinámicas son un tipo de tarifa de electricidad donde los costes cambian cada media hora, dependiendo de lo que esté disponible en la red local. Dado que la energía renovable ahora es más barata que los combustibles fósiles, las tarifas dinámicas a menudo reflejan cuán verde es la energía disponible en ese momento.

Estas tarifas ya se han introducido en España (*https://oreil.ly/wsl7p*) y en varios otros países y regiones de la Unión Europea y América del Norte. Son inevitables para el resto de nosotros y requerirán un cambio de nuestra mentalidad. Hemos tenido décadas para acostumbrarnos a diseñar con conexiones de Internet inestables, pero la mayoría de nosotros aún tenemos una visión anticuada de la electricidad como algo disponible al 100 %. Es hora de que empecemos a pensar en opciones de degradación controlada de servicios para la electricidad de la misma manera que lo hacemos para la disponibilidad limitada de ancho de banda.

Entonces ¿qué aprendimos de 2020?

Internet es un ejemplo de algo increíblemente resiliente. Para afrontar la pandemia, las ofertas de servicios fueron degradadas de manera controlada en miles de formas por ingenieros, gestores de productos y por los propios usuarios, quienes aceptaron y adaptaron su comportamiento ante esas degradaciones. Frente a una crisis, todos tiraron en la misma dirección hacia un objetivo: mantener las cosas funcionando.

La ironía es que esto no funcionó eficazmente porque Internet sea una plataforma habitualmente sólida y fiable. Podríamos decir que no lo es, no lo ha sido y nunca lo será.

Internet está lleno de defectos. Es una especie de plataforma de ingeniería del caos incorporada, y cada aplicación que funciona con éxito sobre ella debe ser capaz de manejar los problemas y caídas de esta red.

La realidad es que es más fácil pasar de una plataforma con un 90 % de fiabilidad a una que tiene un 50 %, que pasar de una de 100 % fiable a una de 95 %. Durante la crisis de la COVID-19 se utilizaron pocas alertas nuevas de "mantenga Internet en marcha". Estas ya habían sido probadas y testadas.

Es asombroso lo que la humanidad puede lograr cuando es necesario. Sin embargo, las cosas habrían sido muy diferentes si hubiéramos tenido que cambiar de un supuesto de 100 % de fiabilidad en Internet. En lo que respecta a la resiliencia energética, los ingenieros de software vamos a tener que aprender una dura lección con rapidez, y a que a menudo asumimos una fiabilidad del 100 % en el suministro eléctrico.

En conclusión

Como regla general, las capas inferiores de Internet son eficientes, pero las superiores no lo son, y es allí donde deberíamos centrar nuestra atención primero. Hay muchas oportunidades de mejora en el nivel de la capa de aplicaciones.

Contradictoriamente, las soluciones más accesibles o viables de resolver están en la parte superior de la pila.

En este capítulo, hemos analizado algunos ejemplos del mundo real del cambio y adaptación de la demanda en Internet. También hemos visto cómo saber que una plataforma es inestable lleva a los ingenieros a centrarse más en la fiabilidad y la eficiencia (lo que a menudo da como resultado un sistema más fiable en general). Estas técnicas de ingeniería del caos fueron las que mantuvieron Internet en funcionamiento durante la pandemia de la COVID-19. Necesitamos utilizar técnicas similares para gestionar la próxima transición hacia una energía renovable menos predecible.

¿Qué debemos hacer?

- Empezar a diseñar arquitecturas que consideren tarifas dinámicas.

- Asegurarse de que cualquier plataforma en la que confiemos tenga un plan para tarifas dinámicas, cortes de energía, cambio y adaptación de la demanda.

- Dejar de asumir que la energía estará disponible al 100%. Comenzar a pensar en ella más como ancho de banda o conectividad y considerar estrategias de gestión de la demanda y degradación controlada.

Las herramientas utilitarias que ya tenemos y que realizan cambio y adaptación de la demanda (p. ej., las CDN y las instancias spot) serán vitales para la transición energética.

La buena noticia es que, durante los confinamientos, nuestra industria fue capaz de adaptarse con rapidez a una nueva forma de hacer las cosas cuando fue necesario. Sin embargo, Internet siempre había sido inestable, lo que significaba que las degradaciones, el cambio de la demanda y la adaptación de la demanda habían sido partes vitales y familiares del diseño de aplicaciones desde un principio. No estamos acostumbrados a aplicar las mismas expectativas para la electricidad de la red.

Necesitamos acostumbrarnos a eso.

CAPÍTULO 8

Aprendizaje automático, inteligencia artificial y modelos de lenguaje grandes verdes

Un ordenador merecería ser llamado inteligente si pudiera engañar a una persona haciéndole creer que es humano.

—Alan Turing

A finales de marzo de 2023, Bill Gates escribió en su blog *GatesNotes* (*https://oreil.ly/xmLXk*): "La era de la IA ha comenzado" y afirmó que la inteligencia artificial será tan revolucionaria como los teléfonos móviles o el Internet. Es una declaración impactante, sobre todo para las dos autoras que apenas recuerdan una época sin teléfonos móviles o Internet. No se puede negar que vivimos en la era de la IA y el aprendizaje automático (ML). Nunca antes había tenido un impacto tan profundo en nuestras vidas como lo tiene ahora. La IA acapara titulares en todos los ámbitos de la vida, desde el arte hasta la medicina, la guerra, los periódicos escolares y el clima.

La IA no es nueva. Alan Turing fue el primero en sugerir la idea de una "máquina pensante" en su artículo "Computing Machinery and Intelligence" en 1950[1]. En este artículo define la ahora mundialmente famosa idea del "juego de la imitación", que ahora llamamos la prueba de Turing. Esta está diseñada para juzgar si un ordenador tiene capacidades cognitivas humanas o similares a las humanas. Esta idea sigue estando vigente después de más de setenta años. Es cautivadora y provocativa, no solo para gente de la industria como usted y nosotras, sino también para Hollywood, como lo demuestran varias adaptaciones de la idea: *Westworld* (*https://oreil.ly/dxKpE*), *Ex Machina* (*https://oreil.ly/UVUgM*) y *The Imitation Game* (*https://oreil.ly/xfKkd*).

Desde los primeros modelos de IA, en las décadas de 1950 y 1960, la IA continuó desarrollándose al mismo ritmo que la ley de Moore hasta 2012[2]. Después de eso, el tamaño de los modelos se disparó. En los primeros meses de 2023, el mundo presenció un nuevo cambio de paradigma con la disponibilidad para el público general de los

---

[1] A. M. Turing, "Computing Machinery and Intelligence", *Mind* 49 (1950): 433-60, *https://oreil.ly/kcDuI*.

[2] "AI and Compute", OpenAI, accedido el 16 de mayo de 2018, *https://oreil.ly/B063Q*.

modelos de lenguaje grandes (LLM) a través de modelos y servicios como ChatGPT (*https://oreil.ly/dcK4H*), Microsoft365 Copilot (*https://oreil.ly/UBp8a*) y PaLM 2 de Google (*https://oreil.ly/tPqHP*). Los LLM son un tipo de algoritmo de IA que utiliza técnicas de aprendizaje profundo y conjuntos de datos masivamente grandes para entender, resumir, generar y predecir nuevo contenido. Estos modelos han aumentado de forma espectacular la cantidad de datos utilizados para el entrenamiento y la inferencia en comparación con los modelos de lenguaje anteriores.

En este capítulo, nos centraremos en cómo construir sistemas de ML y IA más verdes, no en si la IA cambiará nuestras vidas o dominará el mundo. Sin embargo, creemos que este es el lugar para decir que consideramos que el cambio climático es una amenaza mucho mayor para la humanidad que el auge de la IA.

Para entender por qué la IA merece su propio capítulo, le guiaremos a través del rápido crecimiento del uso de la IA y los modelos de IA —spoiler: es mucho mucho más rápido que la ley de Moore[3]. La mayor parte de este capítulo está dedicada a enfoques de mitigación a lo largo del ciclo de vida del ML. El ciclo de vida se puede definir de muchas maneras, pero para este capítulo nos ceñiremos a un modelo simplificado (ver Figura 8.1). La IA verde podría ser un libro en sí mismo. Este capítulo es más bien un bocado digerible o abrebocas.

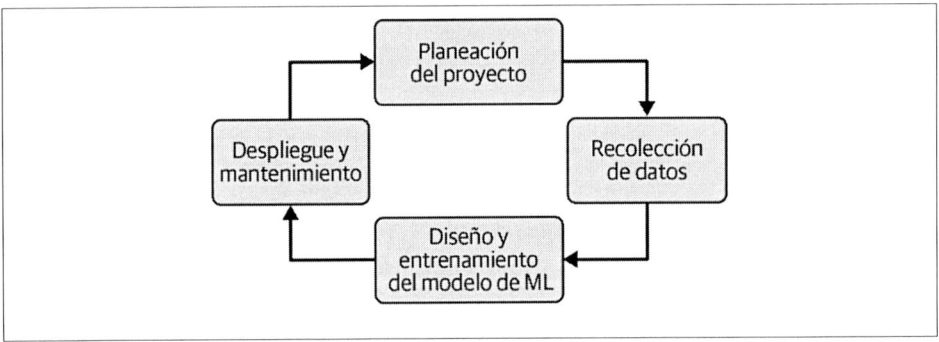

Figura 8.1 *Diagrama de flujo que describe una versión simplificada del ciclo de vida del ML.*

Crecimiento en tamaño y uso

Ya hemos mencionado que los modelos de IA en origen crecían aproximadamente a la velocidad de la ley de Moore. El hardware siempre ha sido un facilitador para la IA. La ley de Moore inicialmente fue suficiente, pero en años posteriores el uso cada vez mayor de la paralelización, las GPU y otro hardware especializado como los aceleradores de IA ha acelerado (sin intención de juego de palabras) aún más el campo.

---

[3] Gordon E. Moore, "Cramming More Components onto Integrated Circuits", *Electronics* 38, n.º 8 (19 de abril de 1965), *https://oreil.ly/r73IX*.

¿Cómo el tamaño del modelo impacta a la sostenibilidad del ML? Veamos un ejemplo. En 2019, Emma Strubell, Ananya Ganesh y Andrew McCallum escribieron un artículo titulado "Energy and Policy Considerations for Deep Learning in NLP" (*https://oreil.ly/NdFIB*), que ahora es ampliamente citado. En este documento, caracterizaron el coste en dólares y las emisiones de carbono del aprendizaje profundo (*deep learning*) en el procesamiento del lenguaje natural (NLP). Específicamente, analizaron cuatro modelos populares, lo que ellos llamaron modelos "listos para usar": Transformer, ELMo, BERT y GPT-2. Uno de los resultados más citados de ese artículo es que entrenar Transformer (con 213 millones de parámetros) con búsqueda de arquitectura neuronal una sola vez emitía tanto carbono como un coche estadounidense emitiría en cinco vidas. Esto es bastante significativo. Los modelos más pequeños en el documento tienen un coste de carbono asociado menor; sin embargo, muchos eligieron citar solo los datos del entrenamiento del modelo Transformer. Esto generó la crítica de que un modelo del tamaño de Transformer sería muy raro debido a lo caro que era entrenar, en términos de coste en dólares. Cuán equivocados estaban. Desde entonces, el tamaño del modelo ha explotado y los modelos grandes ya no son una rareza. Los modelos grandes que hemos visto en 2022, 2023 y 2024 tienen varios cientos de miles de millones de parámetros[4], que es aproximadamente mil veces más grande que Transformer.

Sabemos que el tamaño del modelo está creciendo, causando un incremento en el coste de carbono para el entrenamiento. Sin embargo, el entrenamiento es solo una parte del rompecabezas. Es el área donde, hasta ahora, tenemos más investigación disponible, lo cual es probablemente más un reflejo del estado de la investigación que del estado de las operaciones de las empresas de software. El uso de características de IA también está creciendo con rapidez. La encuesta de McKinsey "State of AI in 2022" (*https://oreil.ly/Ffv-q*) muestra que la adopción de IA se ha más que duplicado entre 2017 y 2022, aunque McKinsey vio una meseta en la primera parte de la década de 2020. Con el verdadero avance de los modelos de lenguaje grandes (LLM) a principios de 2023, será interesante ver cómo se ve la tasa de adopción en los futuros informes de McKinsey. El mismo informe de McKinsey en 2022 también encontró que el número de capacidades de IA utilizadas por las organizaciones también se duplicó entre 2018 y 2022, siendo el procesamiento del lenguaje natural (NLP) el líder. El informe *State of AI in the Enterprise report de Deloitte* (*https://oreil.ly/wW2Ut*) en 2022, encontró que el 94% de los encuestados dice que la IA es crítica para el éxito y el 79% de los encuestados dice que han implementado por completo tres o más tipos de IA, en comparación con apenas el 62% en 2021.

Para resumir, nosotras podemos ver que el tamaño de los modelos de IA está creciendo, así como el uso de dichos modelos. Esto hace que la IA y la sostenibilidad sean interesantes de discutir, más allá de preguntarle a ChatGPT si cree o no en el cambio climático.

---

[4] Irene Solaiman, "The Gradient of Generative AI Release: Methods and Considerations", *FAccT '23: Proceedings of the 2023 ACM Conference on Fairness, Accountability, and Transparency* (junio de 2023): 111-112.

Planificación del proyecto

La planificación del proyecto es la primera fase de la mayoría de los productos de software. Aquí es donde usted en realidad tiene la oportunidad de diseñar con enfoque verde. Ahora es un buen momento para hacer preguntas difíciles. Preguntas como "¿cuál será el impacto climático de este nuevo sistema?" o "¿cómo planeamos medir el impacto?". Cambiar el diseño cuando su producto todavía está en el papel es mucho más económico en comparación con cuando ya está escrito, desplegado y en uso.

Si desea incluir algunas características conscientes del carbono, como la adaptación de la demanda, este es un buen momento para iniciar estas conversaciones. La adaptación de la demanda implica cambiar el comportamiento de su producto dependiendo de la intensidad de carbono de su red, como explicamos en el Capítulo 5. Si necesita un recordatorio, puede pensar en cómo la calidad del vídeo de una llamada de videoconferencia cambia dependiendo de su ancho de banda de Internet. El mismo razonamiento se puede aplicar a la intensidad de carbono de la red. ¿Tal vez ofrecer recomendaciones menos intensivas computacionalmente cuando la red del usuario está más sucia? La planificación de proyectos es un buen momento para tener dichas conversaciones.

Otros dos aspectos a considerar en las fases iniciales son sus acuerdos de nivel de servicio (SLA) y objetivos de nivel de servicio (SLO). Según Adrian Cockcroft, ex-VP de Arquitectura Sostenible en AWS, "a menudo, el mayor beneficio es cambiar los requerimientos o SLA. Reducir el tiempo de retención de los archivos de registro. Relajar objetivos sobreespecificados"[5]. Considerar críticamente qué objetivos de nivel de servicio necesita en realidad su servicio o cliente y no entregar más de lo necesario puede ser una gran victoria en términos de sostenibilidad.

Recopilación de datos

La recopilación de datos es la segunda fase del ciclo de vida del ML. La recopilación de datos significa recabar datos en bruto de posiblemente varias fuentes. Estas fuentes podrían ser cosas como su propio sistema de ventas interno, Internet, una pequeña parte de Internet como un sitio web de foro específico o datos de encuestas.

Esta fase a menudo se ve como una parte menos glamurosa del ciclo de vida del ML. Usamos todo tipo de eufemismos para enfatizar aún más cuán poco divertida es esta parte: "basura entra, basura sale", "limpieza de datos", "búsqueda de oro", etc. Todas estas comparaciones llevan su imaginación al trabajo manual sucio. Es un poco irónico que la recopilación de datos tenga tan mala reputación, cuando sabemos que los problemas de calidad de los datos tienen un efecto en cascada más adelante en el ciclo de vida, como la reducción de la precisión.

---

[5] Adrian Cockcroft, comunicación personal.

A medida que construimos modelos de ML más grandes, estos necesitan conjuntos de datos más grandes para prevenir el sobreajuste y para que los datos en nuestro modelo en realidad representen a los datos del mundo real. Los conjuntos de datos grandes también pueden reutilizarse potencialmente para otros proyectos más adelante, por lo que se vuelven aún más atractivos. Dado que los conjuntos de datos están creciendo, significa que la recopilación de datos verdes está cobrando cada vez más importancia para mantener bajo el coste de carbono. Aun así, sorprendentemente hay poca investigación sobre cuánto del impacto de la huella de carbono representa la recopilación de datos. Pero no tema, hay algunas herramientas que puede usar para minimizar la huella de carbono de su canal de recopilación de datos.

Ante todo, reflexione críticamente sobre cuántos datos en realidad necesita y si ya existen conjuntos de datos de código abierto que podrían adaptarse a su escenario. Usar datos ya recopilados significa que no tiene que gastar emisiones de carbono adicionales construyendo su propio pipeline de datos. Afortunadamente para usted ya hay muchos conjuntos de datos disponibles para usar, algunos de código abierto y gratuitos, otros disponibles a un coste. Solo para mencionar dos ejemplos, Hugging Face (*https://huggingface.co*) dispone de más de 110 000 conjuntos de datos y Kaggle (*https://www.kaggle.com*) tiene más de 300 000 conjuntos de datos disponibles. Ambos recursos son de código abierto y públicamente accesibles. Estos abarcan una amplia variedad de escenarios, desde imágenes de gatos hasta precios de aguacates y mortalidad neonatal en los países del SAARC (Asociación para la Cooperación Regional en Asia del Sur), solo por nombrar algunos.

Los grandes conjuntos de datos a menudo también llevan consigo implicaciones éticas. Puede haber una falta de consentimiento informado en cómo se construyen y usan dichos conjuntos de datos, o incluso puede que no sea posible retirar más tarde su consentimiento de ser parte del conjunto de datos. Esto ha provocado cierto debate en la comunidad artística con el surgimiento de imágenes generadas por IA de alta calidad, pero como profesionales o practicantes de software, su código podría usarse en modelos de IA, por lo que esta es una preocupación no solo para los artistas, sino para todos.

Otro ejemplo de implicaciones éticas se puede ver con el auge del aprendizaje por refuerzo con feedback humano (RLHF, por sus siglas en inglés). El aprendizaje por refuerzo inicialmente solo usaba *datos en bruto* para el entrenamiento, lo que significa datos que no han sido etiquetados, sino que simplemente han sido recopilados de Internet en cantidades masivas. Esto a menudo funcionaba bastante bien a nivel técnico, aunque no siempre, pero esa es una historia para otro momento. RLHF tuvo algunos problemas con el contenido, que pronto se volvieron demasiado grandes para ignorar.

Como puede imaginar, Internet está lleno de ejemplos de contenido que podría no ser adecuado para un contexto profesional o que podría ser repugnante. Para combatir esto, se creó RLHF. Utiliza una combinación de datos en bruto y datos etiquetados por humanos. Esta técnica es utilizada por los LLM más recientes. Este etiquetado es la causa de preocupación ética. TIME informó en enero de 2023 (*https://oreil.ly/dw0Xj*) cómo a los trabajadores kenianos se les pagaba menos de $2 por hora y tenían que etiquetar datos violentos, sexistas y racistas para purgar el modelo de contenido no deseado. La IA y la ética es otro tema que es un libro en sí mismo, así que dejaremos el resto para actividades extracurriculares para quienes estén interesados en profundizar más en el tema.

En momentos en los que la recopilación de datos no necesita realizarse bajo demanda, considere la adaptación de la demanda como una forma de aprovechar cuándo y dónde hay energía verde disponible para nosotros. En el Capítulo 5, aprendió cómo se puede lograr.

Diseño y entrenamiento de modelos de aprendizaje automático

Lo siguiente en el ciclo de vida de ML es el diseño y entrenamiento de modelos. Esta es quizá la parte más distintiva del ciclo de vida del ML, donde este tipo de software difiere de otros tipos. También es un área donde tenemos mucha información y enfoques de mitigación disponibles para hacer que sea la fase más verde.

El tamaño importa

Entrenar modelos grandes requiere de un almacenamiento significativo y ciclos de procesamiento. Al reducir el tamaño del modelo, es posible acelerar el tiempo de entrenamiento, así como aumentar la eficiencia de los recursos durante el entrenamiento. Esto puede, a su vez, no solo ahorrar tiempo sino también dinero y carbono. La reducción de los tamaños de los modelos es un área de investigación en curso, con varias iniciativas explorando temas como la poda, la compresión, la destilación y la cuantificación, entre otras técnicas. Como aprendió en el Capítulo 4, ser más eficiente en el uso de recursos no es una solución milagrosa por sí misma, sino que desbloquea el potencial de ser más verde, ya que puede lograr más con el mismo hardware y energía. El auge de la *computación de borde (edge computing)*, en la que los datos se procesan por dispositivos o servidores en el "borde" de la red (es decir, más cerca del usuario final) y el Internet de las Cosas (IoT) significan que estamos viendo cada vez más los dispositivos con capacidades limitadas. Los modelos más pequeños serán el camino a seguir para este tipo de dispositivos. Otro beneficio de la computación de borde es la reducción del consumo de energía al realizar el procesamiento y almacenamiento más cerca de la fuente de datos, un gana-gana en términos de sostenibilidad.

Una de las técnicas de reducción es la *cuantificación*, una técnica que mapea valores continuos infinitos a un conjunto más pequeño de valores finitos discretos. En el mundo del ML, esto significa representar el modelo de ML con tipos de datos de baja precisión, como enteros de 8 bits, en lugar del habitual punto flotante de 32 bits. Esta es una técnica verde por varias razones. Ahorra espacio de almacenamiento y, por lo tanto, es más eficiente en recursos, al igual que las otras técnicas de reducción mencionadas con anterioridad. Además, permite que algunas operaciones se realicen mucho más rápido usando aritmética entera, lo que ahorra energía y recursos. Cuando la cuantificación se realiza durante la fase de entrenamiento, se llama *entrenamiento consciente de la cuantificación*. Meta experimentó con la cuantificación de entrenamiento para su modelo LLaMA en el documento "LLM-QAT: Data-Free Quantization Aware Training for Large Language Models" (*https://oreil.ly/tkohZ*). La compañía experimentó con modelos LLaMA de tamaños 7B, 13B y 30B, y demostró que la cuantificación precisa de 4 bits es posible utilizando esta técnica. Esta fue una de las primeras instancias de entrenamiento consciente de cuantificación que se utilizó con éxito para LLM, lo que abre la puerta a un entrenamiento más eficiente en recursos para LLM.

Otro ejemplo de técnicas de reducción de modelos es la poda (*pruning*). Esto se muestra en el artículo "PruneTrain: Fast Neural Network Training by Dynamic Sparse Model Recon- figuration" (*https://oreil.ly/VzddI*), en el cual los autores intentan usar la poda en la fase de entrenamiento para disminuir el tamaño del modelo. Para un escenario de clasificación de imágenes, pudieron mostrar reducciones significativas en el tiempo de entrenamiento y el uso de recursos en términos de operaciones de punto flotante por segundo (FLOP), uso de memoria y comunicación entre aceleradoras.

Usar modelos más pequeños también puede ser una forma de democratizar la investigación en ML. Si entrenar modelos "dignos" de publicaciones de investigación requiere un poder computacional masivo, los posibles contribuyentes se limitan a instituciones con recursos económicos importantes. Fácilmente, esto puede causar problemas de equidad con solo un pequeño grupo siendo capaz de contribuir a la investigación de vanguardia. Con modelos más pequeños, cualquiera con un portátil puede contribuir a este campo.

El tamaño no lo es todo

Aunque limitar el tamaño de los modelos de ML es una excelente opción, hay más opciones disponibles para usted cuando se trata de hacer su entrenamiento más verde. Por ejemplo, el entrenamiento de ML tiene el gran beneficio de ser urgente rara vez. Sí, lo adivinó: esto significa que es un gran candidato para el cambio de la demanda (lea más sobre esto en el Capítulo 5).

Otra opción, quizá la más utilizada para el reconocimiento de imágenes o el procesamiento del lenguaje natural, es aprovechar modelos preentrenados. Esto se puede hacer de dos maneras, ya sea usando el modelo tal cual o mediante el aprendizaje por transferencia. Usar un modelo existente tal cual hará que tu fase de entrenamiento sea muy verde, ya que usted puede prácticamente omitir el entrenamiento por completo. Y el software más verde es el software que no existe (también es el más aburrido). Al igual que en la fase de recopilación de datos, la comunidad se ha unido y existen muchos modelos ya disponibles para usted, ya sea públicamente o para comprar. Para reutilizar nuestros ejemplos anteriores, Hugging Face (*https://hugging face.co*) tiene más de 400 000 modelos disponibles, Kaggle (*https://www.kaggle.com*) tiene más de 2000 modelos disponibles para el público.

Si no puede encontrar un modelo perfecto para reutilizar, pero encuentra uno que casi se ajusta, puede usar el aprendizaje por transferencia. La idea general del aprendizaje por transferencia es que usted tiene un modelo entrenado en un conjunto de datos grande, con datos lo suficientemente genéricos como para considerarse un modelo bastante bueno del mundo, que usted reutiliza para un nuevo propósito. Digamos que usted tiene un modelo que puede detectar gatos en imágenes. Entonces puede usar el aprendizaje por transferencia para adaptar el modelo para reconocer monos. Con el aprendizaje por transferencia, aprovecha el modelo ya creado y evita reentrenarlo desde cero. En su lugar, puede usar técnicas como el ajuste fino o la extracción de características[6] para adaptar el modelo a su escenario específico.

Esto ahorra carbono en comparación con un reentrenamiento completo (¡y posiblemente una recopilación de datos!) de un modelo nuevo. Esta técnica también es excelente para discutir con su director financiero (CFO), ya que es mucho más económico adaptar un modelo existente a un problema nuevo que crear un modelo nuevo desde cero.

Típicamente, los modelos de ML son centralmente entrenados en un centro de datos, lo cual es muy conveniente cuando se tienen datos centralizados, pero hay diferentes enfoques disponibles. Algunos de estos enfoques pueden ser más verdes si se aplican con un poco de reflexión. Un ejemplo es el entrenamiento en el borde, que se mencionó con anterioridad en este capítulo. Otro ejemplo es el aprendizaje federado (FL), que Google ha utilizado en producción desde 2017[7]. FL es una técnica en la que el entrenamiento se distribuye entre los dispositivos de los usuarios finales, manteniendo todos los datos locales en el dispositivo, pero colaborando en el modelo final. El artículo "Can Federated Learning Save the Planet?" (*https://oreil.ly/mwX43*) profundiza en el coste ambiental del aprendizaje federado en comparación con el entrenamiento centralizado en términos de coste de carbono. Los hallazgos muestran que FL, a pesar de ser más lento en converger, puede ser una tecnología más verde que el entrenamiento centralizado en centros de datos. FL puede ser una tecnología mucho más verde sobre todo para conjuntos de datos más pequeños o modelos menos complejos.

---

[6] "Transfer Learning and Fine-Tuning", TensorFlow, 7 de diciembre de 2023, *https://oreil.ly/6vs5_*.
[7] Brendan McMahan y Daniel Ramage, "Federated Learning: Collaborative Machine Learning Without Centralized Training Data", Google Research, 6 de abril, 2017, *https://oreil.ly/OjVMi*.

El avance de la IA está estrechamente vinculado al avance del hardware. Bueno, eso es discutiblemente cierto para toda la industria del software, pero esto es aún más cierto para la IA. El Capítulo 6 tiene una exploración más profunda del mundo del hardware y la sostenibilidad, así que diríjase allí para más contenido. En este capítulo nos conformaremos con un ejemplo: los chips de IA especializados. Los chips de IA pueden usarse tanto para entrenamiento como para inferencia, y típicamente incluyen unidades de procesamiento gráfico (GPU), matrices de puertas lógicas programables en campo (FPGA) y circuitos integrados para aplicaciones específicas (ASIC), que están especializados para tareas de IA. Debido a que estos chips están especializados para las tareas de IA, a diferencia de los chips de hardware de propósito general como las unidades de procesamiento central (CPU), son masivamente más eficientes. Usar un chip de IA especializado para el entrenamiento puede ser de diez a mil veces más eficiente que usar hardware generalizado[8]. Esto, a su vez, produce un enorme ahorro de costes (p. ej., los escenarios de reconocimiento de imágenes han aprovechado esto históricamente). Por supuesto, también tenemos que considerar el coste incorporado de cualquier hardware producido, pero más sobre ese escenario de compensación en el Capítulo 6.

Despliegue y mantenimiento

Para las empresas productoras, el despliegue y el mantenimiento pueden ser donde más carbono se gaste. No podemos decirlo con seguridad ya que el área no está bien investigada, al menos no con resultados disponibles públicamente. Sin embargo, la lógica dicta que con un entrenamiento completo que ocurre una sola vez y la inferencia que ocurre muchas, muchas y muchas veces, esta fase es donde muchos de nosotros deberíamos estar invirtiendo nuestro tiempo y dedicando atención. Esto podría no ser cierto para todos los escenarios de ML, por ejemplo, en el ámbito de la investigación, donde los modelos se construyen principalmente con el propósito de escribir un artículo. Pero en la esfera del software empresarial, donde las autoras de este libro se desenvuelven, la inferencia vale definitivamente su atención.

Una forma de hacer que el despliegue de sus modelos de ML sea más verde es reduciendo el tamaño del modelo en uso. En la sección de entrenamiento de este capítulo, vimos que la cuantificación, la compresión y la poda se pueden usar en la fase de entrenamiento para reducir el tamaño del modelo. Estas técnicas también pueden usarse después del entrenamiento para disminuir el tamaño del modelo usado durante la inferencia. Reducir el tamaño del modelo final significa dos cosas. Primero, que los dispositivos más pequeños pueden ejecutar estos modelos, lo cual puede ser ideal para escenarios de IoT o del lado del cliente. Segundo, que hace que el despliegue de estos modelos sea más económico y verde, ya que modelos más pequeños en producción implican más eficiencia en el uso de recursos.

---

[8] Saif M. Khan, "AI Chips: What They Are and Why They Matter", Center for Security and Emerging Technology, abril de 2020, *https://oreil.ly/vDINS*.

Cuando hablamos del mantenimiento de modelos de ML, debemos mencionar MLOps (operaciones de aprendizaje automático). *MLOps* es un campo que vive en la intersección del aprendizaje automático, DevOps y la ingeniería de datos (ver Figura 8.2). Su objetivo es operacionalizar el proceso de llevar modelos de aprendizaje automático a producción y luego mantenerlos y monitorizarlos. Cuando se trata de hacer que la fase de mantenimiento del ciclo de vida del ML sea más verde, podemos concluir que MLOps y DevOps tienen muchas cosas en común, aunque no sean idénticos. Como tal, podemos reutilizar mucho de lo que aprendimos en el Capítulo 4 cuando se trata de reducir la huella de carbono de nuestras operaciones. Las lecciones generales aprendidas en el Capítulo 3 también serán válidas para escribir código para atender cargas de trabajo de producción de ML, así que regrese allí para un recordatorio si lo necesita.

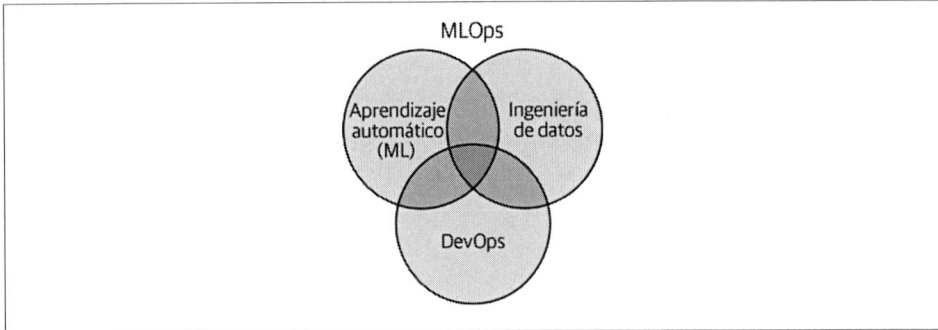

Figura 8.2 *Diagrama que describe los componentes de MLOps.*

¿Por dónde debería empezar?

Nosotras esperamos que ahora usted tenga algunas percepciones sobre por qué la IA y el ML son interesantes a la hora de hablar desde una perspectiva de sostenibilidad y que le hayamos proporcionado algunas herramientas para cada parte del ciclo de vida. Estas herramientas involucran el uso de conjuntos de datos más pequeños para hacer la recopilación de datos más verde, así como el uso del aprendizaje por transferencia, la reutilización de modelos o el uso de modelos más pequeños para ahorrar carbono en la fase de entrenamiento. Probablemente su próxima pregunta sea: "¿En qué parte del ciclo de vida se genera más carbono?"

La respuesta corta es que depende de su proyecto. Si está trabajando con modelos muy grandes con datos por completo nuevos, tiene sentido comenzar a mirar su recopilación de datos. Sin embargo, si está tratando de lograr una precisión muy alta o tiene un escenario de investigación donde en realidad no utilizará su modelo después de su creación, entonces mire el coste de entrenamiento. Si está ejecutando operaciones de ML en sus cargas de trabajo de producción, es muy probable que en el despliegue y el mantenimiento sean donde usted esté gastando más.

CAPÍTULO 9
Medición

Un experimento es una pregunta que la ciencia plantea a la naturaleza y una medición es el registro de la respuesta de la naturaleza.

—Max Planck

Métricas, mediciones o monitorización —como prefiera llamarlo, a los profesionales del software nos gustan los números y los gráficos que indican nuestro progreso. Quizá esto se deba a la naturaleza intangible de nuestro campo. ¿O tal vez todos los tipos de profesionales que dedican su tiempo a construir cosas están igual de obsesionados con las mediciones? Sea cual sea la razón, aquí hay algunas preguntas muy comunes cuando se habla de software verde: ¿Cómo puedo medirlo? ¿Cómo sé mi impacto? ¿Qué parte de mi software tiene el mayor impacto? En este capítulo, profundizaremos en estas preguntas y le ofreceremos algunas opciones sobre cómo responderlas.

En un mundo perfecto, cada artículo tendría un cuidadoso precio de carbono asociado, que reflejaría el impacto climático de cada acción que tomamos o cada producto que compramos. De esa manera, siempre podríamos tomar decisiones informadas con respecto al clima. Pero como usted habrá notado en las tiendas, esto no es lo que vivimos en la actualidad. Sin embargo, en este capítulo, analizaremos lo que significaría "lo más cercano posible a la perfección" para el software. Debido a que nosotras somos personas obstinadas, también le diremos hacia dónde nos gustaría ver que se dirija la industria: la monitorización en tiempo real de las emisiones de carbono. Y por si acaso, también le diremos cuáles son las medidas "suficientemente buenas" y cuándo y cómo puede usarlas.

Como ocurre con la mayoría de las cosas, por supuesto, no somos los primeras en reflexionar sobre estos temas (afortunadamente). Por lo tanto, también repasaremos las metodologías actuales que otras personas inteligentes ya han propuesto para nuestra consideración. El objetivo no es evaluarlas, sino informarle a usted sobre sus fortalezas y debilidades, para que sepa cuándo usar cada una y para qué usarla.

¿Le parece un poco complicado calcular su propia huella de carbono? Bueno, ¡tiene suerte! Porque no solo tenemos estándares, sino también ¡hay herramientas disponibles! Todos los grandes proveedores de la nube pública tienen sus propias herramientas y la comunidad, en general, ha suministrado algunas, de código abierto, para que usted se beneficie de ellas.

El objetivo de este capítulo es hacer que usted pase de la pregunta "¿cuál es mi huella?" a la respuesta "sé cuál es mi huella, ¿con qué acción usted puede empezar ahora?".

Lo perfecto

A estas alturas, usted conoce los bloques básicos de construcción para hacer que el software sea más verde, y esto le brinda una comprensión de lo que usted necesita medir. Aprendió en el Capítulo 2 que la utilización de energía, el carbono incorporado en el hardware y la intensidad del carbono de la red juegan un papel determinante para establecer si su software es verde. ¿Cuál sería la forma perfecta de medir cada uno?

Antes de eso, necesitamos hablar un poco sobre el alcance. El software de hoy rara vez se limita a una sola máquina sobre la cual tengamos control total. No, el software de hoy abarca muchas máquinas, capas de abstracción, redes y otros tipos de dispositivos de hardware, que, además, suelen compartirse con frecuencia con otro software y/o datos. Para medir las emisiones de nuestro software, debemos decidir las limitaciones del sistema de dicho software. Para una aplicación web, esto podría incluir la máquina virtual en la nube, el equipo de red que envía datos desde la nube al dispositivo del usuario final (p. ej., un teléfono) y dicho dispositivo de usuario final. También es útil considerar los límites temporales de nuestro software (p. ej., cómo se comporta a lo largo del tiempo). Para nuestra aplicación web, esto podría consistir en el uso activo de los usuarios (como hacer clic en un botón), como también el uso pasivo (como las instalaciones de actualizaciones). Deduciremos que algunos de estos aspectos son más fáciles de medir, mientras que otros son más difíciles o prácticamente imposibles. Por ejemplo, a un acceso limitado a los datos.

En las siguientes secciones se hablará sobre cómo medir perfectamente la energía, la intensidad de carbono y las emisiones incorporadas. Estos valores pueden utilizarse luego en uno (o varios) de los estándares que se presentan en el apartado "Examinación de las metodologías actuales".

Datos de energía perfectos

Comencemos con la energía, porque probablemente sea lo primero que se le venga a la mente al pensar en cómo el software produce emisiones. La fuente perfecta de datos de energía para su software sería en tiempo real y capaz de ajustarse a la granularidad que usted desea (p. ej., a nivel de servicio o proceso, o a nivel de línea de código). ¿Podría medir esto por su cuenta? Sí, pero podría ser un poco complicado.

Si su software se ejecuta en un dispositivo al que tiene acceso físico, la forma más fiable también es la más sencilla. Compre un medidor de vatios-hora barato, conéctelo en la toma de corriente entre su pared y su hardware, y estará listo. Si nunca ha utilizado un medidor de vatios-hora antes, es un pequeño dispositivo de medición que puede medir la potencia eléctrica que pasa a través de un circuito en un momento determinado. Ese circuito eléctrico puede ser cualquier cosa, desde su hogar entero hasta un pequeño dispositivo de hardware, como su teléfono. Esta siempre será la mejor manera de medir el consumo de energía porque medirá exactamente lo que consume su hardware. Hay algunas advertencias a tener en cuenta:

- Cualquier hardware consumirá energía cuando esté inactivo. Esto se llama *consumo de energía estática* (también denominada consumo de energía en modo reposo). Considere esto como un consumo de energía de referencia. Si le interesan los números absolutos para su aplicación, entonces deberá medir el consumo base y luego restarlo del consumo total medido cuando la aplicación está en funcionamiento (esto es algo de lo que también podemos hacer uso en relación con la proporcionalidad energética, pero hablamos más de eso en el Capítulo 2).

- Siempre comience a medir desde el estado estacionario (SS). Puede que recuerde esto por alguna clase de electrónica en la secundaria (si las tomó), que cada vez que un componente eléctrico se inicia, puede observar un evento transitorio, a menudo una oscilación, que es una explosión repentina de energía. No deseará incluir esto en sus pruebas, así que comience a medir cuando pueda observar el SS.

- Si su dispositivo tiene batería, esta debe estar por completo cargada y enchufada durante la medición. De lo contrario, terminará midiendo el consumo de energía de la carga de su batería, lo cual puede ser interesante, pero no es lo que buscamos aquí.

Si no tiene acceso físico a su dispositivo, hay múltiples maneras de instrumentar su software o hardware para extraer estos datos del dispositivo. Cómo usted lo haga depende de cómo se vea y funcione su sistema. Esto podría ser posible al obtener los datos de sus sistemas operativos o del software de orquestación que utiliza, por ejemplo.

En general, esto funciona muy bien en un entorno similar a un laboratorio o para piezas de software menos complejas. Sin embargo, realizar mediciones de energía en tiempo real en sistemas de gran escala que abarcan muchas capas de abstracción es otro asunto, como pronto se dará cuenta. Es por completo posible, pero para muchos de nosotros, puede ser más conveniente dejar el coste de desarrollo de la instrumentación energética a alguien más, como su proveedor de servicios de Internet o su proveedor de nube. Pero incluso cuando lo dejemos en manos de otros, los criterios mencionados al principio siguen siendo válidos. Idealmente, estos datos deberían estar en tiempo real y proporcionarse con suficiente granularidad.

Una sola golondrina no hace verano. De la misma manera, la energía perfecta no constituye una métrica de carbono perfecta. La energía es la primera parte de la ecuación, así que exploremos las demás.

Datos de intensidad de carbono perfectos

En teoría, toda la energía se crea igual. Un electrón de una celda solar hará que su bombilla se encienda exactamente de la misma manera que un electrón de una planta de energía de carbón. Sin embargo, en la práctica, el impacto en el clima y nuestra métrica de carbono perfecta difiere ampliamente. Ya hemos cubierto esto en el Capítulo 2, así que no entraremos en más detalles aquí. Pero ¿cómo podemos medirlo?

Un simple medidor de vatios o alguna instrumentación de código no será suficiente. Generar una señal perfecta de intensidad de carbono requiere un entendimiento más profundo de la red eléctrica, así como acceso a datos. Sin embargo, nos gustaría que estos datos estuvieran en tiempo real (al igual que con los datos de energía) y fueran suficientemente granulares, esta vez en relación con la ubicación y la hora del día. Queremos combinar nuestros datos de consumo de energía con la forma en que se creó la energía. De esta manera, obtendremos la métrica de carbono para la parte energética de nuestro software.

La mayoría de las veces, estos datos de intensidad de carbono provendrán de terceros, ya sea directamente de los propios operadores de la red o de una organización que agrega datos de múltiples operadores de red, como WattTime API[1] o Electricity Maps[2]. Si obtiene los datos de los operadores de la red, probablemente serán de un conjunto de datos públicos de intensidad de carbono histórica, como el conjunto de datos proporcionado por Our World in Data[3], no datos en tiempo real. Organizaciones como WattTime API y Electricity Maps proporcionan acceso basado en API a datos de intensidad de carbono en tiempo real, históricos y pronosticados con alta granularidad. Vea la Figura 9.1 para observar cómo la intensidad de carbono de la red varía en todo el mundo.

Incluso si obtenemos estos datos de un proveedor de terceros, hay varios tipos de señales a las que podemos acceder aquí, y nos proporcionan diferentes tipos de datos. Algunos ejemplos son:

LRMER
Tasas de emisión marginal a largo plazo

SRMER
Tasas de emisión marginal a corto plazo

AER
Tasas de emisión promedio

---

[1] WattTime, accedido el 18 de enero de 2024, *https://www.watttime.org*.

[2] Electricity Maps, accedido el 18 de enero de 2024, *https://www.electricitymaps.com*.

[3] "Carbon Intensity of Electricity Generation", Our World in Data, accedido el 18 de enero de 2024, *https://oreil.ly/ GUSm6*.

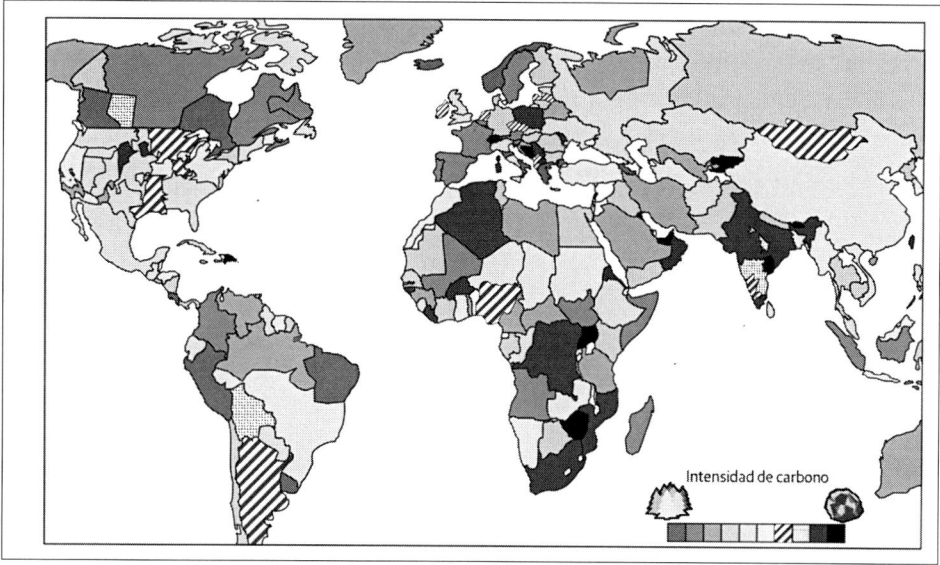

Figura 9.1 *El mapa muestra la intensidad de carbono ficticia de la red en diferentes partes del mundo.*

Hay mucho que podría decirse aquí, pero por ahora consideremos que los datos perfectos probablemente sean algo que usted no puede instrumentar por su cuenta. No tema: el acceso a datos perfectos basado en software sigue siendo posible en muchas partes del mundo. "Pero espere", piensa usted, "¿qué pasa con las compensaciones de carbono? ¿O los acuerdos de compra de energía?". En la siguiente sección, nosotras profundizaremos en las medidas económicas de la intensidad de carbono y la electricidad.

¿Dónde encajan las reducciones basadas en el mercado?

¡Hablemos de economía un momento! Prometemos que solo será un momento. Las *reducciones basadas en el mercado*, o estrategias, son en esencia una herramienta económica para cambiar la huella de carbono de alguna cosa. Podemos neutralizar emisiones y, por lo tanto, reclamar una menor huella de carbono para nuestras operaciones. De manera similar, podemos comprar producción de energía renovable a través de un acuerdo mientras utilizamos en realidad fuentes no renovables para alimentar nuestras operaciones y reclamar neutralidad de carbono. Estas son medidas inherentemente económicas diferentes a eliminar el carbono, pero son interesantes y se utilizan mucho, así que queremos dedicar un tiempo a hablar de ellas. ¿Qué significa "medidas económicas" en este contexto? Los electrones que utilizamos siempre serán los electrones que empleamos. Debido a la naturaleza de las redes eléctricas, no podemos elegir y seleccionar. Lo que podemos elegir es por lo que pagamos.

Los acuerdos de compra de energía (PPA, por sus siglas en inglés) son un ejemplo de este tipo de medida basada en el mercado. Un PPA es un contrato a largo plazo entre un productor y un consumidor de energía, que típicamente garantiza que el consumidor compre una cantidad fija o un porcentaje de la producción de energía. Esto puede ser a una tarifa fija o a un precio basado en el mercado, dependiendo del contrato. La Figura 9.2 muestra un ejemplo de cómo puede lucir un acuerdo PPA simple entre dos partes. Un acuerdo PPA puede establecerse en diversos grados de localización, ya sea desde una planta justo al lado de su centro de datos (u otro consumidor de energía planificado) o desde una planta en otro país.

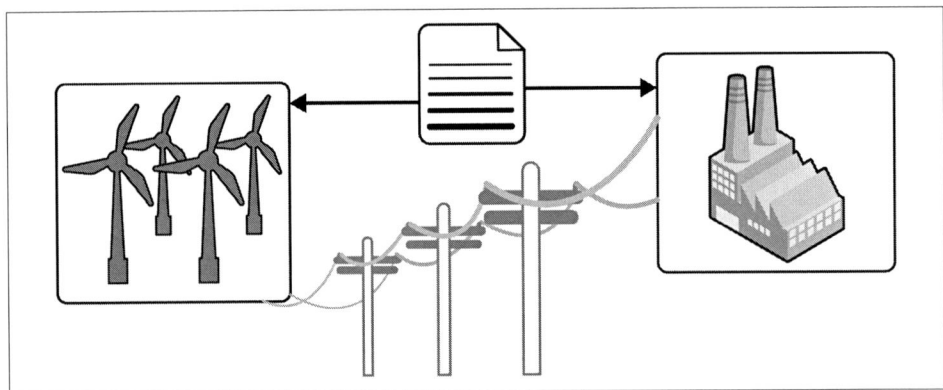

Figura 9.2 *Diagrama que explica la forma más simple de un PPA, donde hay un contrato entre un productor de energía y una empresa, que están ubicados cerca uno del otro.*

Este método se usa con frecuencia como una forma de financiar nuevas plantas de energía renovable[4], ya que le da al productor la certeza de poder vender la energía que eventualmente produce. Esto es denominado *adicionalidad* y con el tiempo fomenta la creación de una red libre de fósiles. Los PPA son populares. En 2021, más de 137 empresas en 32 países diferentes los compraron. El sector tecnológico es uno de los principales consumidores de energía renovable a través de PPA, siendo Amazon, Microsoft y Meta los tres principales consumidores en 2021 y Google ocupando el sexto lugar[5].

La compensación es otra medida basada en el mercado que ocurre después del propio mercado energético. De nuevo, se trata de una relación entre un productor de compensaciones de carbono, o un crédito de carbono, y un consumidor del mismo. Una *compensación de carbono* representa una cantidad fija de reducción o eliminación de carbono, y esta compensación de carbono puede ser adquirida. Estas transacciones están reguladas por gobiernos o entidades de certificación independientes en el mercado de

---

[4] Dominik Ruderer, "Infrastructure Solutions: The Power of Purchase Agreements", European Investment Bank, 12 de julio de 2022, *https://oreil.ly/60qbQ*.

[5] "Corporate Clean Energy Buying Tops 30GW Mark in Record Year", BloombergNEF, 31 de julio de 2022, *https://oreil.ly/LDNJO*.

carbono voluntario. Tanto individuos como organizaciones pueden comprar compensaciones de carbono en este mercado para alcanzar sus objetivos de compensación de carbono. La compensación real (p. ej., no la parte de venta y compra) puede realizarse de varias maneras. Quizá le resulten más familiares los proyectos de reforestación o las iniciativas de captura de carbono.

Como usted puede imaginar, debido a la naturaleza de este mercado, algunas de estas compensaciones pueden ser difíciles de rastrear y confirmar su validez, lo que ha sido y sigue siendo motivo de críticas hacia las compensaciones de carbono. Una medida para combatir esto es la existencia de varios estándares globales que las compensaciones de carbono deben cumplir, como el Verified Carbon Standard[6] y el Gold Standard[7].

Existen más herramientas de las que podríamos hablar aquí, como las reducciones, la neutralización o las compensaciones, pero dejaremos esto para una lectura adicional para quienes estén interesados. Por ahora, ¿cómo encajan estas en nuestras mediciones perfectas?

Hay diferentes escuelas o corrientes de pensamiento al respecto. Algunos dicen que las reducciones basadas en el mercado son válidas y siempre se pueden incluir en los informes de carbono. Otros sostienen que tienen una efectividad cuestionable y deberían informarse por separado. En términos de medir el software, creemos que las reducciones basadas en el mercado oscurecen la imagen para personas que desean conocer la huella de carbono de su software para reducirla. Cualquier posible compensación en el futuro no afecta a la intensidad actual de carbono del software, que es lo que nos importa.

En una estrategia de cero neto (net-zero) la eliminación de emisiones es crítica para alcanzar nuestros objetivos para 2045. El estándar Cero Neto de la Iniciativa Objetivos Basados en la Ciencia (SBTi, por sus siglas en inglés)[8], que en la actualidad utilizan 4000 corporaciones, establece que la mayoría de las empresas necesitarán establecer objetivos a largo plazo para reducir el 90 % de sus emisiones antes de 2050. Debido a que las reducciones basadas en el mercado dificultan la medición de las emisiones eliminadas de su propio software, consideramos que estas reducciones no tienen cabida en una llamada métrica perfecta de carbono. Deberíamos aclarar que esto no significa que todas las reducciones basadas en el mercado sean malas o que no deban utilizarse, solo que complican la acción de una métrica de carbono del software.

Trazabilidad perfecta de carbono incorporado

La última parte de nuestra métrica perfecta de carbono es la parte de carbono incorporado. Lamentablemente, este es otro dato que es difícil de instrumentar por su

---

[6] "Verified Carbon Standard", Verra, accedido el 18 de enero de 2024, *https://oreil.ly/bpVDN*.

[7] Gold Standard, accedido el 18 de enero de 2024, *https://www.goldstandard.org*.

[8] "The Corporate Net-Zero Standard", accedido el 18 de enero de 2024, *https://oreil.ly/M2yPF*.

cuenta (simplemente porque rara vez usted produce su propio hardware), por lo que tiene una visión limitada del proceso. Lo que necesita de sus fabricantes es algún tipo de valor inicial (p. ej., un coste total para la fabricación del dispositivo). La amortización de este coste gastado es entonces algo sobre lo que puede tener control total. Usted también puede razonar de la misma manera sobre el coste del reciclaje o la destrucción del dispositivo al final de su vida útil.

A partir de lo aprendido en el Capítulo 2, el hardware ya viene con una deuda de carbono incorporada. Este carbono ya se ha liberado a la atmósfera, y usted no puede cambiarlo, solo ser consciente de ese hecho. Si un proveedor de hardware —por ejemplo, de servidores— ofrece un coste de carbono por unidad, puede usar esta unidad de emisiones de carbono y valorar cómo la usa. Puede modelar cómo cambia el impacto sobre sus cambios climáticos si extiende la vida útil de este servidor durante un año, o si es capaz de hacer más eficiente su código u operaciones para ejecutar el doble de carga de trabajo en el mismo dispositivo.

Pero ¿qué sucede si no posee su propio hardware? Por ejemplo, ¿qué pasa si desarrolla aplicaciones frontend o ejecuta en una plataforma de nube pública? ¿Proporciona su proveedor de servicios de Internet estos datos?

Este dato no es muy complicado de acceder si tiene su propio centro de datos on-premises y gestiona directamente los activos. Pero si no lo tiene, entonces queda de nuevo a merced de alguien más para que le proporcione estos datos. Lo que se vuelve importante entonces es su —ya muy familiar— granularidad. A usted le gustaría que sus proveedores de servicios le dieran suficientes detalles sobre el carbono incorporado para que pudiera entender qué acciones reducirían el impacto.

Un ejemplo de cómo obtener estos datos para la nube pública es Cloud Carbon Footprint (CCF)[9]. CCF es un proyecto de código abierto, patrocinado por Thoughtworks Inc. Esta herramienta puede medir, monitorizar y reducir las emisiones de carbono de su nube en AWS, Azure y Google Cloud. El CCF ha realizado un análisis de ciclo de vida de muchas de las máquinas que ofrecen estos proveedores de nube, y estos datos son abiertos y gratuitos para su uso.

Para los dispositivos del lado del cliente, la situación es complicada. Tendría que tener bastante suerte para que toda su base de usuarios le proporcione la edad de sus dispositivos y las tasas de utilización. También rara vez tiene un proveedor de servicios al que pueda hacerle estas preguntas difíciles. En la sección "¿Lo suficientemente bueno?" de este capítulo, revisamos algunos indicadores que pueden ser más útiles en este caso.

---

[9] Cloud Carbon Footprint, accedido el 18 de enero de 2024, https://www.cloudcarbonfootprint.org.

El futuro de la monitorización perfecta

¿Hacia dónde queremos que se dirija la monitorización del carbono del software en el futuro? Si nos pregunta a nosotras —y dado que usted eligió este libro, vamos a asumir que sí lo hizo— es monitorización de carbono en tiempo real.

¿Qué queremos decir nosotras con eso? Si los datos de carbono se convirtieran en métricas como cualquier otra, como latencia y disponibilidad, habría muchos beneficios para nuestra industria. Para empezar, ya hay muchos principios, prácticas y herramientas disponibles para otros tipos de métricas, que podrían reutilizarse. También hay muchas personas dentro de la industria que ya están familiarizadas con la gestión de esas métricas y las utilizan de la manera más efectiva.

¿Cómo podemos entonces hacer que los datos de carbono sean como otra métrica familiar? Hay dos cosas que consideramos clave: los datos de series temporales y la estandarización de métricas.

Datos de series de tiempo

Con datos de series temporales, las métricas podrían integrarse fácilmente con las herramientas actuales de monitorización y alerta estándar de la industria, como Prometheus, Grafana o su herramienta de monitorización favorita. Esto nos permitirá tratar la huella de carbono de nuestro software como otra métrica importante a la que debemos atender. También desbloquea escenarios como alertarle cuando su objetivo de nivel de servicio de carbono (SLO) esté en riesgo, etc.

Estandarización de métricas

La estandarización de métricas es otro elemento clave. Si hacemos un paralelo con lo que pasó con OpenTelemetry, ahora existe un estándar industrial para los datos de telemetría, y podemos ver que ha tenido beneficios claros para el sector. Ha reducido la complejidad de la recopilación de datos, ha aumentado la calidad de los datos, ha facilitado la comparación entre sistemas propios con proveedores y ha comenzado a permitir que las personas trabajen en herramientas para analizar esos datos. Por supuesto, queremos los mismos beneficios para los datos de carbono.

Contar con herramientas que tengan suficiente granularidad en el tiempo, así como la ubicación y los componentes de software, que puedan proporcionar datos en tiempo real (o casi en tiempo real), significaría que, como profesionales del software, podríamos preocuparnos un poco menos por medir y un poco más por reducir. Eso nos parece un trato justo. Tener un número reducido de personas perfeccionando métricas transparentes para que puedan ser consumidas por las masas puede ser una excelente manera de habilitar a más personas a reducir sus emisiones.

Claro, esto no será posible para todos los tipos de software. Pero para el software que se ejecuta en plataformas más grandes, como nubes hiperescalables o sistemas operativos bien conocidos, esta es una buena solución, hacia la cual esperamos que la industria se dirija.

¿Lo suficientemente bueno?

Por ahora, todos entendemos que "lo perfecto" puede estar un poco lejos a veces. No siempre tenemos acceso a datos perfectos, ni la capacidad de recopilar datos de manera continua, y a veces ni siquiera tenemos acceso a ningún dato. ¿Significa eso que deberíamos rendirnos en la medición? No, pero podemos abordarlo desde un ángulo diferente y mantener nuestro enfoque científico.

Uso de indicadores

Medir directamente las emisiones de carbono es la mejor manera de conocer sus emisiones de carbono (obvio). Pero también hay algunos indicadores que están relacionados con las emisiones de carbono que puede usar como una indicación de si se está moviendo en la dirección correcta.

Uno de los mejores indicadores es la energía, porque está estrechamente relacionada con su huella de carbono. Este también tiene el beneficio de hacer posible instrumentar, tanto en servidores como en dispositivos del lado del cliente en entornos similares a un laboratorio. Uno de los mejores indicadores para la energía es el uso de la CPU; también es fácil de instrumentar, lo cual es un plus. Si está autoalojado, también podría obtener estos datos de su proveedor de energía en tiempo real, o al menos al final del mes con su factura. Como probablemente entienda a estas alturas, la energía y el carbono no tienen una relación 1:1, pero en cuanto a indicadores, este es muy bueno.

El coste es otro posible indicador y muchas acciones de ahorro verde también disminuirán los costes. El beneficio es que este indicador también habla el idioma de su director financiero (CFO) y nunca debe subestimar el poder de tener al CFO de su lado. Este no es un indicador perfecto por algunas razones. Un ejemplo es que los proveedores de nube no tienen en cuenta la conciencia sobre el carbono de su carga de trabajo en su factura. Otro ejemplo es que el coste de la electricidad no tiene que estar relacionado con la sostenibilidad de la producción. Pero en general, reducir los costes operativos disminuirá sus emisiones de carbono y, por lo tanto, es un indicador lo suficientemente bueno.

El hardware es un gran indicador para parte de sus emisiones de carbono. Producir nuevo hardware conlleva un coste de carbono significativo. Debido a la proporcionalidad energética, ejecutar más servidores con una baja utilización también consume más energía que ejecutar menos servidores con una mayor utilización. La parte complicada aquí es considerar el impacto a nivel de sistema. Si está disminuyendo su huella de hardware en su sala de servidores al enviar más cómputo al lado del cliente, en realidad puede estar aumentando sus emisiones. ¿Por qué? Porque se está aumentando el uso tanto la red como del dispositivo del lado del cliente, lo que provoca un mayor uso de energía. Al usar un poco el pensamiento a nivel de sistema, el uso de hardware es un gran indicador.

Para algunos escenarios, la latencia u otras métricas de rendimiento también pueden usarse. Sin embargo, esto tiene más matices, ya que requiere que considere cómo se debe interpretar su latencia o rendimiento. Pero, en general, puede funcionar de la siguiente manera: si disminuye la latencia mediante la eficiencia del código u operaciones más inteligentes (p. ej., evitando de manera optimista una caché de hardware extra al problema), usted usará menos recursos en su ordenador. Hasta aquí, todo bien. Pero, como señalamos en el Capítulo 4, por sí solo, esto… no hace nada (o muy poco). Sin embargo, si empareja esto con un empaquetamiento más denso en su hardware (p. ej., al poder atender el doble de solicitudes a la API desde el mismo servidor) su eficiencia aumenta. Aquí es donde entra el ahorro de carbono. Las métricas de rendimiento funcionan de la misma manera. ¿Utilizando menos CPU? Genial, eso significa que más recursos pueden ahora tener acceso a la CPU y la eficiencia aumenta.

Uso consistente de datos imperfectos para alcanzar reducciones

¿Qué tan científico es esto? Bueno, no es tan bueno como nuestros datos perfectos. Pero en el mundo real, las cosas rara vez son perfectas y no deberíamos permitir que eso se interponga en nuestras acciones climáticas. Si puede mantener un enfoque científico sobre cómo utiliza su indicador, o incluso combinar varios para obtener un panorama más amplio, este es un excelente punto de partida.

Si el uso de indicadores debiera culminar con un resultado lo más preciso posible, se requiere que usted esté bastante familiarizado con su software. Esto puede estar bien o puede que esté dispuesto a arriesgar números ligeramente incorrectos para no dejar que lo perfecto sea enemigo de lo bueno. Tener un poco de comprensión sobre cómo funciona su indicador será de gran ayuda. Pero, idealmente, los datos de carbono deberían ser fáciles de obtener, por lo que abogamos por la monitorización de carbono en tiempo real como el objetivo para el futuro de nuestra industria.

Revisión de metodologías actuales

Como se mencionó con anterioridad, no somos los primeros en la misión de averiguar nuestra huella de carbono. Ya existen algunas metodologías disponibles para ayudarnos a hacerlo. Dedicaremos un tiempo para revisarlas.

Nos gustaría echar mano (y posiblemente citar erróneamente) de una cita de la Dra. Radia Perlman: "A veces, los organismos de estandarización son como aficionados al deporte, cada uno animando solamente a su propio equipo."

En este libro intentaremos ser un poco más objetivas que los aficionados al deporte, y también le animamos a que primero se arme de conocimiento antes de juzgar. A diferencia de un aficionado al deporte, también está en todo su derecho de tener varios favoritos.

Protocolo de gases de efecto invernadero (protocolo de GEI)

Comenzaremos con el protocolo de gases de efecto invernadero (GEI por sus siglas en español y GHG por sus siglas en inglés), que es quizá uno de los estándares más utilizados para calcular la huella de carbono de las organizaciones. Al menos, según ellos mismos, el 90% de las empresas de Fortuna 500 utilizan este estándar[10].

El Protocolo de GEI es una iniciativa conjunta del World Resources Institute y el World Business Council for Sustainable Development. El trabajo para crear el estándar comenzó a finales de la década de 1990 y resultó en la publicación del primer Estándar Corporativo en 2001[11]. Ahora el protocolo de GEI también alberga varios otros estándares, pero nos limitaremos a revisar el Estándar Corporativo del GEI en este libro. El estándar viene con mucha orientación y ayuda disponible para quienes deseen implementarlo, y es gratuito.

El Estándar Corporativo cubre la contabilidad y el informe de siete gases de efecto invernadero, tal como indica el Protocolo de Kioto[12]. El informe se divide en tres partes.

Alcance 1:

- Todas las emisiones directas de su corporación; por ejemplo, los vehículos operados o el combustible quemado por plantas de su propiedad.

Alcance 2:

- Todas las emisiones indirectas de la energía comprada, como electricidad, vapor, calor y refrigeración.
- En 2015, el Estándar Corporativo se amplió con una comprensiva guía de alcance 2 (*https://oreil.ly/sJh6M*), que codifica dos métodos distintos para la contabilidad del alcance 2:
  — El método basado en la localización. Este método significa que se usa la intensidad de emisiones promedio de las redes en las que ocurre el consumo de energía.
  — El método basado en el mercado. Este método refleja las emisiones de electricidad que las empresas han elegido intencionadamente. Esto puede incluir certificados de atributos de energía (REC, GO, etc.), contratos directos (tanto para generación de bajo carbono, renovable, como de combustibles fósiles), tasas de emisión específicas del proveedor y otros factores de emisión por defecto.

---

[10] Greenhouse Gas Protocol, accedido el 18 de enero de 2024, *https://ghgprotocol.org*.

[11] "About Us", Greenhouse Gas Protocol, accedido el 18 de enero de 2024, *https://oreil.ly/uzF2c*.

[12] "What Is the Kyoto Protocol?" United Nations Climate Change, accedido el 18 de enero de 2024, *https://oreil.ly/ Ck35L*.

- ¿Suena complicado? No se preocupe; los detalles no importan mucho en este contexto. Pero, en términos simples: la diferencia clave entre los dos métodos es que el método basado en la localización cuenta los electrones reales que utiliza, mientras que el método basado en el mercado cuenta los electrones por los que usted ha pagado.

Alcance 3:

- Todas las demás emisiones indirectas que la corporación no posee ni controla. Como puede imaginar, esto se convierte en un conjunto bastante amplio, que abarca todo, desde materiales comprados hasta la gestión de residuos, viajes de negocios y el uso de productos.

Puede ver algunos ejemplos de actividades y a qué alcance pertenecen en la Figura 9.3.

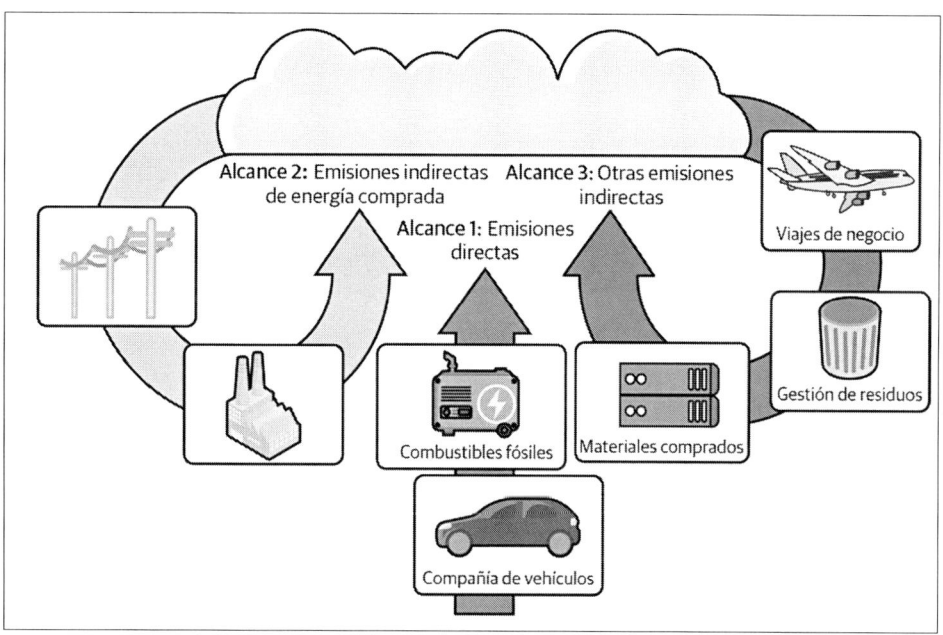

Figura 9.3 *Un ejemplo de diferentes actividades y alcance del protocolo de GEI al que pertenecen.*

Está bien, ahora lo entendemos, pero ¿cómo funciona esto para el software? Tal como está redactado en este momento, el protocolo de GEI no está optimizado para el software, al menos no en el sentido de que pueda proporcionar a los desarrolladores de software las herramientas para entender qué acciones tomar para reducir su impacto. Veamos algunos ejemplos de lo que queremos decir con eso.

Supongamos que usted escribe software para el cual no proporciona un alojamiento primario. Un ejemplo podría ser una biblioteca o un SDK que las personas pueden descargar y utilizar. Es posible que solo aloje la capacidad de descarga real, pero la ejecución siempre se realiza en el hardware de otra persona. La mayor parte de las emisiones derivadas de su software probablemente se registrará en el alcance 2 y/o 3 de otra persona (o, si tiene éxito, de muchas otras personas). ¿Qué? Sí. Alcance 2 porque su SDK consume energía en el centro de datos de su cliente, y alcance 3 porque su software impactará en cuánto o cuánto hardware utilizan. Incluso si pudiera disminuir el consumo de energía de su software, la reducción sería visible principalmente en el informe de alcance 2 de otra persona, no en el suyo. Incluso si está construyendo un servicio de código abierto, que aloja por sí mismo, parte de sus emisiones aún derivarán del uso de su servicio en otros programas de software. Y las emisiones (alcance 1, 2 y 3) de su autoalojamiento (*self-hosting*, en inglés) también se contabilizarán como el alcance 3 de su cliente.

Las cosas también se complican un poco cuando consideramos diferentes métodos de operación. Su elección de infraestructura determina en qué alcance debe comunicar las emisiones de energía y carbono incorporado (ver Tabla 9.1):

- Para aplicaciones en nube privada, el consumo de energía de su software cae en el alcance 2 y el carbono incorporado de todos sus servidores cae en el alcance 3.

- Para aplicaciones en nube pública, tanto el consumo de energía de su aplicación como el carbono incorporado caen en el alcance 3.

- En escenarios donde se ejecuta una aplicación híbrida privada/pública, parte de sus emisiones caerá en el alcance 2 y parte en el alcance 3.

- De forma similar, para su aplicación frontend que usan sus clientes, el consumo de energía cae en el alcance 3 de su organización, ya que ellos comprarán la energía para alimentar sus dispositivos.

Tabla 9.1 *Tabla que muestra a qué alcance pertenece el uso de energía y las emisiones incorporadas según su infraestructura*

Alcance GHG	2	3
Nube privada	Energía	Incorporado
Nube pública	-	Energía + incorporado
Nube híbrida	Alguna energía	Alguna energía + incorporado
Frontend	-	Energía + incorporado

Esto complica la capacidad de acción para gente como nosotras o usted, que queremos entender los efectos que tuvieron nuestras acciones.

Aun así, muchas organizaciones del sector tecnológico están utilizando en la actualidad el protocolo de GEI. Esto significa que sus colegas y los líderes en su organización ya hablan este idioma, lo cual puede ser muy útil cuando lo que queremos es utilizar mediciones como herramienta de cambio.

Especificación de la intensidad de carbono del software de Green Software Foundation

La especificación de intensidad de carbono de software (SCI) de Green Software Foundation (GSF)[13] The SCI está específicamente diseñada para el software y presenta diferentes limitaciones y capacidades en comparación con el protocolo de GEI. Al igual que el protocolo de GEI, SCI también viene con documentación de referencia para facilitar su implementación.

La primera versión, la versión beta, se lanzó para la COP26 en el otoño de 2021. Con rapidez fue seguida por la versión 1 de la SCI para la COP27 en 2022. GSF está trabajando para convertir este estándar en un estándar ISO en nuestro país, pero en el momento de la impresión de este libro aún no se ha logrado.

Usted puede seguir su progreso en la página ISO/IEC DIS 21031[14].

SCI es diferente del protocolo de GEI en que no es un total para su organización, sino una tasa de emisiones de carbono por unidad funcional para su software. Alcanzar un número más bajo de emisiones es viable, pero alcanzar cero emisiones es imposible.

SCI está compuesto por cuatro partes clave:

Energía (E)
La energía consumida por su software.

Intensidad de carbono (I)
La intensidad de carbono basada en la localización de la red eléctrica que alimenta su software. No se permiten medidas basadas en el mercado en la especificación de SCI; solo se pueden utilizar métricas basadas en la localización.

Carbono incorporado (M)
El carbono emitido a través de la creación y disposición del hardware en el que se ejecuta su software.

Unidad funcional (R)
La parte mágica que convierte este estándar en una tasa. Esto debe reflejar cómo se escala su software; por ejemplo, por usuario, por dispositivo o por consumo de API.

Las partes se combinan en la siguiente fórmula matemática: SCI = ((E × I) + M) por R

---

[13] "Software Carbon Intensity (SCI) Specification", GitHub, accedido el 18 de enero de 2024, *https://oreil.ly/ud_hd*.

[14] "ISO/IEC PRF 21031: Information Technology—Software Carbon Intensity (SCI) Specification", ISO, accedido el 18 de enero de 2024, *https://oreil.ly/IMkyO*.

(ver Figura 9.4).

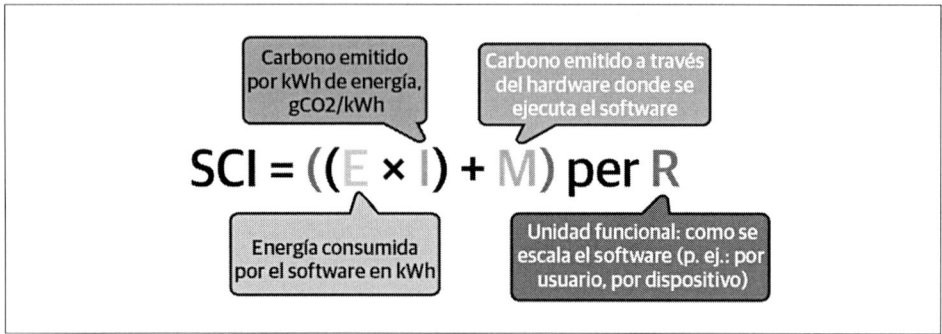

Figura 9.4. *La fórmula para SCI[15].*

Otro aspecto clave de SCI es el límite de su software. Esto es algo definido por usted para delimitar su sistema de software de manera significativa. Palabras más, palabras menos: SCI establece que todos los sistemas e infraestructuras que contribuyen de forma significativa a sus operaciones deben incluirse dentro del límite de su software.

SCI establece que todos los sistemas e infraestructura que contribuyen de forma significativa a sus operaciones deberían incluirse dentro del límite de su software.

Inicialmente afirmamos que nunca puede caer a cero. Ahora que conoce mejor la especificación SCI, puede entender que esto se debe a tres razones:

1. A menos que hagamos un progreso científico significativo en el campo del hardware, no se puede ejecutar software en el aire y, por lo tanto, (M) nunca será 0.

2. Dado que la especificación SCI no permite reducciones basadas en el mercado, (I) siempre será un número mayor que 0.

3. La energía consumida nunca será 0, a menos que la máquina esté desconectada, en cuyo caso, no podría ser considerado un sistema de software en funcionamiento.

SCI está enfocado a todos y a todo tipo de software, por lo que esto la hace diferente de otros estándares de informe.

¿Cómo puede funcionar esto en la práctica? Wonderful Tiny Farm (*https://oreil.ly/hevOX*) ha presentado un estudio de caso (*https://oreil.ly/poKaL*) a GSF que nosotras usaremos como ejemplo. Consiste en una aplicación .NET que recopila datos sobre la granja, como luz solar y temperatura, en una Raspberry Pi.

- Energía (E): 0.003 kWh por día.

---

[15] Source: "Green-Software-Foundation", GitHub, accedido el 18 de enero de 2024, *https://oreil.ly/iEdSD*.

- Intensidad de carbono (I): 0.713 kg por kWh.

- Carbono incorporado (M): 55 kg.

- Suponga que este dispositivo se utiliza exclusivamente para este propósito y tiene una vida útil de tres años.

- Unidad funcional (R): por dispositivo Raspberry Pi.

SCI = ((E × I) + M) / R = ((0.003 × 0.731) + (55 / (365 * 3))) por Raspberry Pi = 0.002139 + 0.05228 por día y por Raspberry Pi = 0.052 kg CO_2e por día y Raspberry Pi.

Este número es curioso, pero no hace mucho por sí solo, así que Wonderful Tiny Farm no debería detenerse aquí y dar por terminado el asunto. No, en su lugar, esto debería inspirar a la empresa a tomar alguna acción. Quizá esta puntuación de SCI ayudó a Wonderful Tiny Farm a darse cuenta de que su coste de carbono incorporado es mayor que su coste de energía, por lo que alargar la vida útil de su Raspberry Pi es un mejor primer paso, en vez de cambiar de proveedores de energía (el cual puede ser el paso 2).

Norma ISO 14064

La norma ISO 14064 consta de tres partes, llamadas ISO 14064-1[16], ISO 14064-2[17] e ISO 14064-3[18]. Esto quizá no sea muy diciente, pero es un esquema de nomenclatura bastante conveniente. La norma fue publicada por primera vez en 2006, la última revisión fue en 2018 y, en el momento de escribir este libro, estaba pasando por su revisión programada cada cinco años. La ISO 14064-1 se centra en el informe de emisiones y eliminaciones de gases de efecto invernadero (GHG o GEI) a nivel organizacional, y queríamos incluirla para resaltar algunas similitudes y diferencias con otros estándares de los que hemos hablado.

Aunque la ISO 14064-1 también se basa en el protocolo de GEI, la división de emisiones es un poco diferente. El GEI utiliza los alcances 1, 2 y 3, mientras que la ISO 14064-1 divide las emisiones en directas, correspondientes al alcance 1, e indirectas, correspondientes a los alcances 2 y 3. La ISO 14064-1 también admite técnicas de

---

[16] "ISO 14064-1:2018 —Greenhouse Gases— Part 1: Specification with Guidance at the Organization Level for Quantification and Reporting of Greenhouse Gas Emissions and Removals", ISO, accedido el 18 de enero de 2024, *https://oreil.ly/Nslw0*.

[17] "ISO 14064-2:2019 —Greenhouse Gases— Part 2: Specification with Guidance at the Project Level for Quantification, Monitoring and Reporting of Greenhouse Gas Emission Reductions or Removal Enhancements", ISO, accedido el 18 de enero de 2024, *https://oreil.ly/qt3v2*.

[18] "ISO 14064-3:2019 —Greenhouse Gases— Part 3: Specification with Guidance for the Verification and Validation of Greenhouse Gas Statements", ISO, accedido el 18 de enero de 2024, *https://oreil.ly/SCXzP*.

reducción basadas en el mercado, pero a diferencia del protocolo de GEI, la ISO 14064-1 no es gratuita; el acceso a la documentación tiene un pequeño coste. Un beneficio de utilizar un estándar ISO es que el Comité de Evaluación de la Conformidad (CASCO) de ISO ha producido una serie de estándares relacionados con el proceso de certificación. Su organización puede ser certificada por un organismo de certificación de terceros, lo que es muy bueno para su auditabilidad.

Herramientas disponibles

Si usted no quiere medir por sí mismo o adentrarse en los detalles de la implementación de un estándar, no se preocupe: definitivamente no está solo en y también hay opciones para usted. Los principales proveedores de hipernube tienen sus propias herramientas para proporcionar datos de impacto de carbono basados en sus usos. También hay otras herramientas disponibles para quienes ejecutan aplicaciones del lado del cliente fuera de la nube. Pero para evitar comparar peras con manzanas, primero necesitamos inspeccionar estas herramientas más de cerca.

Herramientas de proveedores de nube hiperescaladores

Si bien no hay una definición oficial de qué proveedor cuenta como hiperescalador, Amazon AWS, Microsoft Azure y Google Cloud tenían una participación de mercado combinada del 66 % en 2022[19], por lo que esos son en los que nos centraremos en esta sección. Tres de los otros grandes proveedores de nube, IBM Cloud, Oracle Cloud y Alibaba Cloud, afirman tener un foco fuerte en la sostenibilidad, así como tener objetivos para alcanzar diversas metas de energía renovable y sostenibilidad. Esto es genial y esperamos avances en todo el sector. Pero en el contexto de este capítulo, hasta ahora ninguno de estos tres tiene herramientas de contabilidad de carbono disponibles para que las podamos revisar.

Los tres grandes, AWS (*https://oreil.ly/1-J6z*), Azure (*https://oreil.ly/cznEG*) y Google Cloud (*https://oreil.ly/Q7veh*), también tienen compromisos sólidos con la sostenibilidad. Además, proporcionan herramientas para que podamos evaluar nuestra huella de carbono en sus plataformas. Esto genera inmediatamente algunas preguntas para los curiosos. ¿Qué incluyen? ¿Podemos compararlas entre sí? ¿Para qué son útiles?

---

[19] Mark Harnas, "Top 5 Cloud Market-Share Leaders: AWS, Microsoft, Google in Q3 2022", CRN, 28 de octubre de 2022, *https://oreil.ly/vD1jC*.

Procedamos a comparar a estos tres grandes (ver Tabla 9.2):

Tabla 9.2 *Revisión y comparación de las herramientas de huella de carbono de los tres principales hiperescaladores*

	Amazon AWS	Microsoft Azure	Google Cloud
Granularidad	Nivel continental 0.001 toneladas métricas de CO_2e	A nivel de país y región 0.001 toneladas métricas de CO_2e	A nivel de país, región y zona 0.1 kilogramos de CO_2e
Alcance 1	Sí	Sí	Sí
Alcance 2	Sí Sigue el Protocolo de GEI basado en el mercado (regional)	Sí Sigue el Protocolo de GEI basado en el mercado (regional)	Sí Sigue el protocolo de GEI basado en la localización con factores de emisiones por hora. También promete proporcionar un dashboard basado en el mercado para sus clientes
Alcance 3	No (se anunció que se agregará a principios de 2024)	Sí Carbono incorporado por las fases de fabricación, embalaje, transporte, uso y fin de vida útil de los equipos de los centros de datos. El carbono incorporado de los edificios de los centros de datos puede incluirse a medida que haya datos disponibles	Sí Carbono incorporado por la creación de equipos y edificios de centros de datos. Se incluyen los viajes y desplazamientos asociados a los empleados de los centros de datos de Google
Tipo de asignación	No compartido	Microsoft asigna emisiones basadas en el del uso relativo de Azure de cada cliente en una región de centro de datos dada	Utiliza un método ascendente (bottom-up). La energía utilizada al ejecutar una carga de trabajo se asigna en función del uso de CPU de cada servicio. La energía utilizada cuando la máquina está inactiva se asigna en función de la asignación de recursos de cada servicio. El uso de energía adicional se asigna a cada máquina por hora, por lo que se distribuye entre las dos primeras categorías
Sensibilidad temporal	Consolidado mensual Retraso de datos de tres meses	Consolidado mensual Retraso de datos de 14 días	Consolidado mensual Retraso de datos de hasta 21días
PUE	Sí	Sí	Sí
Recursos adicionales	*https://oreil.ly/3LpW8* *https://oreil.ly/ph4fD*	*https://oreil.ly/c_l*	*https://oreil.ly/LsH9z* *https://oreil.ly/QvQIH*

Opciones de código abierto para la nube

Cloud Carbon Footprint (CCF)[20] es un proyecto de código abierto, patrocinado por Thoughtworks Inc. Esta herramienta puede medir, monitorizar y reducir sus emisiones de carbono en la nube en nubes públicas. CCF en la actualidad cubre AWS, Azure y Google Cloud. Convierte la utilización de la nube en el uso de energía estimado y luego en emisiones de carbono, produciendo métricas y estimaciones de ahorros de carbono. Las emisiones mostradas por su herramienta se calculan de la siguiente manera[21]:

$$Total\ CO_2e = emisiones\ operativas + emisiones\ incorporadas$$

Donde:

emisiones operativas = (uso de servicios del proveedor de nube) × (factores de conversión de energía en la nube [kWh]) × (eficacia del uso de energía del proveedor de nube (PUE)) × (factores de emisiones de la red [toneladas métricas CO_2e])

Y:

emisiones incorporadas = toneladas métricas estimadas de emisiones de CO_2e producto de la fabricación de servidores de centros de datos para uso computacional.

Otra opción de código abierto es Kepler (Kubernetes-based Efficient Power Level Exporter), que es un proyecto de la Cloud Native Computing Foundation (CNCF) de 2023[22]. Kepler puede estimar el consumo de energía a nivel de proceso, contenedor y pod de Kubernetes de su software. Esto lo hace leyendo métricas del sistema en tiempo real para software desplegado en bare metal (p. ej., cuando está ejecutando directamente en el servidor sin la abstracción de una máquina virtual). Para las máquinas virtuales, Kepler utiliza modelos de ML preentrenados para estimar el consumo de energía. Estos datos pueden exportarse como métricas de Prometheus, lo que facilita el seguimiento y monitorización de estos datos, ¡lo cual está bastante cerca de nuestras métricas soñadas!

Para facilitar la comparación, usaremos el mismo formato que la Tabla 9.2 para ver estas herramientas de código abierto en la Tabla 9.3.

---

[20] Cloud Carbon Footprint, accedido el 18 de enero de 2024, *https://www.cloudcarbonfootprint.org*.

[21] "Methodology", Cloud Carbon Footprint, accedido el 18 de enero de 2024, *https://oreil.ly/HmNDD*.

[22] "Kepler", Cloud Native Computing Foundation, accedido el 18 de enero de 2024, *https://oreil.ly/73nTL*.

Tabla 9.3 *Revisión y comparación de dos herramientas*
de huella de carbono de código abierto

	Huella de carbono de la nube	Kepler
Granularidad	0.001 toneladas métricas de CO_2e	NA (Kepler no convierte energía en carbono)
Alcance 1	No	No
Alcance 2	Sí. Sigue el Protocolo de GEI basado en la localización	Sí. (Sin embargo, usted tendrá que multiplicarlo por la intensidad de carbono de la red ya que Kepler solo le proporciona las estadísticas relacionadas con la energía)
Alcance 3	Sí, por ahora solamente para el tipo de uso computacional debido a la falta de datos públicos disponibles	No
Tipo de asignación	Esto depende levemente del tipo de nube, pero su modelo incluye procesamiento, GPU, almacenamiento, redes y memoria según la información de facturación	Kepler utiliza un enfoque de abajo hacia arriba leyendo métricas del sistema en tiempo real
Sensibilidad temporal	Depende del retraso en los datos de facturación de cada proveedor de nube pública	En vivo
PUE	Sí, según datos estáticos públicos de cada proveedor de nube pública	No
Recursos adicionales	*https://oreil.ly/epvKv*	*https://oreil.ly/bUsyt*

Herramientas del lado del cliente

Las herramientas de nube pública son geniales, pero no todo el software se ejecuta allí. Un ejemplo evidente de esto es el código del lado del cliente, como aplicaciones o sitios web. Para estos escenarios, tampoco es que estemos en la oscuridad. Hay otras herramientas disponibles, algunas directamente de los principales jugadores; otras son de código abierto. Esta no es de ninguna manera una lista completa; solo es un conjunto de ejemplos de herramientas por el que usted puede empezar.

Para aplicaciones móviles, tanto Android Studio (*https://oreil.ly/ItHR8*) como iOS Xcode (*https://oreil.ly/MC0_F*) tienen opciones para modelar la energía en la etapa de desarrollo. Resulta que, cuando un recurso es limitado (como la batería de un teléfono), nuestra industria es bastante buena en la construcción de herramientas para hacer un uso efectivo de este recurso.

Otra herramienta para aplicaciones móviles es Greenspector (*https://oreil.ly/yIsgA*), que en realidad ejecuta su software en teléfonos móviles reales y mide el consumo de energía. ¡Esto está bastante cerca de nuestro sueño de tener datos de energía perfectos! Desde luego, esto solo le dará una instantánea, pero puede ser un número del que extrapolar y algo con lo que comparar a lo largo del tiempo.

Green the Web (*https://oreil.ly/Ss48j*) también ha acumulado una gran cantidad de herramientas diversas para distintos aspectos del desarrollo web, que abordan desde análisis (probablemente lo más interesante para este capítulo) hasta herramientas de compresión de imágenes.

Si usted quiere estimar el coste de carbono de su entrenamiento de ML, un grupo de investigadores en ML ha reunido esta herramienta de impacto de CO_2 para ML (*https://oreil.ly/-t35S*). Funciona para varias nubes hiperescaladoras, así como en escenarios on-premises y está abierta a contribuciones.

Como puede ver, todas estas herramientas tienen sus limitaciones o barreras, pero la gran ventaja es que debe hacer muy poco para obtener información bastante detallada sobre su uso de energía o carbono. Combinadas con un método científico y mediciones consistentes a lo largo del tiempo, todas estas son opciones geniales para reducir el impacto de su software.

¡Usted lo logró!

Ha llegado al final del capítulo sobre mediciones. Quizá fue bastante terminología y conceptos nuevos para usted, o tal vez todo esto ya le resultaba familiar. De cualquier manera, esperamos que ahora comprenda lo que puede hacer para medir sus emisiones y dónde puede obtener ayuda para hacerlo. Cualquiera que sea la solución que termine usando, esperamos que aborde las mediciones de su software con curiosidad. Hágase preguntas como estas:

- ¿Por qué es tan alto este número?

- ¿Cómo puedo comparar dicho número con este otro?

- ¿Qué pasaría si ajusto esta operación? ¿Cómo cambiará mi número?

Deje que las mediciones sean el arranque de una conversación y, una vez que se familiarice con ellas, que sean su fiel compañera en el camino hacia las reducciones de carbono.

CAPÍTULO 10

Monitorización

Una persona poco fiable no es amiga de nadie.
—Idries Shah, *Reflections*

Había una vez un producto llamado Chuck que estaba tan bien construido, que naturalmente tenía una disponibilidad del 99.9999 %. (Sí, ¡estaba prácticamente siempre listo para manejar cualquier solicitud!)

Chuck llevaba una vida tranquila, libre de inactividad y fallos por la tierra de Producción. Un día común, como cualquier otro, paseaba por una avenida de Producción cuando de repente sintió una aguda pérdida de conectividad y tuvo que sentarse lentamente en la acera. Chuck pensó para sí mismo: "¿Es eso? ¿Me estoy cayendo?"

¿Estaba Chuck experimentando una interrupción de la red que alguna vez fue considerado algo muy lejano?

Chuck en la tierra de Producción no es un cuento de hadas; es la historia real de un producto de Google llamado Chubby (*https://oreil.ly/2EvHe*) que fue muy bien diseñado y demostró ser tan fiable que llevó a una falsa sensación de seguridad entre sus usuarios. Ellos se engañaron a sí mismos al creer que nunca fallaría, aumentando así su dependencia, más allá de la disponibilidad publicitada, observada y monitorizada de Chubby.

Todos sabemos que los unicornios son criaturas míticas que no existen y lo mismo ocurre cuando se habla de 100 % de tiempo de funcionamiento para un producto de software. Aunque Chubby rara vez ocasionaba incidentes, estos aún ocurrían de vez en cuando, provocando interrupciones inesperadas (y, más importante aún, no planificadas) en sus servicios dependientes (*https://oreil.ly/bxD17*).

Para Google, la solución a este escenario tan ideal fue provocar deliberadamente que su propio sistema se cayera con la frecuencia suficiente para igualar su tiempo de actividad publicitado, asegurando que Chubby no se sobrepasara en su disponibilidad y, por lo tanto, nunca más engañara a sus usuarios con una falsa sensación de seguridad.

La moraleja de esta historia es que, aunque esforzarse por lograr la máxima disponibilidad posible de un producto puede ser un problema de ingeniería emocionante y audaz por resolver, existen consecuencias negativas que no deben pasarse por alto.

Estas incluyen no solo la dependencia excesiva de los usuarios, sino también las emisiones de carbono inducidas por el software.

Antes de continuar con la historia de Chuck, deberíamos dedicar un tiempo a definir la disponibilidad y por qué el mundo tecnológico se entusiasma tanto con ella. Después, volveremos a lo básico, examinando el porqué y el cómo de la monitorización antes de desviarnos para discutir por qué los ingenieros de fiabilidad de sitio (SRE) no piensan que la monitorización tradicional es suficiente para este mundo de microservicios que hemos creado. Finalmente, el gran tema. Investigaremos brevemente sobre la observabilidad y cómo encaja esta en la sostenibilidad de la tecnología. De esta manera, como practicantes y profesionales del software verde, podremos mantenernos al día con el mundo cada vez más complejo de los sistemas distribuidos.

Creemos firmemente que la monitorización de las emisiones de carbono de los sistemas de software merece su propio enfoque (es decir, ¡un capítulo!). No porque haya una cantidad abrumadora de material que examinar o herramientas que comparar, sino porque es de suma importancia que los profesionales de la tecnología comiencen a pensar desde el principio en cómo el ser verdes se integrará con los ámbitos bien establecidos de DevOps y SRE.

Es crucial no reinventar la rueda, sino seguir los estándares de la industria cuando averiguamos sobre la monitorización de las emisiones de carbono.

Disponibilidad como una estrella del norte

La disponibilidad de un sistema hace referencia a si cumple con su propósito planeado en un momento dado. Esto con frecuencia se cuantifica como una probabilidad derivada de la relación entre operaciones exitosas y operaciones totales, expresada como tiempo de actividad / (tiempo de actividad + tiempo de inactividad). El *tiempo de actividad* (*uptime*) se refiere a cuando un sistema está en funcionamiento (es decir, operativo), mientras que el *tiempo de inactividad* (*downtime*), como su nombre indica, alude a cuando un sistema no está disponible. Independientemente de la métrica utilizada, el resultado de este cálculo es un porcentaje, como 99.99 %, coloquialmente conocido como "4 nueves", como se ilustra en la Tabla 10,1.

Tabla 10.1 *Tabla de disponibilidad expresada por año, por mes y por día*

Nivel de disponibilidad	Tiempo de inactividad permitido por año	Tiempo de inactividad permitido por mes	Tiempo de inactividad permitido por día
90 % ("1 nueve")	36 días, 5 horas, 22 minutos y 55 segundos	3 días, 26 minutos y 55 segundos	2 horas y 24 minutos
99.9 % ("3 nueves")	8 horas, 41 minutos y 38 segundos	43 minutos y 28 segundos	1 minuto y 26 segundos
99.999 % ("5 nueves")	5 minutos y 13 segundos	26 segundos	0.86 segundos

Matemáticamente, esos "nueves", vistos en la primera columna, no se traducen directamente en dificultades. Sin embargo, no subestime su significado; cuanto más numerosos sean los "nueves", más desafiantes serán las cosas en general para un sistema. ¿Por qué? Porque la disponibilidad no solo indica cuánto tiempo necesita un sistema para estar funcional; también sentencia el tiempo permitido para que no esté operativo. El tiempo no operativo en este contexto incluye tanto el tiempo de inactividad planificado como el no planificado.

Probablemente pueda imaginar, o deducir de la Tabla 10.1, la enorme cantidad de trabajo requerida para diseñar, desarrollar, implementar y gestionar un producto de "5 nueves", ¡lo que significa solo 5.26 minutos de inactividad en todo un año! Esta carga de trabajo sustancial también impactará explícita e implícitamente en las emisiones de carbono del producto.

La disponibilidad es solo una de las muchas señales que DevOps y SRE tienen en cuenta. ¿Ha oído la historia mágica de las cuatro señales de oro o, como a nosotras nos gusta llamarlas, los cuatro jinetes de la monitorización basada en métricas? Estas representan la base de la monitorización moderna.

Cuatro jinetes de la monitorización basada en métricas

En ingeniería de software, la *monitorización* implica recopilar, visualizar y analizar métricas sobre una aplicación o su sistema. Es una forma para que el propietario de la aplicación se asegure de que el sistema esté funcionando como se espera. En otras palabras, usamos métricas, o medidas cuantificables, para describir diversos aspectos del software, su red y su infraestructura.

Las cuatro señales doradas, según se detalla en el libro Google's definitive *Site Reliability Engineering* (*https://oreil.ly/ap76v*) de la editorial O'Reilly, incluyen lo siguiente:

Latencia

Se refiere al tiempo que tarda un servicio en procesar una solicitud (es decir, el tiempo que pasa desde que un usuario envía una solicitud hasta que recibe una respuesta).

Tráfico

Mide la cantidad de demanda que experimenta un programa de software (es decir, el número total de solicitudes que los usuarios han enviado en un periodo).

Errores

Se enfoca en las solicitudes no exitosas que maneja el sistema, indicando la tasa a la que el sistema devuelve respuestas de error a sus usuarios.

Saturación

Se refiere al grado en que un recurso computacional (por ejemplo, CPU o memoria) está siendo utilizado en un momento dado.

La teoría en la práctica

Acabamos de presentarle mucho vocabulario técnico correspondiente a la jerga de SRE. Nosotras usaremos la analogía de comprar una entrada para el Festival de Glastonbury (para quienes no son del Reino Unido, imaginen que es como intentar comprar una entrada para un concierto de Taylor Swift) para darle sentido a todo esto.

Imagínese esto. Ha logrado unirse exitosamente a la cola en línea para comprar las entradas. Todos, incluidos usted y los demás, que intentan conseguir una entrada para Glasto contribuyen al tráfico (o demanda) que está experimentando la plataforma de venta de entradas. Ahora, por algún milagro, ha pasado la cola y está introduciendo sus datos de registro y pagando por las entradas. Sin embargo, el sistema sigue devolviendo errores debido a su continuo ingreso de información incorrecta, lo que provoca un aumento en la tasa de errores de la plataforma por ingresos de datos de usuario erróneos, qué mala suerte. Debido a su mala escritura sumada a una mala interfaz de usuario, no logró conseguir su entrada a tiempo.

En un giro sorprendente de la situación, su amiga, que no está tan emocionada, introduce sus datos correctamente, asegura una entrada y recibe una respuesta de confirmación del sitio web. El tiempo que tarda la plataforma en procesar la solicitud de pago y devolver una respuesta exitosa a su cliente se refiere como *latencia*.

En 2023, más de 20 000 entradas de Glasto se vendieron en menos de 60 minutos. Para prepararse ante la creciente demanda, cada año el equipo de Glasto se asegura de tener más recursos que nunca listos para manejar la carga de trabajo, garantizando que el sistema nunca esté demasiado lleno en términos de saturación de recursos.

¿Cómo se vería este escenario desde la perspectiva de la métrica de carbono? Antes de llegar a eso, hablemos sobre por qué la gente se preocupa tanto por esas cantidades definidas arbitrariamente.

El nivel de servicio es la razón por la que estamos aquí

Si hay algo en lo que todos —diseñadores, desarrolladores, aseguradores de calidad (o testers), gerentes e incluso vendedores— pueden coincidir es en el deseo de la felicidad de los clientes. Pero ¿cómo aseguramos de que todos estén en la misma sintonía y de acuerdo en lo que se necesita para lograrlo? ¡Aquí es donde toman sentido las métricas de nivel de servicio!

Según Google, las métricas de nivel de servicio deben ser los principales motores detrás de los objetivos de negocio, que incluyen la satisfacción del usuario. Dedicamos un tiempo entonces a revisar los detalles para que podamos ponernos de acuerdo sobre las definiciones y discutir cómo las emisiones de carbono pueden unirse al grupo de niveles de servicio.

Primero, el *indicador de nivel de servicio* (SLI, por sus siglas en inglés) es una medición directa (es decir, una cantidad) que describe una característica de un sistema. Puede que usted ya haya notado que cualquiera de las cuatro señales doradas puede usarse como un indicador en este contexto. Así que, si nuestro SLI es la latencia de la solicitud, significa que estamos calculando cuánto tiempo tarda el sistema en devolver una respuesta a una solicitud.

El siguiente indicador corresponde al *objetivo de nivel de servicio* (SLO) que hace referencia a qué tanto cumplimos con un SLI particular durante un periodo de tiempo específico. Esto se expresa comúnmente como SLI durante un periodo de tiempo; por ejemplo, la latencia de solicitudes durante los últimos 28 días. Los SLO se consideran la fuente de felicidad de la que queremos que beban todos nuestros equipos de ingeniería. Los vemos como la piedra angular de los principios de SRE.

También podemos utilizar los SLO para impulsar la toma de decisiones. Por ejemplo, durante la planificación del próximo sprint, si nos damos cuenta de que no vamos a cumplir con nuestro SLO para el mes actual, podemos dar un paso atrás y averiguar por qué la disponibilidad está siendo impactada antes de implementar nuevas funcionalidades o características.

Por último, *los acuerdos de nivel de servicio* (SLA) son los acuerdos formales entre un proveedor de servicios y un usuario del servicio. Podemos pensar en ellos como un conjunto de SLO, tales como tiempo de actividad, latencia, tasa de errores, etc.

Así las cosas, podemos ver que las métricas de nivel de servicio son una herramienta útil para impulsar las decisiones basadas en datos. No solo brindan a los proveedores de servicios la oportunidad de cumplir con sus promesas, que pueden ser rastreadas y medidas con precisión, sino que también proporcionan un marco que puede ser aprovechado por muchas otras disciplinas en la ingeniería de software, específicamente en la computación sostenible.

Cuando una métrica de carbono está lista

Imagine que lo tenemos todo resuelto, como se mencionó en el Capítulo 9: tenemos una métrica de carbono en tiempo real al estilo de Prometheus que está lista para ser utilizada por cualquiera. ¡Hurra! Ahora podemos pasar esta métrica a nuestros amigos de SRE para que puedan comenzar a rastrearla junto con el resto de las señales.

Una métrica al estilo de Prometheus es en la actualidad una de las opciones más populares para la monitorización basada en métricas. Al seguir este estilo, estamos recopilando datos que son legibles, flexibles y usables. Por ejemplo, podemos deducir fácilmente que http_requests_total es una métrica que calcula el número total de solicitudes HTTP recibidas por un sistema en particular. Para más detalles sobre por qué el ecosistema de monitorización de Prometheus es el mejor, consulte *Prometheus: Up & Running* (O'Reilly). (Alerta de spoiler: PromQL, el lenguaje de consulta funcional de Prometheus, es una de las principales estrellas del show porque permite seleccionar y agregar datos en tiempo real).

¿Recuerda a nuestro personaje favorito, Chuck? Imaginemos otro día típico en la tierra de Producción. Chuck el Alegre, quien ha prometido a sus clientes un servicio de "un nueve" tanto para el tiempo de actividad como para el uso de energía renovable, está disfrutando de los últimos rayos de sol del año mientras trabaja diligentemente para realizar más manipulaciones de datos utilizando energía limpia. De repente, gracias al cambio climático, comienza a llover intensamente, lo que provoca que Chuck pierda acceso a su única fuente de energía limpia: la energía solar.

Chuck es un defensor de las mejores prácticas y sigue los principios de SRE. Por lo tanto, tiene un sistema en marcha para medir y monitorizar las emisiones de carbono producto de su manipulación de datos, asegurándose de no afectar su compromiso con sus usuarios en términos de emisiones de carbono para este servicio en particular.

Al enfrentarse a la necesidad de cambiar a fuentes de energía no renovables, como el carbón o el petróleo, Chuck recuerda que aún tiene presupuestos de error —precisamente hasta tres días en este caso— disponibles para el mes para utilizar energía no renovable. Por desgracia, no le queda presupuesto de error asociado a no proporcionar ningún servicio debido a que experimentó una interrupción importante la semana anterior.

El *presupuesto de error* describe los SLO restantes en un periodo de tiempo determinado. En otras palabras, si su disponibilidad es de "tres nueves", significa que tiene hasta aproximadamente ~43.5 minutos para cualquier tiempo de inactividad planificado o no planificado.

Chuck, por consiguiente, cambia a no renovables para mantener todos sus SLO. Recuerde, este es un capítulo sobre monitorización. Si Chuck no se hubiera caído la semana pasada, podría haberse apagado y ahorrado el carbono. Así es la vida, los presupuestos de error funcionan en ambas direcciones. Estos siguen siendo la forma correcta de manejar las emisiones de carbono.

Lo que nosotras hemos descrito aquí es simplemente abrir campo a las métricas de carbono con lo que la industria ya está haciendo muy bien: la monitorización de producción. De nuevo, es fundamental para los profesionales y practicantes del software verde no duplicar esfuerzos para crear un ecosistema donde podamos monitorizar eficiente y efectivamente las métricas relacionadas con el medio ambiente.

Observabilidad

Ahora retrocedamos a principios de la década de 2000 en la tierra de Producción, cuando el padre de Chuck, Charles, vivía pacíficamente con muchos vecinos con los que era amigable, pero con los que no interactuaba mucho. Durante ese tiempo, Charles y sus vecinos eran conocidos como monolitos. Eran aplicaciones autosuficientes que no necesitaban interactuar entre sí para cumplir con sus verdaderos propósitos en su tierra.

Avancemos a 2023. Chuck no solo tiene que interactuar con cada vecino de su calle, sino que a veces tiene que comunicarse con residentes en el otro extremo de la ciudad para completar una tarea simple para los usuarios. Chuck y sus muchos vecinos son lo que llamamos microservicios, los cuales conforman un sistema distribuido.

A pesar de los numerosos beneficios que ofrece este nuevo consorcio de Chuck y sus amigos en comparación con el mundo de Charles, también introduce una complejidad sin precedentes al determinar con precisión cuál de ellos fue el problemático cuando ocurrió un problema. Esta complejidad en la depuración de problemas, la identificación de la fuente del problema y la comprensión de los "desconocimientos desconocidos" en un sistema distribuido es lo que dio lugar a la observabilidad.

La confrontación anticipada: observabilidad versus monitorización

La observabilidad y la monitorización son con frecuencia mencionadas en la misma oración; sin embargo, son dos conceptos distintos. Destinemos un momento a discutir por qué esta confrontación era tan esperada y cómo, en realidad, uno no reemplaza al otro, sino que lo complementa.

A pesar de que el nuevo mundo de Chuck y sus amigos de sistemas de software modernos (también conocido como arquitecturas altamente distribuidas) ofrece numerosas ventajas, como flexibilidad, escalabilidad, etc., que probablemente no necesitemos repetir, una característica negativa importante que a menudo se pasa por alto es la complejidad que generan, como verá en la Figura 10.1.

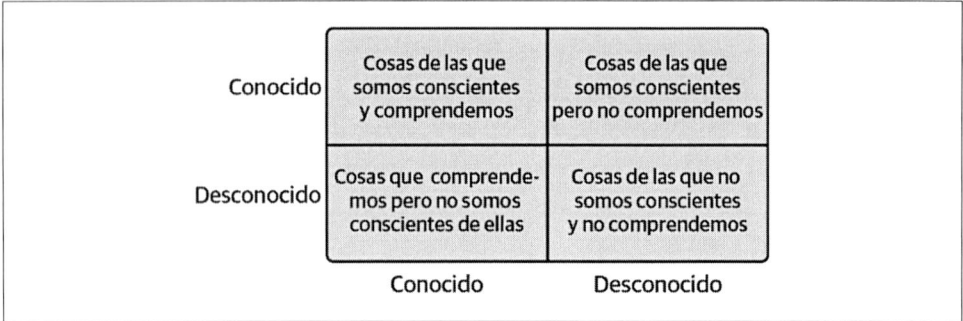

Figura 10.1 *Cuatro cuadrantes de la matriz de Rumsfeld.*

Aquí tenemos la matriz de Rumsfeld, una herramienta útil para determinar la incertidumbre de un problema. Por ejemplo, en el ámbito de SRE, resumimos la diferencia entre monitorización y observabilidad como una ayuda para identificar errores "conocidos" y "desconocidos", respectivamente.

Consideramos la monitorización como algo todavía suficiente para las antiguas aplicaciones monolíticas, ya que localizar dónde y por qué algo ha salido mal de manera autosuficiente es relativamente sencillo. Por ejemplo, podríamos recopilar con facilidad el uso de CPU de una aplicación, trazar un gráfico y configurar una alerta para monitorizar su rendimiento, previniendo que el software se sobrecargue.

Este asunto de CPU sobrecargada es un problema de "desconocimiento desconocido" bien establecido que enfrentan muchos productos monolíticos. En general, es un error relativamente fácil de resolver porque el uso de CPU es una métrica que sabemos cómo monitorizar y el problema en sí mismo está bien comprendido.

Sin embargo, los errores pueden volverse complicados con rapidez a medida que nos movemos a través de los cuadrantes (es decir, enfrentando microservicios más interconectados) hacia cosas de las que no somos conscientes ni comprendemos (es decir, "desconocimientos desconocidos"). Considere esto: ¿qué métricas y paneles necesita configurar para detectar un problema que solo afecta al Pixel 7A en Taiwán si es un desarrollador de aplicaciones móviles que apoya las últimas cinco generaciones de teléfonos Pixel en más de 30 países?

Aquí es donde la monitorización tradicional se queda corta: para tener métricas, tableros y alertas significativas, necesitará predecir qué podría haber salido mal y dónde podría haber salido mal. ¡Básicamente, es un misterio de asesinato sin pistas! Si le pregunta a cualquiera que haya tenido un bíper, le dirá que lidiar con los mismos incidentes más de una vez en un sistema distribuido era una rareza.

La observabilidad se originó en la teoría del control. Específicamente, se define como una medida de cuán bien pueden ser entendidos los estados internos del sistema de software a partir de sus salidas externas. Este tópico emergente nos permite identificar no solo que algo está roto, sino también dónde y por qué está roto. Interesante, ¿verdad?

La observabilidad no se trata solo de los tres pilares de la telemetría: trazas, métricas y registros. La observabilidad comienza con la recopilación de telemetría, pero simplemente recopilarla no nos ayudará a comprender nuestro sistema y hacerlo observable. Un sistema es verdaderamente observable solo cuando podemos utilizar la telemetría recopilada para explicar lo que está sucediendo dentro de nuestro sistema, basándonos en las observaciones que hemos hecho desde el exterior.

Así que la monitorización es lo que nos permitirá saber que alguien en la tierra de Producción está enfrentando problemas de red, pero es la observabilidad la que nos permitirá saber que es el baño del vecino de al lado de Chuck el que necesita una resincronización del cortafuego o firewall.

¿Estamos listos para la observabilidad?

Entonces ¿qué piensa usted? ¿Está el software verde listo para la observabilidad? ¿Cómo deberíamos asegurar que la métrica de carbono avance con este nuevo tópico de moda?

Nosotras le pedimos en la sección anterior, "Cuando una métrica de carbono está lista" en la página 161, que soñaran con el momento en que lo tuviéramos todo resuelto. En esta sección, queremos que continúe con esta fantasía, donde no solo tenemos métricas estandarizadas en tiempo real, sino también trazas que pueden correlacionar eventos que ocurren en sistemas distribuidos intrínsecos. Estas correlaciones nos ayudarán a identificar qué evento desencadenó a qué componente para emitir la mayor cantidad de energía y, por lo tanto, nos permitirá tratar este cuello de botella de manera efectiva y directa.

Un sistema verdaderamente observable no solo ayudará a los DevOps y SRE a depurar y solucionar una interrupción, sino que también asistirá a los defensores del software verde en cumplir con sus SLO de sostenibilidad de las maneras más eficientes. ¡Queremos saber con rapidez qué eventos son los culpables del alto consumo de electricidad!

Llegaremos hasta aquí

Nosotras esperamos haber cumplido nuestra promesa y que este capítulo haya sido breve y conciso.

Consideramos este capítulo como "Monitorización 101 con un toque de sostenibilidad", una guía introductoria a la monitorización para aquellos que no están tan familiarizados con el campo, con nuestro personaje favorito, Chuck, liderando el camino mientras exploramos este espacio a través de la perspectiva del software sostenible.

La monitorización y la observabilidad han sido la base de la gestión moderna de sistemas de producción durante bastante tiempo. Después de todo, ¿qué es Rick sin su compañero, Morty? Estamos hablando de un tiempo de inactividad significativo sin ninguno de los dos.

De acuerdo con las estadísticas reveladoras del Instituto Ponemon (*https://oreil.ly/TC86X*), el coste promedio de inactividad por minuto es asombroso: $9000 dólares, lo que lleva a más de $500 000 dólares por una hora de inactividad. Por lo tanto, necesitamos este entretenido dúo para ayudar a Chuck a acortar su tiempo de recuperación ante fallos, ahorrándonos, a nosotros, sus superiores, una cantidad significativa de dinero y, naturalmente, reduciendo las emisiones de carbono.

CAPÍTULO 11

Cobeneficios

La mayor victoria es aquella que no requiere batalla.
—Sun Tzu, *El arte de la guerra*

Seríamos deshonestas si dijéramos que perseguir el software verde es una tarea fácil. Faltaríamos a la verdad si afirmáramos que convencer a otros sobre la inevitabilidad de la sostenibilidad en la industria tecnológica es una tarea simple. Deberíamos tener una conversación seria con nosotras mismas si no reconocemos que la sostenibilidad ha pasado a un segundo plano en muchas organizaciones durante las actuales recesiones económicas.

Nuestra intención original en cuanto a este capítulo era profundizar en los aspectos multidisciplinarios de la computación ecológica y explorar los cobeneficios de la sostenibilidad. Pretendemos que comprenda la naturaleza interdisciplinaria del software verde, donde todas las áreas de interés en la ingeniería de software están interconectadas y lograr un sutil equilibrio entre ellas no es una tarea sencilla.

Sin embargo, no podemos ignorar los desafíos sin precedentes que la mayoría de los defensores del clima han enfrentado en los últimos meses. Por primera vez en la historia, somos testigos de récords climáticos que se rompen a diestra y siniestra. Aun así, las inversiones para abordar el cambio climático siguen luchando por convertirse en una prioridad para muchas organizaciones, incluidas las del sector tecnológico. (La legislación a nivel mundial está avanzando lentamente para poner a todos en la dirección correcta, pero el progreso no está ocurriendo lo suficientemente rápido).

Por lo tanto, cambiamos ligeramente el enfoque de este capítulo. Aunque seguiremos abordando los efectos secundarios positivos de implementar la eficiencia de carbono en el software, también le proporcionaremos una herramienta práctica —un modelo mental— para ayudarle a demostrar a sus amigos, colegas, gerentes y, quizá, incluso a su CTO, que adoptar prácticas ecológicas en las operaciones y el desarrollo del software no solo beneficia al medio ambiente (¡obvio!), sino que también mejora el rendimiento, la fiabilidad y la resiliencia del sistema de software mientras se reducen costes.

Así que agárrese fuerte, ¡este capítulo va a ser interesante!

¿Se trata de dinero?

Comenzamos con un tópico que literalmente le proporcionará el mayor beneficio por su inversión: el ahorro de costes como una ventaja al adoptar prácticas verdes.

En el Capítulo 9 evaluamos los pros y los contras de usar el coste como una medida para las emisiones de carbono. En esta sección, examinaremos cómo y por qué adoptar prácticas sostenibles puede habilitarlo a usted para construir un producto optimizado en términos de presupuesto y viceversa.

¿Por qué lo más verde también es más barato?

Una carga de trabajo rentable es aquella que cumple con todos los requerimientos empresariales con el menor gasto posible. Entonces ¿cómo contribuye una carga de trabajo rentable a los esfuerzos de sostenibilidad? ¡Vamos a descubrirlo!

Existen varios patrones bien definidos para la optimización de costes al construir un producto que sea amigable con el presupuesto y que también ofrezca valor para el negocio (p. ej., las directrices proporcionadas por proveedores de nube pública como AWS, Microsoft y GCP). En lugar de enumerarlos todos aquí, seleccionaremos los que nos han llamado la atención y que también tienen beneficios ambientales.

Consiga un buen ajuste

Una manera buenísima de ser rentable es seleccionar el recurso que mejor se ajuste a sus requerimientos y entonces usarlo tal y como *fue planeado para ser usado*. Por ejemplo, suponga que usted ha elegido GCP como su proveedor de nube. En ese caso, vale la pena explorar las soluciones nativas de GCP en lugar de usar las ofertas de nube como infraestructura como servicio (IaaS), donde usted necesita construir, implementar y gestionar su propia creación, porque esa no es la forma cómo *GCP es planeado para ser usado*. Esto no reduciría mucho sus gastos operativos (más bien al contrario) y no aprovecharía las enormes inversiones que Google ha realizado en sus servicios.

El término "nativo de la nube" se refiere a soluciones diseñadas específicamente para operar dentro de un entorno de nube pública desde su inicio. Estas soluciones suelen aprovechar tecnologías como contenedores, microservicios y, lo más importante, servicios.

Veamos un ejemplo de lo que nosotras queremos decir. Imagine que le han encargado crear una solución de trazabilidad distribuida que soporte aplicaciones en el ecosistema de GCP.

En este escenario, la opción mejor adaptada para el backend de ingestión de datos sería usualmente Google Cloud Trace (*https://oreil.ly/SCA2Y*), que fue diseñado para ese propósito. Una opción más ardua sería configurar y desplegar manualmente Grafana Tempo (*https://oreil.ly/lw3AK*) sobre Google Cloud Storage (*https://oreil.ly/DHUu5*).

Al optar por el servicio oficial, usted ahorra en gastos operativos y de alojamiento y, a su vez, reduce las emisiones de carbono porque este servicio ha sido optimizado para la eficiencia en ese entorno. Se está utilizando GCP tal como fue planeado y beneficiándose del costoso trabajo de eficiencia que Google ya ha realizado en él, así como del trabajo que hará en el futuro.

La *trazabilidad distribuida* es la respuesta de DevOps y SRE a la complejidad que surge de la migración a entornos de microservicios. Permite rastrear una solicitud a medida que se mueve a través de una aplicación. Por ejemplo, ayuda a seguir una petición desde el frontend a múltiples microservicios en el backend y, finalmente, a la base de datos.

Otra de las mejores prácticas que es importante para lograr un buen ajuste operativo en los sistemas es utilizar la asignación dinámica de recursos para prevenir el sobreaprovisionamiento costoso. Un ejemplo de esto es implementar escalado automático siempre que sea posible para adaptarse a las fluctuantes demandas de una carga de trabajo. Este enfoque no solo reduce los costes, sino que también contribuye a la eficiencia del carbono (como discutimos en el Capítulo 4). Eliminar recursos inactivos o infrautilizados es incluso más fácil y tiene el mismo efecto de reducir costes e incrementar la eficiencia del carbono.

Entonces ¿cómo deberíamos unir todo esto? FinOps (*https://oreil.ly/INsqX*), de la Linux Foundation (*https://www.linuxfoundation.org*), fue creado para ayudar a las organizaciones a recuperar el control de los gastos descontrolados en la computación en la nube. Esto representa un esfuerzo colaborativo para reducir los costes en la nube que une múltiples disciplinas, incluyendo tecnología, finanzas y negocios.

FinOps y GreenOps son como hermanas de otra madre. Ambas se centran en optimizar los sistemas de software para reducir los requerimientos de máquinas y el uso costoso de electricidad. Según Pini Reznik de la compañía consultora GreenOps re:cinq, la gente en la nube pueden reducir sus facturas hasta un 50 % al utilizar el afinamiento (*tuning*) y optimización de las mejores prácticas de FinOps y GreenOps.

Ser verde en realidad le permite ahorrar un buen dinero.

¿Qué pasa con la fiabilidad y la resiliencia?

El segundo punto a considerar es la fiabilidad y la resiliencia.

Antes de profundizar en los detalles de por qué y cómo operar un sistema de software fiable y resiliente contribuye a los esfuerzos medioambientales, empecemos por distinguir entre los dos términos. A menudo se utilizan indistintamente, pero es vital entender su relevancia individual para la sostenibilidad en este contexto y diferenciarlos del concepto relacionado de disponibilidad.

La *disponibilidad* es un porcentaje. Un servicio que tiene un 99 % de disponibilidad es aquel que responde el 99 % del tiempo, incluso si ese tiempo de respuesta es lento o de alguna otra manera deficiente.

La *fiabilidad* está relacionada con la capacidad de un sistema para realizar de forma consistente y correcta *sus funciones previstas a lo largo del tiempo*. Esta medida mide la capacidad del sistema de soportar fallos y errores. Por ejemplo, si sus objetivos de nivel de servicio (SLO) requieren que las solicitudes se procesen en un tiempo de 3 ms y, esto ocurre el 99 % del tiempo, entonces es un 99 % fiable.

En contraste, la *resiliencia* se refiere a la capacidad de un sistema para recuperarse de manera rápida y elegante ante fallos e interrupciones. Esto demuestra la habilidad de un sistema para reanudar su funcionalidad ante circunstancias imprevistas. Esencialmente, como se detalla en el marco bien diseñado (*well-architected framework*) de Microsoft, "una carga de trabajo fiable es tanto resiliente como disponible".

La resiliencia está estrechamente relacionada con la eficiencia operativa y es un gran paso adelante tanto para la fiabilidad como para la sostenibilidad del sistema.

Hasta hace poco, nuestra estrategia principal para proporcionar fiabilidad del sistema era la redundancia. Solíamos mantener copias físicas duplicadas de un sistema en una variedad de ubicaciones diferentes con el objetivo de garantizar que siempre hubiera capacidad y conmutación por error en caso de un problema.

El problema es que mantener copias es derrochador en términos de hardware y electricidad. Esos sistemas de respaldo pasan la mayor parte de su vida inactivos porque ese es su propósito. Redundancia: la pista está en el nombre.

Estos sistemas existen únicamente con la esperanza de que nunca tengan que intervenir y salvar el día. Por desgracia, si alguna vez se les llama a hacerlo, a menudo fallan. Esto se debe algunas veces a la falta de pruebas, pero también porque cuando una región tiene un corte, no es raro que las demás experimenten el mismo problema. Resulta que, además de ser ineficientes en términos de carbono, la redundancia no es la mejor solución para la fiabilidad.

Construir resiliencia es el enfoque moderno y más eficiente para la fiabilidad, siendo más dinámico y efectivo, así como requiriendo menos en cuanto a recursos reservados de hardware.

La resiliencia implica técnicas operativas automatizadas y programáticas, así como respuestas rápidas comúnmente asociadas con DevOps e ingeniería de fiabilidad del sitio (SRE). Estas incluyen monitorización de errores, escalado automático y reinicios automáticos. El objetivo es recuperarse de los problemas en tiempo real en lugar de la conmutación por error (y, por consiguiente, el cambio de servidores) y un sistema resiliente puede aprovechar recursos en la nube flexibles, incluso si se encuentra on-premises de manera predeterminada.

La resiliencia usa la automatización para reducir el tiempo de recuperación y mejorar la fiabilidad, al tiempo que elimina la necesidad de todas esas copias de seguridad estáticas. Al mismo tiempo, las técnicas de monitorización mejoradas hacen que el sistema sea más consciente de su consumo de energía y hardware y, como mencionó el gurú de la eficiencia Peter Drucker, lo que se mide tiende a mejorar.

Ejemplo

Consideremos una tienda de comercio electrónico que vende ropa interior. Podemos afirmar con confianza que la tienda en línea es fiable porque, incluso durante la locura del Black Friday, la tienda puede soportar el enorme aumento de tráfico. Los clientes aún pueden navegar por las selecciones, añadir artículos a sus carritos y realizar pedidos utilizando tarjetas de crédito sin comprometer ningún SLO, como la latencia de las transacciones.

La latencia se refiere a cuánto tiempo tarda en procesarse una solicitud. En términos reales, por ejemplo, este es el tiempo necesario para que la tienda en línea responda a un clic sobre un botón.

Además, podemos decir que la tienda es resiliente porque se trasladó de manera exitosa y dinámica a una región diferente cuando la ubicación donde se implementó inicialmente experimentó una interrupción.

Lo que acabamos de describir es una hazaña difícil en el ámbito de la ingeniería de software —la capacidad de proporcionar un servicio fiable y resiliente— y detrás de cada uno de esos productos hay un flujo constante de incidentes que nos colocan en una situación de apagado frecuente de incendios. Estamos seguros de que casi todos los SRE, o cualquiera que haya tenido un bíper, pueden relacionarse con la terrible experiencia de lidiar con una interrupción de cualquier magnitud, pero aprendemos de ellas y mejoramos. De hecho, por eso nuestra industria comenzó a pasar de la redundancia a la resiliencia, siendo esta última más sostenible y efectiva.

Si los SRE pueden aprovechar potenciales interrupciones catastróficas como un medio para persuadir a sus equipos y superiores sobre la importancia de priorizar la fiabilidad desde el primer día, logrando de ese modo, un sistema más robusto. ¿Por qué los ingenieros de software verde no pueden hacer lo mismo para conseguir sistemas más verdes?

Como declaró el experto en software verde Bill Johnson, "la fiabilidad a lo largo del tiempo es una gran manera de definir la sostenibilidad", y nosotras también vemos estas áreas de preocupación como interconectadas. Durante la transición energética, la falta de electricidad en ciertos momentos será un nuevo modo de falla para los sistemas. Como si fuera poco, los eventos climáticos relacionados con el clima aumentarán la tasa de fallos de toda la infraestructura física. La resiliencia hace que los sistemas sean más sostenibles y económicos y, lo que es igualmente importante, más fiables frente a un clima cambiante.

¿Tal vez sea el rendimiento?

La humanidad siempre ha estado fascinada por superar límites. Comenzamos con desafíos físicos; por ejemplo, existen muchas formas de carrera competitiva, como carreras de velocidad, maratones y carreras de obstáculos. Cuando agotamos las ideas para los retos físicos del cuerpo humano, nos dirigimos hacia las máquinas. Hay numerosos enfrentamientos competitivos entre diversos dispositivos mecánicos, como las carreras de coches de control remoto, las regatas y, por supuesto, la vertiginosa Fórmula 1. Los ingenieros de software no son una excepción. Pregunte a cualquier desarrollador. ¿No es un sistema de alto rendimiento el sueño más anhelado de todos?

Un *sistema de alto rendimiento* en el contexto de la ingeniería de software es aquel capaz de gestionar *con rapidez* las demandas con las que se encuentra.

¿Qué tan rápido es lo suficientemente rápido?

Antes del uso extendido de la computación en la nube y el surgimiento de ofertas bajo demanda, muchas organizaciones de ingeniería que trabajaban con configuraciones on-premises tenían que intentar (y, algunas veces, fallar) predecir sus requerimientos máximos, sobreaprovisionando recursos intencionadamente para asegurarse de que podían satisfacer sus necesidades empresariales.

Por desgracia, como hemos señalado antes, el sobreaprovisionamiento es una práctica derrochadora.

Esto aumenta el carbono incorporado debido a cableado y hardware adicionales, y dificulta la innovación (porque configurar un servidor no es tan rápido como el envío al día siguiente de Amazon). Reduce la eficiencia operativa, lo que lleva a costes adicionales y resultados derrochadores en todos los aspectos, incluyendo las emisiones de carbono inducidas por el consumo eléctrico.

Por lo tanto, esforzarse por un sistema inteligentemente eficiente que no dependa del sobreaprovisionamiento ya no es solo una insignia dura que cada practicante desea obtener; es también un objetivo vital. ¿Por qué? Porque dicho sistema también es verde.

Mejor ajuste y rendimiento

Hay muchos principios de diseño bien establecidos que abordan el rendimiento, pero uno de los más efectivos es buscar el mejor equilibrio entre lo que usted quiere hacer y los recursos que usted usa para lograrlo.

Un ejemplo es optimizar la capa de cómputo eligiendo la opción adecuada para el caso de uso previsto (en otras palabras, seleccionando el tipo correcto de máquina para la carga de trabajo, como una con memoria optimizada para juegos en 4D).

Elegir el hardware más adecuado no solo proporciona una experiencia más eficiente, sino que también puede contribuir al ahorro de energía y carbono ya que el hardware especializado es mucho más eficiente en términos de energía.

Siempre hay un cálculo que realizar en términos de la huella de carbono incorporada al elegir hardware especializado en lugar de hardware estándar, pero para hardware bien gestionado y muy utilizado, el uso de electricidad suele ser un contribuyente mayor al cambio climático que la huella de carbono incorporada del equipo. En los buenos centros de datos, la eficiencia energética es en general más importante.

Optimizar su capa de almacenamiento es otro enfoque bien establecido para mejorar el rendimiento. La gestión de datos ha emergido como un campo que requiere una consideración cuidadosa. En la actualidad, la mayoría de las empresas deben cumplir con múltiples requerimientos regulatorios para el almacenamiento de datos en varios países e incluso continentes.

Por ejemplo, considere una aplicación de cuenta de ahorros con datos sujetos a diferentes normas de retención. Puede necesitar acceso frecuente a los detalles de identificación de un cliente, como su nombre y número de cuenta, mientras que los extractos bancarios se requieren con menos frecuencia y deben conservarse durante diferentes periodos de tiempo en distintas regiones. Elegir deliberadamente el tipo de almacenamiento adecuado para cada uno de esos requerimientos es indispensable para ahorrar costes, mejorar el rendimiento y la sostenibilidad.

Como ejemplo, consideremos cómo podría manejar esto en el mundo de AWS. Lo que podría hacer es consultar su hoja de rendimiento de almacenamiento de objetos (también conocida como gráfico de rendimiento de los tipos de almacenamiento S3 [*https://oreil.ly/v6PQl*]). Podría elegir las clases de nivel Glacier para los datos que necesita conservar por requerimientos regulatorios pero que no requieren acceso constante, como correos electrónicos de hace diez años. Podría optar por la clase estándar para objetos que requieren manipulación frecuente, como el balance de la tarjeta de crédito del mes actual.

Además de un mejor rendimiento, seleccionar el tipo de almacenamiento adecuado llevará, como ya habrá imaginado, a reducciones en la huella de carbono incorporada y el uso de energía, ya que AWS puede ser ahora más inteligente en el uso de sus recursos.

Esperamos que esté quedando claro hacia dónde nos dirigimos con esta sección: la mayoría de las mejores prácticas en rendimiento tienen beneficios secundarios en términos de sostenibilidad a través de la eficiencia, un tema que discutimos en detalle en los capítulos 3 y 4. Para evitar ser repetitivas, consulte esos capítulos si necesita un rápido repaso.

La eficiencia es un motor clave tanto del rendimiento como de la reducción de carbono en el software, y el resultado es que lo más verde suele ser lo más rápido.

¡Tiene que ser seguridad!

Muchos argumentarían que la seguridad es la preocupación crucial de cualquier negocio de software. Un producto inseguro es una traición a los usuarios. Puede causar daños significativos a la reputación de una organización, afectando la valiosa confianza con clientes y proveedores, así como con reguladores.

La seguridad de la información siempre ha sido una disciplina compleja y, lamentablemente, ha evolucionado tan drásticamente como el cambio climático. Los atacantes en todo el mundo ahora poseen más poder de procesamiento informático que nunca. También tienen acceso a superficies de ataque mucho más grandes gracias a los cada vez más numerosos "desconocimientos desconocidos" que surgen de sistemas distribuidos complejos (a veces extendiéndose a través de múltiples proveedores de alojamiento). Por lo tanto, sería imprudente intentar proporcionar una guía integral sobre diseño de software seguro. Afortunadamente, hay muchos materiales bien elaborados disponibles para su referencia. En esta sección, prestaremos atención a las características de un sistema seguro que tienen efectos positivos en el medio ambiente.

Los desconocimientos desconocidos, que implican información no identificada (es decir, temas de los que no está consciente o que no comprende por completo), se originan de los cuatro cuadrantes de la matriz de Rumsfeld (*https://oreil.ly/EZsLF*), un marco no inherentemente relacionado con la ingeniería de software y operaciones, pero, no obstante, un paradigma que se ha aplicado ampliamente en el campo y en varios dominios para mejorar nuestra comprensión de la certeza y la incertidumbre al tomar decisiones. Por ejemplo, en la ingeniería del caos (*https://oreil.ly/O0sHh*), ¡lo animamos a realizar experimentos siguiendo la matriz de Rumsfeld para descifrar qué cosas romper primero!

Un *sistema seguro* es aquel capaz de resistir ataques maliciosos. Estos pueden variar en origen haciendo clic distraídamente en un enlace que no debería, resultando en la instalación de malware, hasta un sofisticado ataque de denegación de servicio distribuido (DDoS) que interrumpe su tráfico habitual. Cualquiera de estos escenarios (y muchos más) puede tener consecuencias desastrosas, incluidas la pérdida de ingresos y el daño a la reputación. Uno de los menos apreciados es el desperdicio de emisiones de carbono.

La seguridad es verde

Por ejemplo, inspirándonos en la analogía del mundo real de la empresa de CDN Cloudflare (*https://oreil.ly/CBBMi*), puede pensar en un ataque DDoS como una congestión sorpresiva que obstruye su viaje matutino al trabajo. Su lugar de trabajo simboliza sus servidores; usted representa a un usuario regular que intenta acceder a esos servidores y la congestión simboliza el aumento malicioso del tráfico de red causado por el ataque DDoS que impide o incluso bloquea las solicitudes genuinas o legítimas.

El aumento de la carga en la red debido a un ataque DDoS puede provocar un aumento en el consumo de energía debido a la sobrecarga de recursos como la CPU y la memoria. Tales ataques también desperdician el carbono incorporado debido a la necesidad de hardware adicional para manejar el tráfico malicioso mientras se mantiene el servicio normal. En resumen, los ataques DDoS desperdician energía y causan emisiones de gases de efecto invernadero sin beneficios para nadie (aparte del atacante).

Prevenir o clausurar ataques como los DDoS, en lugar de sobredimensionar los recursos para sobrevivir a ellos, es, por tanto, una práctica más verde y segura. Hay mucho material disponible sobre las técnicas para hacer esto, incluyendo la reducción de la superficie de ataque y la limitación de la velocidad.

El experto en seguridad Ed Harrison señaló en el Capítulo 4 que una de las principales formas de reducir la superficie de ataque también es una técnica verde: desactivar sistemas y servidores zombis que ya no son necesarios.

Los sistemas seguros son más verdes que los inseguros, y un sistema seguro tiene credibilidad y fiabilidad inherentes. Esa credibilidad tiene un valor significativo, mejorando la comercialización y llevando a un aumento en las ventas y la adopción. Por lo tanto, existe un ciclo de retroalimentación positiva entre la sostenibilidad y la seguridad.

¿Pero qué hay sobre los datos?

Literalmente, los datos están en todas partes.

Los relojes que llevamos, los coches que conducimos e incluso los refrigeradores donde almacenamos nuestra cerveza favorita son ejemplos de dispositivos del Internet de las Cosas (IoT). Según el informe *State of IoT 2023* (*https://oreil.ly/ZFbvo*), el mundo observó un aumento del 18 % en las conexiones IoT en 2022, alcanzando los 14.3 mil millones de puntos finales activos. Todos ellos recolectan datos y estas estadísticas son solo para los dispositivos IoT de 2022; aún no hemos tocado los datos que se recopilarán para los modelos LLM.

 Los dispositivos IoT son cualquier máquina equipada con sensores que tienen la capacidad de recopilar y analizar datos mientras están conectados a otros dispositivos a través de una red (en general, Internet).

Ese volumen enorme de datos puede ser considerado como una pila desorganizada de piezas de Lego y, si se gestiona inadecuadamente, tiene el potencial de ser peligroso (seguramente, todos han pisado por accidente una pieza de Lego suelta y han experimentado la agonía).

Estos datos van a ser transmitidos, procesados y almacenados, lo que conlleva un alto coste en carbono. Por lo tanto, en cada etapa (origen, transformación, canalización, destino, uso y comportamientos), es imperativo realizar una consideración, planificación y gestión exhaustivas. De nuevo, hay mucho material disponible sobre las mejores prácticas para la gestión de datos IoT. La mala noticia es que ser verde implica que usted tiene que leer sobre esto.

Control de los LLM

El aumento de los LLM y la IA (los LLM una vez más acaparando la atención) ha resultado en una gran cantidad de nuevo material bien escrito sobre la gestión de datos, que abarca una amplia gama de temas, desde análisis de datos hasta ingeniería de datos y observabilidad de datos.

La buena noticia es que cada uno de estos campos emergentes ofrece directrices sobre mejores prácticas que se alinean bien con los principios del software verde, así que sígalas. Por ejemplo, la sanitización de datos normalmente conduce a resultados finales más precisos y repetibles, al mismo tiempo que reduce las demandas en almacenamiento y procesamiento. Por lo tanto, los datos limpios y correctos promueven la sostenibilidad al fomentar la eficiencia y la automatización.

Piense en los modelos de datos

Nosotras recomendamos encarecidamente invertir esfuerzos en crear un modelo de datos que se adapte a su caso de uso específico y se alinee con las necesidades de los procesos tanto ascendentes como descendentes (idealmente, de toda su organización).

Casi todos los ingenieros empresariales se han enfrentado a la necesidad interminable de transformar datos de un formato a otro para hacerlos compatibles con sus sistemas. Estas transformaciones son famosas por ser intensivas en recursos, incluso con la automatización en su lugar. Por lo tanto, es más verde, económico, menos propenso a errores y más eficiente diseñar modelos que puedan escalar y adaptarse a nuevos requerimientos y que requieran menos transformación.

Hay muchas más coincidencias entre la sostenibilidad y otras técnicas de gestión de datos que podríamos señalar, pero es vital reconocer que el principal desafío en este campo es el inmenso volumen de datos, todos los cuales tienen un coste potencial en carbono. Seguir las mejores prácticas al tratar con datos es crucial por razones de coste, rendimiento, seguridad y legalidad, así como por su impacto ambiental.

En realidad, esto es todo lo anterior

> El guerrero sabio evita la batalla.
> —Sun Tzu, *El arte de la guerra*

Estamos cantando el mismo himno de nuevo, específicamente, ¡otra cita de Sun Tzu!

Lo que estamos tratando de decir aquí es que la sostenibilidad no necesita competir con las otras prioridades en el desarrollo y las operaciones de software. Si usted es de las personas que ve el vaso medio lleno, la utopía para los defensores del software verde en realidad es un jardín florido donde todo coexiste en armonía.

Nosotras discutimos que las prácticas del software verde deberían integrarse en todo lo que construimos, gestionamos y operamos. De hecho, no solo deberían integrarse, sino que también deberían servir como cimientos.

Nuestra postura no debería sorprenderlo a usted (a menos que el Capítulo 11 sea el primer capítulo que lea). La muy mala noticia es que nuestro hermoso planeta está enfrentando en la actualidad desafíos significativos: estamos experimentando sequías que están fuera de lo común, tormentas inesperadas y temperaturas récord todos los días. La buena noticia es que, en nuestra industria, un cambio hacia la sostenibilidad está alineado con nuestras otras prioridades. Ser verde significa ser eficiente, lo que se traduce en software más rápido y económico, que, como hemos visto, puede utilizarse para aumentar la seguridad y la resiliencia y, por lo tanto, reducir el riesgo.

En la Figura 11.1, colocamos la sostenibilidad en el centro de todas las prioridades. Puede argumentar que otra prioridad, como el rendimiento o la seguridad, debería ser la principal. Sin embargo, nosotras le contrarrestaremos con un rostro serio. Cada pieza de software necesitaba volverse eficiente en carbono ayer.

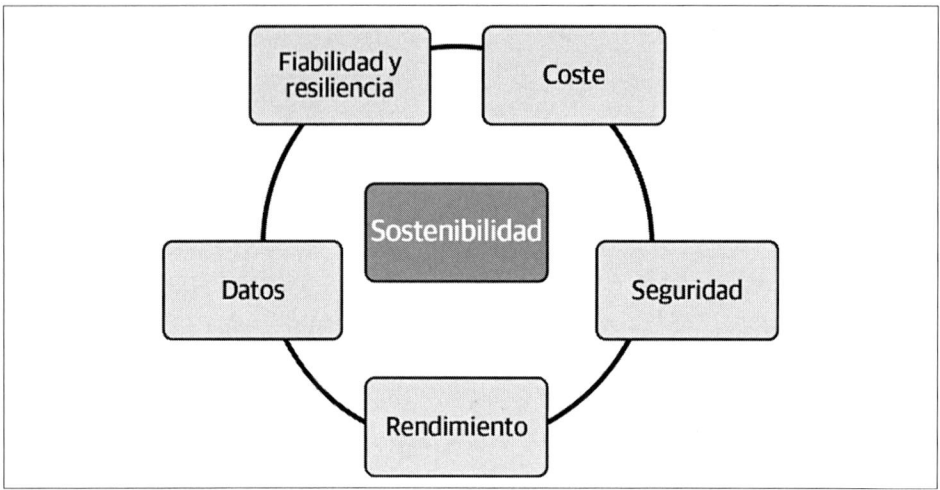

Figura 11.1 *Mapa mental de los pilares de la programación de ordenadores considerando la sostenibilidad como cimiento.*

Hemos dedicado un tiempo considerable a establecer coincidencias entre la sostenibilidad y otras prioridades tecnológicas. Esta comparación lado a lado es otra herramienta valiosa que usted debe agregar a su conjunto de herramientas (ver Figura 11.2).

Por ejemplo, si está manteniendo conversaciones con su equipo de datos o su director de datos, debería aprovechar la oportunidad para resaltar la fuerte conexión entre el software verde y la ingeniería de datos.

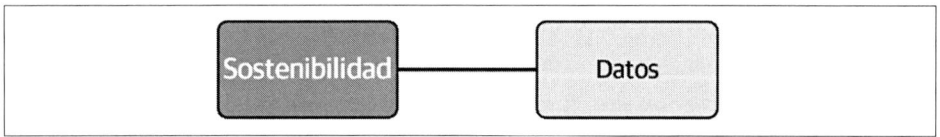

Figura 11.2 *Otra guía visual que demuestra los vínculos cercanos que tiene la sostenibilidad en tecnología con otras áreas de enfoque.*

La estrategia de resaltar la alineación entre el software verde y otras prioridades ofrece un enfoque alternativo para generar conciencia sobre este tema crucial. Si bien las tácticas pesimistas pudieron haber sido productivas en el pasado, ya no son la opción más práctica, sobre todo cuando los presupuestos son ajustados. Necesitamos mostrar que ser sostenible es una oportunidad para construir mejor software, no meramente un coste.

Creemos firmemente que presentar la tecnología verde en el siguiente orden ascendente (según su nivel de madurez, como se explica en el Capítulo 12) le dará a usted una gran ventaja:

1. La eficiencia de carbono se puede lograr aplicando principios de diseño de las mejores prácticas existentes, como las asociadas con el rendimiento y la reducción de costes.

2. El software verde no es una torre de marfil; forma parte de muchos otros pilares bien definidos en informática; por lo tanto, no requiere un flujo de trabajo por completo.

3. El software se beneficiará de que la eficiencia de carbono esté integrada desde el principio. Por lo tanto, la sostenibilidad debe considerarse un aspecto fundamental de todos los productos de software y procesos de toma de decisiones.

Tal y como pasa con cualquier cosa en ingeniería de software, se requiere un pensamiento cuidadoso. Encontrar el equilibrio correcto, hacer los compromisos adecuados y determinar con precisión lo que se requiere desde una perspectiva funcional y no funcional le permitirá a usted crear un producto que sea económico, fiable, eficiente, seguro y amigable con el medio ambiente.

Bien, nosotras creemos que usted está listo

¡Usted está listo y preparado! Esperamos que esta montaña rusa de capítulo no lo haya dejado agotado.

Nuestro objetivo fue arrojar luz sobre las similitudes que antes no eran tan obvias entre los principios de diseño de la sostenibilidad y otros aspectos críticos de la ingeniería de software. Hemos cubierto cinco áreas seleccionadas con un par de directrices, junto con analogías del mundo real. No tenemos dudas de que ahora usted es capaz de realizar ejercicios similares para cualquier otra área de interés que considere adecuada (¡usted puede hacerlo!).

Si bien nosotras reconocemos plenamente que integrar la sostenibilidad en cualquier sistema de software no es un camino fácil, es importante señalar que añadir el desafío de convencer a otros de que es una prioridad, sobre todo durante las recesiones económicas, es como hacer navegar un pequeño barco a través de una tormenta en el mar.

Sin embargo, tenemos plena confianza en que, tras el viaje que le hemos presentado en este capítulo, ahora está bien preparado para entablar conversaciones con quienes le rodean sobre la integración de la sostenibilidad desde el inicio.

Implementar la sostenibilidad desde el inicio no solo tiene numerosos efectos secundarios positivos, sino que también podría resultar menos desafiante de lo que pensaba inicialmente. (Gracias a todos los pioneros de las mejores prácticas que han allanado el camino para el software verde).

CAPÍTULO 12
La matriz de madurez del software verde

Solo puedo mostrarle la puerta. Usted es quien tiene que atravesarla.
—Morfeo

La *matriz de madurez del software verde (GSMM, por sus siglas en inglés)* es una herramienta de autoevaluación de Green Software Foundation (organización que es parte de Linux Foundation).

La GSMM está diseñada para ayudar a las organizaciones a comprender qué tan bien han implementado los principios y procesos verdes y qué hacer a continuación. Forma parte de la campaña de GSF por elevar el nivel tanto de los que tienen un camino recorrido como los que no, con el fin de mejorar el comportamiento de los rezagados en tecnología verde y asimismo inspirar a quienes ya lo están haciendo bien, para que logren más al mostrar lo que están haciendo como líderes.

Su intención es dar direcciones hacia un camino bien transitado y, de esa manera, obtener el beneficio del progreso compartido en herramientas y servicios, lo cual es decisivo (ver Figura 12.1).

 Cualquiera puede comentar o contribuir al proyecto en GitHub (*https://oreil.ly/XK7cf*). No es necesario ser miembro de la GSF. Anne es la líder del proyecto y estará encantada de saber de usted.

Note que la GSMM se centra en cómo los profesionales del software pueden reducir las emisiones de gases de efecto invernadero en su vida laboral diaria. No cubre el uso de agua en los centros de datos, la protección de especies ni ningún otro objetivo ambiental valioso. Según lo entendemos en la actualidad, estos objetivos están principalmente determinados por la elección del centro de datos y los desarrolladores tienen poco margen para mejorar esa elección con posterioridad, particularmente de manera iterativa. Por lo tanto, elija su centro de datos sabiamente.

	Aspirante	Consciente	Activo	Asombroso	Inspirador
Compromisos	Ninguno	Neutro en carbono	Carbono cero con compensaciones	10 % (compensaciones)	1% (compensaciones)
Huella	Desconocido	Conoce alcance 1 & 2	Reducción por unidad	Reducción absoluta	–Cero
Métricas	Ninguno	Reporta alcance 1 & 2	Alcance diario 1 & 2 & 3	En tiempo real	Predicción
Operaciones de carbono	Ninguno	Manual	LightSwitchOps	Dimensionamiento correcto automático	Carbon SRE
Energía	Ninguno	Alojamiento verde	Gestión dinámica	Adaptación de la demanda	Electricidad libre de carbono 24/7
Dispositivos	Ninguno	Algunos objetivos	10 años / 90 %	10 años / 95 %	Reparación continua
Utilización	Ninguno	Algunos multitenencia	Todo multitenencia	Máxima orquestación	Integración de borde
Productos	Ninguno	Conciencia sobre el carbono	Cambio de la demanda	Seguimiento de características	Carbono de características Presupuesto de error
Entrenamiento	Ad hoc	Básica / Defensor	Avanzado	Usted es el entrenador	Usted es el líder

Figura 12.1 *Matriz de madurez del software verde de GSF.*

La historia de las matrices de madurez

En 1986, cuando Anne aún usaba calentadores de piernas fluorescentes y tanto Sara como Sarah no habían nacido, la primera matriz de madurez (a veces llamada modelo de madurez), o integración de modelo de madurez de capacidades (CMMI [*https://cmmiinstitute.com*]), fue desarrollada por el Software Engineering Institute de la Universidad Carnegie Mellon. Fue diseñado como un marco para evaluar y guiar los esfuerzos de las organizaciones en la mejora de procesos.

Las matrices de madurez ahora se utilizan en una amplia variedad de campos, incluidos la gestión de proyectos y la ciberseguridad, para que las empresas evalúen su posición en términos de mejores prácticas. También señalan los pasos prácticos que esas organizaciones pueden seguir para alcanzar niveles más altos de rendimiento.

Una matriz de madurez suele tener cinco niveles (considere la lista a continuación y la Figura 12.2). El objetivo de esta es que una organización adopte mejores procesos y herramientas para ascender desde el nivel 1 al 5:

- Nivel 1: Aspirante. Los procesos son impredecibles, pobremente controlados y, en el mejor de los casos, reactivos.
- Nivel 2: Consciente. Procesos por proyecto. A menudo, aún reactivos.
- Nivel 3: Activo. Los procesos están estandarizados, documentados, bien comprendidos y revisados.
- Nivel 4: Asombroso. Los procesos se miden y controlan.
- Nivel 5: Inspirador. Ocurre una mejora continua basada en retroalimentación cuantitativa.

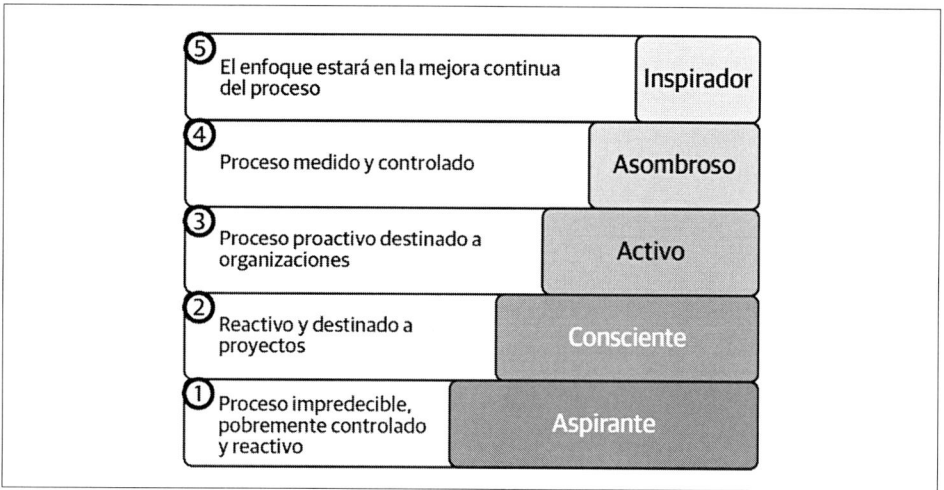

Figura 12.2 *Ascendiendo los escalones de una matriz de madurez.*

A continuación, analizaremos en detalle cómo estos niveles se relacionan con el software verde, pero creemos que, en términos generales, esto significa:

- Nivel 1: Usted no tiene una estrategia a nivel organizacional. Tiene personas que se preocupan o conocen sobre cómo ser verde.

- Nivel 2: Usted está empezando a tener cierto control sobre las cosas, pero sin consistencia. Su nivel de avance varía según el proyecto y el equipo. Tiene los datos mínimos sobre emisiones.

- Nivel 3: Usted está bien. Tiene un conocimiento básico a nivel organizacional y datos retrospectivos decentes. Ha definido procesos que se aplican en toda su organización. Ya está actuando con éxito en mejoras verdes que no requieren datos muy detallados.

- Nivel 4: Es asombroso. Puede medir su progreso de manera dinámica (es decir, tiene acceso a datos en tiempo real).

- Nivel 5: Usted ha ascendido al siguiente plano de existencia. Supervisa y monitoriza el rendimiento de las emisiones basándose en datos en tiempo real. Da charlas inspiradoras en conferencias tecnológicas y la gente aspira a lo que usted ha estado haciendo durante años. Usted es el equivalente tecnológico de un ser de energía pura. Piense en Yoda con un teclado.

La audiencia objetivo de la Matriz de Madurez de Green Software Foundation son personas senior en organizaciones tecnológicas y defensores internos del enfoque verde. El objetivo es guiar su trayectoria a alto nivel y proporcionarles algo con lo que puedan comunicar acerca de su progreso.

Los consultores también suelen apreciar una matriz de madurez, ya que les ayuda a explicar a sus clientes los servicios que ofrecen y cómo es una buena práctica. Esto facilita la persuasión de sus clientes para que inviertan tiempo y esfuerzo en un proyecto, ya que saben cómo podrán evaluar el progreso (y demostrar que esto no es un lavado verde). Eso es lo correcto. Queremos que más personas ofrezcan servicios profesionales en software verde.

Matriz de madurez del software verde

Antes de empezar a discutir los detalles de la GSMM, necesitamos hablar de las buenas noticias.

Afortunadamente, usted no necesita esperar a tener datos precisos para empezar a ser más verde y avanzar en los niveles de madurez desde el nivel 1: Aspirante (donde casi todos estamos ahora) al nivel 2: Consciente. ¡Qué suerte! Porque como se discutió en el Capítulo 9, medir sus emisiones de gases de efecto invernadero no es aún un proceso sencillo. Las herramientas todavía están evolucionando.

En los niveles 1 y 2 de la GSMM, hay acciones efectivas que usted puede emprender de inmediato. El autor de nuestro prólogo, Adrian Cockcroft, nos señaló que la cita ubicua "No puedes mejorar lo que no puedes medir" (a menudo atribuida al gurú de la administración Peter Drucker) no es cierta para el caso de ser verde.

Hay acciones bien entendidas con beneficios garantizados en la reducción de carbono que cualquiera puede empezar a llevar a cabo. Por ejemplo:

- Apagar máquinas infrautilizadas (también conocidas como "zombis") y realizar un dimensionamiento correcto manual.
- Elegir una ubicación de alojamiento con una red más verde.
- Mover algunas cargas de trabajo a la nube y utilizar los servicios disponibles allí, o de otra manera, investigar cómo podría aprovechar la multitenencia.
- Mejorar sus habilidades operativas, por ejemplo, comenzando a aprender sobre GitOps o principios de SRE.

Cualquier acción que realice para reducir su factura de alojamiento también reducirá sus emisiones, así que utilice eso como una medida inicial. Usted podría comenzar hoy mismo.

Niveles

Ahora veamos con más detalle los niveles de la matriz de madurez del software verde v1.0.

 Si necesita un repaso sobre algunos de estos términos de medición, consulte con rapidez el Capítulo 9.

Nivel 1

En el nivel 1 de la matriz ("Aspirante"):

- Las personas en su organización se preocupan por los objetivos verdes relacionados con la tecnología, pero no hay un interés, procesos o compromisos a nivel organizacional.

- Algunos equipos de desarrollo pueden medir sus emisiones de carbono, pero no se conoce la huella de carbono total derivada de la tecnología de su compañía.

- No tiene objetivos de cero emisiones de carbono ni una estrategia de software verde (o tiene objetivos de cero emisiones sin sustento, como las *Cero emisiones netas para 2050* [*https://oreil.ly/TEro_*] sin un plan que los respalde).

Siendo realista, este es el punto en el que nos encontramos la mayoría de nosotros hoy en día. No se sienta mal. Esto significa que hay muchas mejoras que usted puede realizar sin mucho esfuerzo.

Nivel 2

En el nivel 2 ("Consciente"):

- Usted conoce las emisiones de su organización tecnológica en los alcances 1 y 2, tal vez de forma semanal, mensual o anual.

- Tiene pocos proyectos que impulsan la reducción de carbono dentro de su organización tecnológica, quizá utilizando los datos que tiene, pero no necesariamente.

- Sus ingenieros han recibido alguna formación en sistemas y operaciones verdes.

- Está llevando a cabo las acciones evidentes que mencionamos en el Capítulo 4, como apagar manualmente servicios "zombis" que ya no están en uso, ajustar al dimensionamiento correcto de los recursos o mover las funcionalidades que pueda a instancias de bajo coste.

Hace cinco años, simplemente habría compensado sus emisiones en los alcances 1 y 2, etiquetado sus sistemas informáticos como neutros en carbono y enviado un comunicado de prensa autocomplaciente. Hoy en día, esto es solo la etapa 2 de 5 porque nuestras expectativas han aumentado: las compensaciones se consideran de valor limitado y ser neutro en carbono está bien, pero no es suficiente.

No obstante, si se encuentra aquí, está haciendo un buen trabajo. La mayoría de gente no lo está.

"Neutro en carbono" era como usted solía llamarlo si había comprado cosas que supuestamente compensaban sus propias emisiones de carbono. Las compensaciones eran cosas como la plantación de árboles o el apoyo a nuevas plantas de energía renovable. Hoy en día, la compensación no se considera tan útil porque las energías renovables están en auge sin necesidad de apoyo y los nuevos árboles no almacenan carbono el tiempo suficiente como para hacer una gran diferencia. Sin embargo, esto muestra que está midiendo sus emisiones directas y, en el pasado, ser un cliente pionero de las energías renovables fue muy efectivo.

Nivel 3

En el nivel 3 ("Activo"):

- Usted conoce sus emisiones de los alcances 1, 2 y 3 de forma diaria, semanal, mensual o anual bases.

- Conoce su carbono incorporado.

- Ha estado actuando para reducir sus emisiones en los alcances 1 y 2 durante un tiempo y su huella de carbono está disminuyendo en función de alguna unidad de salida específica (p. ej., por pedido).

- Ha definido procesos para cada equipo, incluyendo informes y revisiones regulares de las emisiones de CO_2 equivalente para todas las operaciones relacionadas con TI.

- Sus equipos de gestión de productos tienen la responsabilidad de evitar el desperdicio, por ejemplo, no guardar más datos de los necesarios y no implementar funcionalidades antes de que sean necesarias (también conocido como mentalidad Lean).

- Puede apagar fácilmente servicios "zombis" o de poco uso siempre que lo desee (es decir, apoya LightSwitchOps).

- Es consciente de las posibles compensaciones entre las emisiones de carbono derivadas de la electricidad y el carbono incorporado y tiene planes para minimizar su huella de carbono incorporada, incluyendo la extensión significativa de la vida útil tanto de servidores como de dispositivos de usuario final que usa.

El nivel 3 es bueno. Si ya se encuentra aquí, está muy por delante de la mayoría.

Nivel 4

En el nivel 4 ("Asombroso"):

- La estrategia tecnológica de su organización está alineada con ser verde como un objetivo de negocio, quizá por razones de los criterios ESG, costes, resiliencia o acceso al mercado de la UE, y la consecución de los objetivos de emisiones se discute e informa regularmente a los niveles superiores.

- Al usar los datos básicos de los alcances 1, 2 y 3 que ha tenido durante un tiempo, ya ha alcanzado cero emisiones netas en carbono utilizando no más de 10% en compensaciones (*https://oreil.ly/gXdpv*). La mayoría de las compensaciones son problemáticas, pero algunas son aceptables, así que la captura y almacenamiento de carbono a largo plazo son necesarios (*https://oreil.ly/XDYKb*).

- Tiene alguna forma o sistema de medición en funcionamiento y dispone de buenos datos en tiempo real sobre los alcances 1, 2 y 3 y, aunque en la actualidad no impulsa el negocio día a día, su compañía es consciente de eso.

- Realiza adaptación de la demanda, precálculo y almacenamiento en caché, o cambio en el tiempo y ubicación, por ejemplo, para adaptar sus cargas de trabajo a las condiciones actuales. Elimina o archiva de forma automática los datos que no se utilizan de forma regular.

- Los servicios que ya no están en uso se apagan de forma automática y el dimensionamiento correcto se realiza de manera automática (es decir, aplica principios de SRE).

- Sus aplicaciones son Lean y usted revisa y retira constantemente funcionalidades que se utilizan de manera insuficiente.

- Su huella total de carbono en TI está decreciendo incluso a medida que usted crece.

- Nunca permite que el hardware de menos de diez años alcance el final de su vida útil, ya sea por falta de parches de seguridad o por falta de compatibilidad hacia atrás en sus aplicaciones.

- Está impulsando activamente la reducción de la huella de carbono de sus clientes (más allá del simple uso los servicios y dispositivos que usted les provee), por ejemplo, proporcionando informes de alcance 3 para sus bienes y servicios.

El nivel 4 está muy por delante de lo que la mayoría de las empresas están haciendo en este momento, y no hay servicios básicos que proporcionen toda la funcionalidad requerida (ni siquiera las instancias bajo demanda ofrecen todavía un cambio de la demanda basado en carbono 24/7). Por lo tanto, para las empresas, es demasiado pronto. AWS, Azurey, Google (*https://oreil.ly/wonps*) solo están aquí en algunos ejes.

Nivel 5

En el nivel 5 ("Inspirador"):

- Usted ha logrado electricidad libre de carbono 24/7 —24 horas al día, los 7 días de la semana— (*https://oreil.ly/P9jjw*) (CFE 24/7) y requiere no más del 1% en compensaciones para gestionar el carbono incorporado que es difícil de trasladar.

- Tiene metas a nivel de equipo para sus mediciones de carbono.

- Usted y los servicios de los que depende utilizan información en tiempo real (incluyendo datos dinámicos de la red eléctrica), para tomar decisiones rápidas y cuantitativas que le permiten optimizar las emisiones mínimas. Esto podría (y probablemente lo hará) ser a través de un servicio que utilice en lugar de uno que haya construido usted mismo. Los datos cumplen con un estándar abierto para que se puedan hacer comparaciones significativas.

- Ya es una organización consciente de SRE que piensa en términos de presupuestos de error (*https://oreil.ly/XMvxL*) para interrupciones y tiempos de inactividad, y ahora considera las emisiones de carbono con presupuestos de error de la misma manera que lo hace con otras métricas.

- Utiliza predicciones basadas en factores como el clima y la congestión de la red, cambia y desplaza casi todas sus cargas de trabajo con antelación para ajustar sus requisitos eléctricos a la disponibilidad de energía verde local. Cualquier carga de trabajo sensible al tiempo está altamente optimizada para un uso mínimo de electricidad.

- Nunca motiva que el hardware alcance el final de su vida útil, ya sea por falta de parches de seguridad para su software o por falta de compatibilidad hacia atrás.

 *CFE 24/7 (Energía libre de carbono 24/7)* es un término usado para describir cuando usted está extrayendo únicamente la energía de la red eléctrica y, al mismo tiempo, hay suficiente electricidad libre de carbono alimentando esa red para cubrir la demanda de energía que usted necesita.

En esta etapa, está preparado para la transición energética y no será sorprendido por nuevas normas o restricciones. Es casi seguro que se introducirán expectativas más rigurosas más allá del CFE 24/7 en el futuro (¡nosotras no sabemos cómo serán todavía!), pero usted estará listo para afrontarlas.

Ejes

En términos prácticos, ningún negocio estará en el mismo nivel en toda la organización tecnológica (¡excepto tal vez en el nivel 1!). La madurez del software verde variará de equipo a equipo. Por lo tanto, es útil desglosar todo en áreas (ejes) y definir listas de verificación de madurez para cada una:

- Compromisos climáticos
- Huella de carbono
- Métricas de CO_2 equivalente
- Eficiencia operativa

- Uso de electricidad
- Dispositivos de usuario final
- Servidores
- Gestión de productos
- Educación

La responsabilidad de cada una de estas áreas probablemente recaerá en diferentes grupos o equipos y, qué tan verde estos son, puede variar considerablemente (al menos al principio). Una organización podría estar en el nivel 2 en algunos de estos ejes y en el nivel 1, 3 o 4 en otros.

Listas de chequeo de ejes

Compromisos climáticos tecnológicos futuros

Nivel 1: Para 2050, usted tiene cero neto de carbono (*https://oreil.ly/snRA0*).

Nivel 2: Para 2040, tiene un cero neto de carbono para los alcances 1, 2 y 3 (note que ya puede ser neutro en carbono para sus emisiones de los alcances 1 y 2).

Nivel 3: Ya tiene un cero neto de carbono con compensaciones.

Nivel 4: Ya tiene un neto de carbono cero con no más del 10% de compensaciones.

Nivel 5: Ya tiene una CFE 24/7 con no más del 1% de compensaciones, monitorizado por un presupuesto de error de carbono.

Huella de carbono actual en tecnología

Nivel 1: No sabe cuál es.

Nivel 2: Sabe cuál es (para los alcances 1 y 2).

Nivel 3: Sabe cuál es (para los alcances 1, 2 y 3) y esta se está reduciendo por unidad de salida definida (p. ej., pedidos).

Nivel 4: Se está reduciendo, al igual que las de sus proveedores también.

Nivel 5: Está cerca de cero.

Resolución de métricas equivalentes de CO_2 para tecnología

Nivel 1: Usted no tiene métricas.

Nivel 2: Tiene números anuales, trimestrales o mensuales de todos los proveedores y de sus propios sistemas para los alcances 1 y 2.

Nivel 3: Tiene números regulares de todos los proveedores y de sus propios sistemas para los alcances 1, 2 y 3.

Nivel 4: Tiene métricas en tiempo real a través de una API estándar de la industria.

Nivel 5: Tiene tanto métricas en tiempo real como proyecciones a través de una API estándar de la industria.

Eficiencia operativa

Nivel 1: No se realiza ningún ajuste de dimensionamiento correcto y no se tiene ningún conocimiento sobre los sistemas "zombis" sin usar.

Nivel 2: Ocasionalmente, se realizan limpiezas donde se apagan manualmente los sistemas inactivos o de bajo valor, así como se eliminan o archivan datos innecesarios.

Nivel 3: Todos los sistemas pueden apagarse de forma segura (también conocido como LightSwitchOps) y hay procesos regulares para hacerlo. Tiene conocimiento de lo que se está ejecutando en todas sus máquinas y no hay servicios "zombi". Existen procesos para ajustar el dimensionamiento correcto.

Usted no guarda los datos innecesarios y estos se mantienen en el medio óptimo (p. ej., en cinta si los datos no son necesarios para consultas en tiempo real).

Nivel 4: Usted monitoriza continuamente las métricas climáticas. Todos los apagones y los ajustes de dimensionamiento correcto se realizan de forma automática (quizá a través de servicios como las instancias de rendimiento ampliable (*burstable*) y los datos que no se acceden regularmente se eliminan o archivan de forma automática.

Nivel 5: Usted tiene un riguroso presupuesto de error de carbono, incluyendo su carbono incorporado de alcance 3, y todo su uso de recursos se rastrea y gestiona en función de ello.

Uso de electricidad

Nivel 1: Sus sistemas están siempre activos y no piensa en la electricidad.

Nivel 2: Aloja en regiones verdes o compra energía renovable.

Nivel 3: Al menos una parte de sus sistemas se gestionan dinámicamente en función de la disponibilidad de electricidad verde (ya sea a través de orquestación directa o a través de un servicio en la nube).

Nivel 4: Todos sus sistemas soportan el cambio y la adaptación de la demanda en función de los datos energéticos.

Nivel 5: Ejecuta una CFE 24/7 con un riguroso presupuesto de error de carbono.

Minimización de residuos de carbono incorporado en dispositivos de usuario final

Nivel 1: No tiene objetivos de longevidad para dispositivos de usuario final.

Nivel 2: Se han establecido algunos objetivos ad hoc para la longevidad de los dispositivos.

Nivel 3: Tiene procesos definidos que aseguran que el hardware de diez años esté soportado por su software para la mayoría de los dispositivos de uso común (más del 90 %).

Nivel 4: Procesos automatizados aseguran que el hardware de diez años esté soportado por su software para el 95 % de los dispositivos.

Nivel 5: Procesos automatizados aseguran la compatibilidad hacia atrás, y se disponen parches de seguridad para todos los dispositivos (es decir, su software nunca inhabilita un dispositivo funcional). Usted apoya dispositivos que duran para siempre, como el barco de Teseo (esta es una posible exigencia futura para bienes importados en la UE).

 El barco de Teseo es el tema de un famoso experimento mental clásico sobre si un objeto que ha tenido todos sus componentes reemplazados sigue siendo fundamentalmente el mismo objeto. Dejando de lado la filosofía, el mantenimiento y la reparación continuos son una forma de minimizar los residuos y, por ende, el carbono incorporado. Necesitamos tratar los dispositivos como algo precioso y digno de preservación —por ejemplo, el barco de Teseo— y no como algo sin valor y desechable.

Servidores

Nivel 1: No tiene objetivos de utilización de servidores.

Nivel 2: Algunos de sus sistemas están usando multitenencia para mejorar la utilización.

Nivel 3: Tiene objetivos de utilización definidos y rastreados. Todos sus sistemas utilizan alguna forma de multitenencia, y los servidores que utiliza tienen una expectativa de vida de cinco años.

Nivel 4: Se logra una utilización óptima para cada servidor mediante orquestación automatizada y programática. Los servidores que usted usa tienen una esperanza de vida de diez años.

Nivel 5: Se minimiza el uso de hardware mediante una integración totalmente consciente de la red con dispositivos de usuario final, incluidos teléfonos, portátiles, ropa inteligente, refrigeradores, etc.

Gestión de productos

Nivel 1: Sus equipos de gestión de productos no son conscientes del carbono.

Nivel 2: La conciencia del carbono es parte del diseño de sus productos.

Nivel 3: Todo nuevo diseño de producto apoya el cambio o adaptación de la demanda y se siguen conceptos Lean. Sus dispositivos de usuario final solicitan carga verde y fuera de horas pico y no se guarda más datos de los necesarios.

Nivel 4: Se rastrean las emisiones de carbono por característica. Se monitoriza el uso de las características, y se retiran las características de bajo uso o de retorno de inversión (ROI) en carbono deficiente.

Nivel 5: Sus características se rastrean en relación con su presupuesto de error de carbono de alcance 1, 2 y 3.

Educación

Nivel 1: Toda su formación en tecnología verde es ad hoc, impulsada individualmente.

Nivel 2: Se ofrece formación básica en conceptos de software verde para todos los profesionales del software. A los defensores se les proporciona formación más avanzada.

Nivel 3: La formación avanzada es obligatoria para todos sus ingenieros y gestores o gerentes de productos.

Nivel 4: Solamente se necesita formación básica para la mayoría, ya que todo es verde por defecto en sus plataformas

Nivel 5: Usted capacita a otros en lo que ha logrado.

¿Dónde estamos hoy?

La dura realidad es que casi todos nosotros estamos en el nivel 1 de la matriz de madurez del software verde en este momento y necesitamos avanzar.

Sin embargo, eso significa que las mayores ganancias están justo frente a nosotros. Frutos al alcance de la mano que nos lleven del nivel 1 al 2, como apagar servidores no utilizados, podrían reducir inmediatamente las emisiones de gases de efecto invernadero a la mitad, al mismo tiempo que ahorran dinero y hacen que sus sistemas sean más seguros

¡Así que manos a la obra!

CAPÍTULO 13

¿A dónde vamos desde aquí?

¡No entres en pánico!
—Douglas Adams, *Guía del autoestopista galáctico*

Quizá deberíamos haber puesto la cita de Douglas Adams en la portada de este libro porque no somos pesimistas. Creemos que la humanidad se adaptará y mitigará el cambio climático y de esa manera sobrevivirá. Luego prosperará con nuestras nuevas fuentes de energía renovable.

Sin embargo, no todas las empresas, organizaciones o sistemas de software lo lograrán. Tendrán que adaptarse o morir, como dice el refrán.

La buena noticia es que nuestra industria está empezando a despertar. Hace cinco años, era controvertido hablar sobre software verde en una conferencia tecnológica porque el tema era considerado como "político". Ahora, usted tendría que estar algo desactualizado (otra subestimación británica) para pensar que adoptar software verde no era otra cosa más que un movimiento pragmático.

El propósito de este libro es pragmático. Nosotras queremos ayudar a las personas a crear sistemas que puedan manejar la transición de las redes eléctricas del pasado, que eran altamente confiables, experimentadas pero intensivas en carbono, alimentadas por combustibles fósiles, a las nuevas redes del futuro, que funcionarán con energía renovable. Además, esos sistemas necesitan utilizar el hardware de manera más eficiente.

 Por cierto, como habrá notado, no hemos hecho ningún intento en este libro para convencer a alguien sobre la realidad del cambio climático. Si no ve ninguna razón para preocuparse por el famoso gráfico en forma de palo de hockey (*https://oreil.ly/Ole2s*) que muestra el aumento de las temperaturas globales a lo largo de los milenios, usted no es parte de nuestro público objetivo.

Como dijimos al principio, la transición energética no durará para siempre. Eventualmente, la combinación de solar, eólica, nuclear y baterías estará funcionando y tendremos energía más barata de la que tenemos hoy. Ese momento llegará más rápido de lo que pensamos. Sin embargo y mientras tanto, estamos llevando a la humanidad de fuentes de energía con las que ha tenido cientos de años de experiencia a fuentes por completo nuevas.

Seamos sinceros, el *Homo sapiens* se ha vuelto muy bueno en el uso de combustibles fósiles y no vamos a ser tan buenos en las energías renovables durante décadas. Eso significa que nosotros, los consumidores de electricidad, necesitamos echar una mano.

¿Por qué nosotros?

La industria tecnológica (y su uso de electricidad) no es el mayor contribuyente al cambio climático. Tampoco nosotros somos los más difíciles de descarbonizar: no somos agricultura, manufactura, transporte o construcción. Los centros de datos son responsables de solo unos pocos puntos porcentuales del uso de energía de combustibles fósiles (*https://oreil.ly/zmmax*), aunque si se incluye el desperdicio de carbono incorporado de todos esos teléfonos y otros dispositivos, nuestro impacto es mayor (*https://oreil.ly/ck2h-*).

No somos el peor culpable, pero eso no importa. Seguimos siendo culpables. Es necesario que cada industria reduzca sus emisiones y no tenemos ningún pase especial. No hay una solución mágica para el cambio climático. No podemos arreglar solo uno o dos sectores para resolver el problema. Todos debemos reducir nuestras emisiones directas e indirectas a casi cero.

Incluso si no tuviéramos un imperativo social para reducir nuestras emisiones, tenemos muchos imperativos comerciales. Nuestra industria funciona con electricidad, el mercado eléctrico está en proceso de ser revolucionado. Siempre disponible, la electricidad alimentada por combustibles fósiles está siendo reemplazada por energías renovables de menor coste, pero variables. Las baterías y la energía nuclear pueden proporcionar un grado de disponibilidad en momentos de ausencia de viento o solar, pero aumentarán materialmente el coste de la electricidad.

Ir hacia lo verde no se trata solo de combatir el cambio climático, sino también de adaptarse a un nuevo mundo. Los sistemas que utilizan el cambio y la adaptación de la demanda para funcionar con electricidad de bajo carbono tendrán un coste mucho más barato. A menudo será gratuita. Esto comienza a ser cierto incluso ahora y las empresas que puedan hacer un excelente uso de esta nueva energía ganarán.

La energía es la zanahoria, pero también hay un palo. En el momento de la publicación en inglés de este libro, la Unión Europea acababa de introducir un nuevo conjunto de regulaciones llamado Mecanismo de Ajuste en Frontera por Carbono (CBAM) (*https://oreil.ly/r3YfW*). El CBAM impone aranceles sobre las importaciones de bienes a la UE y sobre los servicios proporcionados a ciudadanos de la UE. Estos aranceles están relacionados con los gases de efecto invernadero emitidos directa o indirectamente durante la producción de estos bienes y servicios.

En un principio, estas reglas de importación solo se aplicarán a industrias altamente contaminantes como el acero y el carbón, pero dentro de nueve años, la UE espera que se apliquen a todos los bienes y servicios. En el futuro, esto significa que para acceder al mercado de la UE, necesitaremos tener cifras precisas sobre nuestras emisiones de alcance 1, 2 y 3 y pagaremos impuestos elevados por ellas. Las empresas tecnológicas tendrán que adaptarse y cumplir con el CBAM, de la misma manera en que todos tuvimos que adoptar el GDPR de la UE —excepto que cumplir con el CBAM será mucho más difícil.

El GDPR se aplica a cualquier organización que desee recopilar datos sobre ciudadanos de la UE. Entró en vigor en mayo de 2018 y, justo antes de eso, hubo una carrera por parte de empresas de todo el mundo para entenderlo y cumplir con él —con multas elevadas si se cometían errores.

La lección aquí es que la UE sabe cómo imponer su peso y tiene la forma necesaria para hacerlo. Su atención ahora está en las emisiones de gases de efecto invernadero y no tiene la intención de permitir que las compañías fuera de la UE, en países con estándares de emisiones más bajos, compitan con precios más reducidos con los negocios de la UE.

El problema es que esto es complicado. Ir hacia lo verde es el desafío más difícil que ha enfrentado nuestra industria. Para muchas empresas, llevará diez años pasar del nivel 1 de la matriz de madurez del software verde (GSMM), que cubrimos en el Capítulo 12, al nivel 5 y parece que diez años es todo lo que la UE nos va a dar. En el mejor de los casos. Podría ser incluso menos.

Avanzando a través de la matriz

En el Capítulo 12 hablamos sobre la GSMM y cómo debemos avanzar por ella. Para la mayoría de nosotros, eso significa escalar del nivel 1 (apenas comenzando con sistemas eficientes y moldeables en demanda) al nivel 5 (sistemas que pueden funcionar 24/7 con electricidad libre de carbono).

Lograr el nivel 5 es un proyecto a largo plazo. Tendremos que hacerlo gradualmente para dar tiempo a que se desarrollen nuevas herramientas y plataformas verdes. Sin embargo, todos podemos comenzar a trabajar de inmediato para llegar al nivel 2 o 3. Para eso, solo necesitamos herramientas operativas que ya están disponibles.

Con un poco de enfoque, creemos que la mayoría de nosotros podría reducir las emisiones de carbono de nuestros sistemas existentes a la mitad en seis meses.

Ese es nuestro desafío para todos nuestros lectores de los niveles 1 y 2 de la matriz de madurez (es decir, prácticamente todos).

El desafío del 50% en software verde

O cómo reduje mis emisiones a la mitad utilizando objetos comunes del hogar

La excelente noticia es que podemos reducir las emisiones en un 50 % y hacerlo con rapidez sin comprar herramientas caras que ni siquiera existen aún, aprovechando el superpoder de ser ineficientes en la actualidad (un superpoder muy subestimado en nuestra opinión).

Lo bueno de estar en el nivel 1 de la GSMM es que hay muchas oportunidades fáciles de implementar a su alcance. Tiene varias opciones rápidas y relativamente sencillas para reducir sus emisiones:

- Identificar y apagar esos servidores zombis que no están haciendo nada (o casi nada). Recuerde, como discutimos en el Capítulo 4, esto por sí solo ahorró a VMWare un 66 % en sus emisiones cuando trasladó un centro de datos (CD) en Singapur.

- Realizar un ejercicio de ajuste único en todos sus servidores porque todo tiende a estar sobreprovisionado desde el principio.

- Apagar sus sistemas de prueba por la noche y los fines de semana.

- Debido a su extrema multitenencia, la nube ya utiliza solo una fracción de la electricidad de un centro de datos on-premises. AWS afirma ser 3.4 veces más eficiente en energía que un centro de datos promedio en Estados Unidos y 5 veces más eficiente que uno europeo. Traslade algunas cosas a la nube. (Nota: También podría pedir a sus proveedores de alojamiento que no estén en la nube que sean más eficientes. Es poco probable que esto dé frutos en seis meses, pero usted necesita jugar a largo plazo si usted quiere mantenerse alejado de la nube pública).

- Si usted ya está en la nube, revise sus tipos de instancia. ¿Podría usar instancias spot o de ráfaga, o escalado automático?

- Muchas nubes ofrecen ahora instancias basadas en chips Arm más eficientes (p. ej., el Graviton de AWS, del que se afirma que puede lograr hasta un 60 % de reducción en emisiones de carbono [*https://oreil.ly/88Xoq*] con respecto a servicios comparables).

Permítanos recordarle que el veterano de la nube Pini Reznik nos dijo que, según su experiencia, "un sistema promedio en la nube puede reducir su consumo de recursos y facturas en hasta un 50 % solo con el ajuste y la optimización de las mejores prácticas de operaciones". Y eso es antes de mudarse a procesadores Arm. Esto es bastante sencillo para el gran impacto que genera.

Usted puede medir la magnitud de los recortes que ha logrado por la reducción en sus facturas de alojamiento. El coste de alojamiento es solo un indicador aproximado de las emisiones, pero es lo suficientemente bueno en esta etapa y es simple de explicar y seguir. ¡No se requieren herramientas ingeniosas!

¡Hurra! Usted ha ahorrado un montón de dinero y ahora está trabajando en el nivel 2 de la matriz de madurez.

El coste de alojamiento no es una medida perfecta de las emisiones, pero servirá. Proporciona algo que permite rastrear el progreso y la capacidad de hacer comparaciones año tras año. El Capítulo 9 también describe otros posibles indicadores.

La comparación directa (o de igual a igual) podría basarse en el número de visitantes o el número de órdenes. Elija lo que ya esté usando para su informe comparable. Si no está haciendo ninguna, observe el sector minorista, donde las ventas comparables son una métrica omnipresente que tiene en cuenta una variedad de factores, incluido el momento del año.

La reducción de la factura de alojamiento no es un simple ahorro de costes porque requerirá trabajo para lograrlo, pero sí representa una reducción de emisiones.

Para este desafío de nivel 1 a 2, usted debería aspirar a una auditoría, reajuste y limpieza manuales, en lugar de unas regulares y automatizadas; eso sería mejor, es decir, no corra antes de poder caminar. La automatización debe producirse en un escalón más alto de la matriz de madurez. "Lo perfecto es enemigo de lo bueno", como dijo Voltaire. Comenzamos manualmente y automatizamos eventualmente.

¿Qué sigue?

Ya hay herramientas y servicios de bajo coste disponibles que tienden a ser verdes, principalmente porque le permiten ahorrar dinero a quienes los usan. Tal vez sean eficientes en código a gran escala, como algunos servicios en la nube, o proporcionen una buena eficiencia de máquina, como los sin servidor, o apoyen el cambio de demanda, como las instancias spot. Necesita empezar a usarlas.

Puede que haya notado que las plataformas verdes que ya existen están mayormente en la nube. Esto no es porque Jeff Bezos sea secretamente un guerrero de la justicia social. Es porque la eficiencia está vinculada tanto a ser verde como a reducir los costes operativos. Eso significa que los servicios alojados a gran escala obtienen un gran beneficio al hacerse eficientes. La recompensa para los proveedores —que son quienes deben esforzarse para lograr la eficiencia— es mucho mayor que para las herramientas de código abierto, donde usted es quien asume los costes de alojamiento.

Nosotras somos consecuencialistas. No nos importa cuál fue la motivación detrás de un código que sea eficiente en carbono; solo nos importa si lo es o no. Como dijimos en la introducción, este libro no trata de su alma; trata de su planeta. Una molécula de dióxido de carbono tiene el mismo efecto sobre el clima ya sea que haya sido liberada a la atmósfera por un santo o por un pecador.

El comportamiento de los gases está determinado por completo por estadísticas, lo que lo convierte en el ámbito definitivo del utilitarismo.

Como nosotras mencionamos en la introducción, ya sabemos gran parte de lo que necesitamos hacer para reducir entre un 30 % y un 40 % nuestras emisiones de carbono y, de nuevo, no necesitamos hacer muchas mediciones para lograrlo y alcanzar la mayoría del nivel 3 de la matriz de madurez:

- Asegúrese de que su proveedor de alojamiento o su equipo de operaciones tenga objetivos de alojamiento extremadamente estrictos de carbono cero. Compárelos con los de la nube y ponga algo de presión.

- Asegúrese de que las máquinas estén alojadas en redes y en regiones con una alta mezcla de energía renovable o nuclear (AWS tiene en la actualidad 19 regiones objetivo en sostenibilidad [*https://oreil.ly/ 8O_l3*], por ejemplo).

- Elija únicamente plataformas verdes que estén comprometidas con un futuro bajo en carbono y que cuenten con una comunidad capaz de hacerlas responsables de ese compromiso. Muévase a esas plataformas si es necesario.

- Elija una arquitectura que soporte el cambio y la adaptación de la demanda (es decir, usualmente no siempre monolitos).

- Establezca altos estándares para la eficiencia operativa y la utilización de máquinas ya que la mejor manera de reducir tanto las emisiones como el carbono incorporado es utilizar menos servidores. Las nubes públicas son comparativamente muy eficientes. De nuevo, eso se debe más a la escala y a los incentivos que a la santidad. No nos importa. En la mayoría de los casos, podemos reducir nuestras emisiones de manera significativa al trasladarnos a una nube pública y utilizar bien sus servicios (la migración directa le proporciona algo, pero necesita ir mucho más allá).

- Diseñe productos y sistemas para apoyar el cambio y adaptación de la demanda para la conciencia sobre el carbono.

- Haga menos y adoptar un enfoque Lean. No construya y guarde cosas antes de necesitarlas.

- Asegúrese de que su software nunca sea el último clavo en el ataúd para los dispositivos finales de usuario en funcionamiento debido a la falta de compatibilidad hacia atrás o parches de seguridad.

- Construya métricas básicas de rendimiento en sus sistemas y realice al menos un análisis básico de rendimiento. Resuelva cualquier cuello de botella flagrante que encuentre (y usted lo hará). Son solo errores que están ralentizándolo, costándole dinero y emitiendo gases de efecto invernadero. Como mencionamos en el Capítulo 3, el rendimiento con frecuencia es un buen indicador de las emisiones de carbono.

- Comience a automatizar el dimensionamiento que realizó en el nivel 1 y considere LightSwitchOps para que puedan apagarse sistemas a voluntad si piensa que ya no se utilizan. También necesitará algunas métricas simples para eso, de modo que pueda detectar servidores de baja actividad.

- Para el código que debe ejecutarse todo el tiempo, hágalo eficiente.

Las plataformas verdes son una parte clave de esta historia. La eficiencia del código puede ser difícil y costosa. Para la mayoría de nosotros, debe ser algo que exijamos a nuestras herramientas y plataformas en lugar de construirlo nosotros mismos (aparte de corregir esos obvios errores de cuello de botella de rendimiento). Todos debemos presionar a nuestros proveedores para que ofrezcan plataformas verdes y, si no cumplen, cambiar a otras que sí lo hagan.

Esta fase de hacer más verdes sus sistemas es más difícil de medir, pero es posible hacerlo. Los proveedores de nube pública cuentan ahora con herramientas básicas para calcular la huella de carbono (hablamos de esto más en el Capítulo 9). Si no está en la nube, usted debe pedir a sus proveedores de alojamiento que le proporcionen información sobre su huella de carbono. Aún puede actuar sin datos, pero estará operando un tanto a ciegas y, a la larga, necesitará esos datos para hacer negocios en la UE.

Si logra llegar aquí, se encontrará más o menos en el nivel 3 de la matriz de madurez del software verde.

A cada cosa le llega su momento

En esta etapa, podríamos hablar sobre la medición y el afinamiento de sistemas y cómo llegar a los niveles 4 y 5 de la matriz de madurez, pero no lo haremos. Esto se debe a que, en esta fase, es de beneficio limitado para la mayoría de las personas que leerán este libro. Alcanzar el nivel 2 o 3 sería un gran logro en sí mismo.

Cubrirá cómo llegar a los niveles 4 y 5 de la matriz de madurez en la edición 2, asumiendo que haya suficiente demanda para una nueva edición. Llamémoslo un "final de suspenso". Para ese entonces, deberían estar disponibles herramientas y plataformas decentes. En este momento, todo es personalizado o a la medida.

Obtener datos sobre emisiones de sus proveedores y realizar las acciones simples de limpieza de las que hemos hablado llevará un tiempo. Si ya lo ha hecho, ¡bien hecho! Ahora necesita automatizarlo. Si ya ha hecho eso, usted es quien debería escribir el libro.

Si usted comienza a realizar mediciones detalladas y ajustar su código antes de haber solucionado el dimensionamiento adecuado y tener sus operaciones en buen estado y automatizadas, entonces estará desperdiciando su tiempo. Como hemos mencionado antes, las operaciones eficientes son más fundamentales que el código eficiente para el software verde. Podría pasar tres años optimizando su monolito para la eficiencia, reduciendo su uso de CPU y memoria en un 95 % o más, pero si lo ejecuta en el mismo servidor, tendrá una huella de carbono más o menos idéntica. Sus esfuerzos serán en vano si no obtiene primero las operaciones correctas.

En términos de prioridades, asegúrese de la eficiencia operativa y de realizar pruebas de rendimiento básico y recortes de costes, arquitecturas que se ajusten al cambio y adaptación de la demanda y luego preocúpese por la eficiencia del código (e, idealmente, consiga eso a través de plataformas verdes).

¿El coste?

En el libro de Bill Gates *Cómo evitar un desastre climático Cómo evitar un desastre climático* (*https://oreil.ly/39GBw*), habla sobre una "prima verde". Este es el coste de ir hacia lo verde y cómo necesitamos reducirlo a cero.

En la industria tecnológica, la gran noticia es que los costes de alojamiento no están sujetos a una prima verde. Cuando nos volvemos verdes, reducimos la cantidad de máquinas y el uso de electricidad, lo que nos permite ahorrar dinero. De hecho, como describimos en el Capítulo 11, FinOps (minimizar los costes operativos de un sistema) es una forma muy efectiva de reducir sus emisiones de gases de efecto invernadero. Volverse verde ahorra dinero.

Por desgracia, eso aún no significa que ser verde sea una decisión obvia para la tecnología. Hay peligros potenciales reales, dependiendo de cómo usted lo haga. Específicamente, existen riesgos para la productividad de los desarrolladores si intenta hacer que su propio código sea altamente eficiente, como reimplementar sus sistemas en Rust o C. Pronto se encontrará con el problema de que puede ser mucho trabajo, así que hay costes de oportunidad.

Proponer un enfoque centrado principalmente en la eficiencia del código podría descarrilar una iniciativa verde, porque nadie está dispuesto a renunciar a la velocidad de desarrollo. En un mundo incierto, lo último que alguien quiere sacrificar es su capacidad de reaccionar con rapidez. Nosotras, las autoras, tampoco queremos que usted lo haga y no creemos que sea la definición correcta de software verde.

Definimos el software verde de manera muy diferente.

"¡Todas las cosas!"

Verde es en lo que todo software tendrá que convertirse de ahora en adelante. No es un nicho. Así que este debe cumplir con todas nuestras necesidades. Este tiene que ser productivo para los desarrolladores, así como resiliente y fiable y seguro y eficiente y escalable.

Este tiene que ser todas las cosas.

Al inicio de este libro, definimos el *software verde* como software que es eficiente en carbono y consciente, pero eso no es en realidad correcto, o al menos, es solo parcialmente cierto. Una verdadera definición de *software verde* es el software que satisface todas nuestras necesidades modernas, *así como* ser consciente y eficiente en carbono.

Con frecuencia, en este libro hemos hablado de esto como si dijéramos: "¡Por suerte, con el software verde puede tenerlo todo!" De hecho, puede. Sin embargo, eso no es suerte. Estamos promoviendo una visión específica del software verde que puede satisfacer todas estas necesidades *porque esta tiene que ser adoptada universalmente*.

Físicamente, usted podría reducir sus expectativas sobre muchos de los requerimientos previamente mencionados para reducir las emisiones. Podría al menos reducirlos a la mitad si renunciara a la fiabilidad, por ejemplo. Podría reescribir su código en C para aumentar la eficiencia diez o incluso cien veces y hacer que la productividad de sus desarrolladores se desplome. Podría funcionar solo cuando brille el sol y tener la latencia más baja del mundo. Sin embargo, es probable que su jefe no esté tan entusiasmado con el plan.

 En algunos contextos, de hecho, podría disminuir la fiabilidad, el rendimiento o la productividad del desarrollador. En ese caso, las opciones mencionadas con anterioridad funcionarían muy bien. Simplemente no son la línea principal.

Fundamentalmente, si su estrategia verde no puede funcionar para un negocio a gran escala, entonces no es verde; es una forma de lavado verde bien intencionado y esperanzador.

Entonces ¿cómo?

La buena noticia es que, en la industria tecnológica, tenemos la suerte de poder evitar la mayoría de los costes de ser verdes. Aún mejor, podemos mejorar nuestro rendimiento en todas nuestras otras metas mientras reducimos las emisiones. ¡Podemos tener todo esto!

¿Cómo? De la misma manera que hemos logrado la mayor parte de nuestro asombroso progreso en la última década: mediante la reutilización de código.

Reutilización de código

Para un código altamente eficiente que es difícil de escribir o para plataformas de multitenencia eficientes en hardware que son difíciles de mantener, necesitamos asegurarnos de que se utilicen muchas y muchas veces por muchas y muchas personas para que funcionen bien (porque eso de probar en producción siempre ha sido una realidad) y es la mejor inversión.

En la industria tecnológica, eso significa una de dos cosas: código abierto o servicios, particularmente servicios proporcionados a gran escala.

Los expertos en seguridad tienen un dicho: "Nunca cree su propia criptografía" (*https://oreil.ly/tNNmq*). La razón es que es extremadamente difícil acertar en el diseño de seguridad. Sin embargo, todavía tenemos seguridad. Simplemente utilizamos productos y servicios de seguridad y cifrado, de los cuales hay muchos, en lugar de intentar implementar la seguridad nosotros mismos. Tenemos grandes expectativas de que esas herramientas y plataformas sean seguras. Lo exigimos. Si no lo fueran, no las usaríamos.

Si usamos herramientas que hacen bien su trabajo, además de la seguridad, obtenemos productividad para los desarrolladores, escalabilidad, rendimiento y resiliencia (en general también son requisitos impuestos a una herramienta de seguridad o servicio).

Ahora es el momento de comenzar a tener las mismas expectativas de nuestras plataformas en cuanto a eficiencia y conciencia de carbono. Necesitamos eso, *así como* escalabilidad, facilidad de uso, seguridad, resiliencia y rendimiento. Todo a bajo coste.

Esto es lograble.

Sin embargo, debemos exigir plataformas verdes que ofrezcan todas estas cosas, porque si no lo pedimos, no lo vamos a conseguir.

Entonces ¿qué es el software verde?

El software verde no es solo software eficiente y consciente del carbono. O no es *solo* eso. El bajo o cero carbono es necesario, pero no es suficiente.

Productivo para los desarrolladores, barato, resiliente, seguro, eficiente y escalable. El software verde debe ser también todas estas cosas antes de poder conquistar el mundo. Eso significa que necesitamos exigir herramientas y servicios que nos permitan hacer todo esto. Necesitamos tales plataformas verdes. Luego debemos utilizarlas.

Esto no será fácil, pero será verde.

Epílogo

> Hay mucho trabajo bueno para hacer por cada uno de nosotros y debemos comenzar a hacerlo.
>
> —Wendell Berry

Probablemente usted esté pensando: "¡Finalmente, estas tres han terminado!" Espere un momento, nosotras aún no hemos terminado.

Hemos hablado de carbono a lo largo de este libro, pero no podemos ignorar el hecho de que hay otros impactos ambientales a los que también debemos prestar atención. El suministro de agua (sobre todo limpio), la contaminación por plásticos y el daño ecológico causado por la extracción de metales preciosos para el hardware, por nombrar solo algunos.

El agua está comenzando a recibir mucha atención porque nuestras últimas sensaciones tecnológicas, los modelos de lenguaje grandes (LLM), requieren una gran cantidad de centros de datos (DC) para entrenar y operar. Sin embargo, aún no hay suficiente ruido sobre los otros aspectos y aquí es donde usted puede intervenir.

Los techies somos famosos por ser buenos para resolver problemas, así que pedimos su ayuda para iniciar conversaciones sobre todas las cosas de las que no hemos hablado hasta ahora. Leer este libro fue solo el comienzo.

Hasta la próxima. ¡Chao de parte de Sara, Sarah y Anne! ¡La saga de *Techies por el planeta* continuará en la segunda edición del libro!

Acerca de las autoras

Anne Currie es una veterana de la tecnología que ha sido parte de la industria como desarrolladora, gerente senior y fundadora de startups durante casi treinta años, trabajando en todo, desde software de alto rendimiento en C en los años 90, hasta comercio electrónico en los 2000 y operaciones modernas en la década de 2010. Es una defensora de los sistemas sostenibles y con garantía de futuro y escribe y habla regularmente sobre el tema. En la actualidad, es líder dentro de la comunidad de Green Software Foundation de Linux Foundation. Es fundadora de la empresa de formación y consultoría Container Solutions. También es una prolífica autora de ciencia ficción (de la serie Panopticon).

Sarah (Chun-Wei) Hsu es una fuerte defensora del software verde y sostenible. Habla y escribe regularmente sobre el tema y, en la actualidad, ocupa el cargo de líder de proyecto del curso "Green Software Practitioners" (traducción disponible en español) de Green Software Foundation. El grupo, en colaboración con Linux Foundation, lanzó recientemente un curso en línea gratuito llamado "Green Software for Practitioners" (LFC131) para ayudar a los profesionales del software a desarrollar y mantener aplicaciones más verdes. Sarah trabaja en la actualidad como ingeniera de fiabilidad de sitio en una plataforma distribuida en Google Cloud.

Sara Bergman es ingeniera de software senior y trabaja como ingeniera de backend con profesionales experimentados en el ecosistema de Microsoft. Es una defensora de las prácticas de software verde y habla con frecuencia sobre software verde en conferencias, encuentros y podcasts. Es colaboradora individual de Green Software Foundation, donde ha contribuido en varios proyectos, incluida la especificación de intensidad de carbono del software y el boletín informativo de GSF.

Colofón

El animal en la portada de *Construir software verde* es un loro de cola de raqueta de cabeza azul (*Prioniturus platenae*), un loro colorido nativo de las Filipinas occidentales, particularmente de alrededor de la isla de Palawan.

Estos loros de tamaño mediano son conocidos por su plumaje vibrante. Los adultos son típicamente de color oliva y verde con un vientre amarillo. Su característica más llamativa es, por supuesto, su cabeza azul, aunque esta coloración es menos pronunciada en las hembras.

Los loros de cola de raqueta de cabeza azul prefieren la tranquila soledad de los bosques húmedos de tierras bajas. Son criaturas sociales y se pueden encontrar volando entre los árboles en pequeños grupos. Su dieta consiste principalmente en frutas, semillas y nueces.

El loro de cola de raqueta de cabeza azul está clasificado como Vulnerable por la Unión Internacional para la Conservación de la Naturaleza (UICN). La pérdida de hábitat debido a la deforestación es la mayor amenaza para su supervivencia; sin embargo, la captura para el comercio de mascotas es otra preocupación. Se están llevando a cabo esfuerzos de conservación para proteger a estas hermosas aves y su hábitat en disminución. Muchos de los animales en las portadas de O'Reilly están en peligro; todos ellos son importantes para el mundo.

La ilustración de la portada es de Karen Montgomery, basada en un grabado antiguo de *Histoire Naturelle*. El diseño de la serie es de Edie Freedman, Ellie Volckhausen y Karen Montgomery. Las fuentes de la portada son Gilroy Semibold y Guardian Sans.

Marcombo es una editorial especializada en libros técnicos y científicos que cuenta con más de 75 años de experiencia.

Los títulos de Marcombo están escritos por grandes especialistas y tratan materias sobre tecnología, empresa, instalaciones y otros temas relacionados con las ciencias e ingenierías. Asimismo, Marcombo publica libros sobre formación profesional, certificados de profesionalidad y universitarios; materias de siempre y actuales que avalan una rigurosa y dilatada trayectoria editorial.

Marcombo está a su disposición para ofrecerle las mejores obras técnicas, científicas y de formación de ayer, hoy y siempre. Los autores, nacionales e internacionales, comparten su amplia experiencia mostrando tutoriales de contenidos paso a paso, expertos consejos e ideas motivadoras que reforzarán sus conocimientos. Estos libros son una valiosa herramienta con la que potenciará notablemente sus habilidades y conocimientos técnicos.

Queremos agradecer su confianza en los libros de Marcombo. Por eso, queremos compartir con usted diversos regalos digitales de algunos de los temas de referencia. Puede acceder a ellos dentro del apartado **Contenido gratuito** en www.marcombo.com